Biblioteca de Derecho Penal y Procesal Penal

Carlos Pérez del Valle
(Director)

Carlos Antonio Agurto Gonzáles
Sonia Lidia Quequejana Mamani
Benigno Choque Cuenca
(Coordinadores Generales)

BERNARDO JOSÉ FEIJOO SÁNCHEZ
Catedrático de Derecho Penal
Universidad Autónoma de Madrid

La estabilización normativa como función del Derecho Penal

Una teoría del delito, de la pena, de la responsabilidad penal de personas jurídicas y de la responsabilidad penal de menores

Ediciones Olejnik

Título: La estabilización normativa como función del Derecho Penal. Una teoría del delito, de la pena, de la responsabilidad penal de personas jurídicas y de la responsabilidad penal de menores.

Primera Edición en Ediciones Olejnik: 2021.

Ediciones Olejnik
Huérfanos 611, Santiago-Chile
E-mail: contacto@edicionesolejnik.com
Web site: http://www.edicionesolejnik.com

ISBN: 978-956-392-954-6

Diseño de carátula: Ena Zuñiga

Diagramación: Hayden Méndez. hayden.mendezq@gmail.com

Impreso en Argentina 2021 Printed in Argentina

Índice

FORTALEZAS, DEBILIDADES Y PERSPECTIVAS DE LA RESPONSABILIDAD PENAL DE LAS SOCIEDADES MERCANTILES

RESPONSABILIDAD Y PREVENCIÓN EN EL DERECHO PENAL DE MENORES

Presentación

La estabilización normativa como función del Derecho Penal

En el presente libro se reúnen una serie de trabajos que tienen un elemento común: la defensa de la estabilización (subsidiaria) de normas esenciales como función esencial del Derecho Penal. Con este punto de partida se ofrece una explicación sistemática y coherente del delito y de la pena que creo que abre nuevas perspectivas que considero interesantes. Entre ellas una comprensión novedosa de dos subsistemas específicos de responsabilidad bastante peculiares como los relativos a las organizaciones cuyo titular es una persona jurídica y los menores de edad. Es cometido de la dogmática determinar cuándo determinados subsistemas penales siguen teniendo que ver o no con la estabilización normativa. A partir de una teoría del sistema central del Derecho Penal, caracterizado por la imposición de penas a personas físicas mayores de edad y culpables, se pueden establecer los elementos comunes y diferenciales con otros sistemas de responsabilidad penal. La responsabilidad penal de los menores y de las personas jurídicas y otras entidades representan magníficos ejemplos.

La función del Derecho Penal

El primer trabajo en homenaje a mi añorado amigo Augusto Silva Dias que tiene el título "*La función del Derecho Penal en un sistema de libertades*" es una exposición general de mi punto de partida. Se defiende la estabilización de normas como la función primordial del Derecho Penal, si bien se indica que ello implica la protección de bienes jurídicos siempre que no se olvide que los bienes jurídicos no son más que creaciones de las propias normas penales. No se trata de proteger como bien jurídico-penal la vigencia de la norma en el imaginario colectivo mediante el refuerzo de la fidelidad general al Derecho, sino la norma concreta como elemento que estructura la realidad social y el contexto simbólico-comunicativo en el que interactuamos. Sin normas sólo hay entropía, si se me permite utilizar esta imagen proveniente de la termodinámica.

La estabilización de normas esenciales o irrenunciables representa en este trabajo la clave de bóveda o el puente de unión entre una teoría normativa y comunicativa del delito y de la pena (a diferencia de la doctrina dominante, que entiende que la clave del edificio dogmático sería la protección de bienes). El garante y el no garante que dejan exactamente igual de desprotegido un bien jurídico (niño pequeño que se ahoga y que podría ser salvado con las mismas probabilidades de éxito por su padre o por un bañista que se encontraba cerca casualmente) reciben penas muy diferentes porque infringen diferentes normas. Una es más importante que otra.

El punto de partida expuesto permite una reconstrucción de las teorías del delito y de la pena en términos comunicativos y de los conceptos básicos del Derecho Penal como la pena o la culpabilidad en relación con esta función específica: la teoría del delito pretende sistematizar los criterios que permiten imputar a una persona la desestabilización de la norma y la pena es el mecanismo de defensa que tiene la sociedad para estabilizarla a pesar de la infracción. La culpabilidad es entendida como responsabilidad por la puesta en entredicho de la norma mediante su infracción y, por consiguiente, la capacidad de culpabilidad no tiene que ver con la capacidad de actuar de otro modo en una situación concreta, sino con la capacidad de poner en entredicho la norma. Por otro lado, si la función del Derecho Penal es la estabilización de normas, la culpabilidad por el hecho no queda adecuadamente descrita como culpabilidad por la lesión o puesta en peligro de bienes, sino por la infracción de normas o deberes derivados de la norma de conducta. El concepto jurídico-penal de hecho no es fáctico o empírico, sino normativo. Ello condiciona una diferente comprensión de la imputación objetiva, por ejemplo. En todo caso, la pena no sólo tiene como presupuesto la imputación de la infracción de la norma, sino también la responsabilidad por ponerla intersubjetivamente en cuestión mediante dicha infracción. El que mata por miedo insuperable en una situación absolutamente casual de supervivencia, si bien ha infringido la prohibición de matar, no pone en entredicho la norma. La pena deja por ello de ser preventivamente necesaria porque los motivos de la infracción se pueden reconducir a una situación excepcional para la que los ciudadanos no están preparados o no es exigible que estén preparados y que, por no obedecer a una defectuosa disposición a cumplir con el Derecho, no cuestiona la norma en general.

A pesar de los parentescos con teorías retributivas, tanto de tipo funcional como la de PAWLIK -o la de JAKOBS en determinados momentos- o en términos de la teoría del discurso, se defiende una teoría preventiva entendiendo que lo que se pretende prevenir es la anomia o una vigencia meramente formal de la norma y no conductas delictivas concretas como han defendido las teorías preventivas clásicas (prevención general negativa, prevención especial en todas sus variantes o prevención general positiva en términos más instrumentales o de psicología social). Entiendo la estabilización como una finalidad preventiva de la pena, si bien no se pretende prevenir una infidelidad generalizada a la norma (efecto contagio u otros efectos de psicología social), sino sólo la erosión de ésta como efecto inmaterial del delito que se mantiene en el tiempo. La disposición generalizada a cumplir con las normas como fenómeno de psicología social tiene raíces mucho más profundas que tienen que ver con la legitimidad que los ciudadanos otorguen al sistema jurídico en particular y al sistema social en general. Evidentemente ello tiene que ver con la satisfacción de necesidades por parte del Estado, que no se reducen meramente a necesidades económicas.

La pena

Los dos siguientes trabajos que aparecen en el libro están dedicados a aspectos sectoriales de la teoría de la pena, en desarrollo de mi teoría de la prevención estabilizadora. Se trata de contribuciones a libros homenaje de destacados penalistas. El que tiene como título "*La estabilización normativa como fin de la pena: ¿Puro teatro?*"[1] en el homenaje a Santiago Mir Puig y el que tiene como título "*La pena en la ley: ¿Conminación o comunicación con ciudadanos?*" en el homenaje a Luis Arroyo Zapatero.

La pena es un mal. Formulado en términos jurídicos, supone una restricción de los derechos que corresponde al estatus de ciudadano. El condenado pasa a disfrutar de menos derechos que sus conciudadanos que no han delinquido. En la época contemporánea ha sido protagonista la pérdida del derecho a la libertad ambulatoria, pero es bastante probable que ello sea algo coyuntural en términos históricos.

Se trata de un mal entendido en términos intersubjetivos. Por ello nunca me ha gustado utilizar la expresión dolor, ya que esta expresión se centra en el sentimiento del penado. Puede existir una pena como restricción de derechos aunque ya no se sienta por el condenado como algo negativo o no exista sufrimiento subjetivo. Por ejemplo, el cargo público al que se impone una pena de inhabilitación por prevaricación hace mucho que abandonó la vida pública y no piensa volver a ejercer función pública alguna. O alguien puede ser condenado a una inhabilitación profesional que no va a afectar en absoluto a su vida futura porque ya está jubilado o ha dejado definitivamente la actividad. Se trata siempre, pues, de una restricción de derechos, pero que el afectado puede sentir o asumir de diversas formas. Incluso con agrado. Por ejemplo, gracias al cumplimiento de la pena se descubre y cura una patología que hubiera sido mortal o el condenado encuentra al amor de su vida. En el caso del pago de una multa el condenado puede dar por bien empleado el pago de la misma. La percepción subjetiva no es relevante para el concepto de pena y no modificamos la ejecución de la pena porque el condenado no sufra lo suficiente.

Lo relevante es que el mal es impuesto intencionadamente a alguien en relación con un hecho desvalorado de su pasado. Tiene siempre carácter reactivo y, por ello, presupone la imputación de una conducta desvalorada por parte del que sufre el mal. Lo que define un mal como pena no es que sea necesario para prevenir en el futuro injustos merecedores de pena, sino que existe una vinculación con un hecho merecedor de pena en el pasado y el mal es proporcional a dicho hecho. He definido esta característica como carácter retrospectivo de la pena (a diferencia del carácter prospectivo de otras sanciones como las medidas de seguridad).

El reproche o la censura no es una propiedad o un elemento constitutivo de la pena, sino más bien un presupuesto. La declaración de culpabilidad contiene un reproche en la medida en que el sujeto es hecho responsable

1 Recordando la famosa canción interpretada por la cantante cubana La Lupe.

de un hecho desvalorado[2]. El reproche es algo inherente a la imputación jurídico-penal, tenga está o no consecuencias. La suspensión de la ejecución de la pena no suspende el reproche, sino que se entiende en esos casos que el mal no es preventivamente necesario o que existen otros intereses relevantes concurrentes (por ejemplo, evitar los efectos desocializadores de las penas cortas de prisión). Ya decía el siempre brillante Adolf Merkel en la fantástica parte de su manual dedicada a la pena que ésta es algo más que la expresión de un reproche (que seguramente era una reacción a posiciones como las de v. Bar para las que lo decisivo de la pena era constituir expresión de desaprobación o reproche, sin que fuera necesario el sufrimiento del reo).

Ese mal o esa restricción de derechos debe ser justificado o legitimado y ese es el ámbito de las teorías de la pena[3]. La justificación o legitimación se puede fundamentar desde perspectivas variadas como las deontológicas (merecimiento, justicia), utilitaristas (el máximo bien para la mayoría o la máxima felicidad general o para el máximo número de tal manera que el sufrimiento individual queda compensado por el beneficio global o beneficio social neto que representa la pena) o consecuencialistas que justifican el mal por sus consecuencias beneficiosas. Ya he expuesto como tradicionalmente el objetivo ha estado centrado en la reducción de cifras de delincuencia, pero los objetivos de la prevención pueden ser otros como la anomia. Forma parte de este debate teórico entender el mal en sentido más instrumental o comunicativo. Si bien existen importantes teorías duales o bidimensionales de la pena que recurren a ambos aspectos, como la última versión de la teoría de Jakobs (que añade a una fundamentación comunicativa de la pena otra psicológico-instrumental para su determinación) o la teoría de v. Hirsch, no toda teoría comunicativa de la pena está obligada a partir de una distinción entre el elemento expresivo de la pena como reproche, reprobación o censura y el elemento de la irrogación de un mal como es característico de las teorías expresivas de la filosofía moral anglosajona. La denominación de teorías expresivas viene motivada en estos modelos porque ocupa un lugar central la idea de que la pena debe expresar desaprobación o censura, de tal manera que se pueden remontar a la propuesta de Feinberg de diferenciar analíticamente el elemento expresivo de la pena como reproche o censura del elemento de la irrogación de un mal (*hard treatment*).

En mi opinión, la pena es una reacción comunicativa al delito mediante la irrogación de un mal. El reproche no justifica la pena como práctica social, sino que tiene que ver con la justificación individual de la pena y con los criterios de imputación jurídico-penal. Es decir, con la teoría jurídica del delito. La teoría de la pena es una respuesta a la pregunta de por qué el Estado castiga, no a quién castiga (lo que en el ámbito anglosajón es denominado distribución de penas), aunque ambas cuestiones se encuentren desde luego íntimamente relacionadas.

---

2 El tránsito a la denominada concepción normativa de la culpabilidad a principios de siglo se produjo bajo el lema "culpabilidad es reprochabilidad" (Frank, "Über den Aufbau des Schuldbegriffs", en el mismo y otros, *Festschrift für die Juristische Fakultät Giessen*, 1907 p. 529).

3 Clásico Ferrajoli, *El paradigma garantista*, Madrid, 2018, pp. 40 ss.

Mir Puig fue una de las primeras personas que en lengua española dirigió contra la teoría de la prevención general positiva de Jakobs en los años ochenta ciertas objeciones que están en el ADN de las denominadas teorías expresivas. Por ello como homenaje me pareció una buena idea volver a reflexionar sobre los elementos de censura o desvalor y de mal como criterios definitorios de la pena desde la perspectiva de la estabilización normativa como función del Derecho Penal y fin de la pena. El objetivo era demostrar que una teoría comunicativa de la pena no es una alternativa a la concepción de la pena como mal, sino una perspectiva para entender su sentido. Para ello se establecían diferencias entre las teorías expresivas de origen anglosajón y las teorías comunicativas de la prevención general positiva que han pretendido aprovechar las aportaciones de las Ciencias Sociales o de la filosofía social y que en diversas variantes son defendidas por Frisch, Jakobs o yo mismo en el trabajo[4].

Son muchas las consecuencias concretas que derivan de la sistemática comunicativa entre delito y pena que se esboza al principio del libro. Son de destacar dos ámbitos relevantes en los que delito y pena tienen interesantes puntos de intersección para una teoría general: una teoría de la punición entendida como una teoría de las penas abstractas a contemplar por el legislador y una teoría de la determinación o individualización judicial de la pena dentro del marco penal contemplado legalmente.

Una teoría de la pena debe mostrar su fortaleza con respecto a la determinación o individualización judicial de la pena. Como ya dijo Feuerbach en su *Revision der Grundsätze und Grundbegriffe des positiven peinlichen Rechts*, *"los fundamentos de la punibilidad en abstracto son al mismo tiempo los fundamentos de la punibilidad en concreto"*. Las teorías de la prevención general positiva se están mostrando muchos más fructíferas en este ámbito que la prevención intimidatoria o las retributivas. Y cuanto menos se vincule la prevención general a la psicología social, tal como yo entiendo la prevención estabilizadora, más fácil es desarrollar una teoría de la pena proporcional al hecho como precipitado de una teoría del delito y de la pena como la que es expuesta en el primer trabajo de este libro alrededor de la función de estabilización normativa. Debe existir coherencia y equivalencia entre la teoría jurídica del delito y la teoría de la determinación judicial de la pena[5]. Como ha señalado recientemente la discípula de Freund Rostalski, *"la determinación de la pena es un reflejo de la fundamentación del hecho punible"*[6]. En este sentido los presupuestos metodológicos de la teoría de la pena proporcional al

---

4 En la última edición del manual de Roxin (Roxin/Greco, *Strafrecht. Allgemeiner Teil*, 5ª ed., 2020, 3/31 a y 36 b ss.), se tratan las teorías comunicativas de la prevención general positiva -entre ellas la mía- como una especie de teorías expresivas de la pena desarrolladas en el ámbito alemán y español diferentes de las teorías expresivas del ámbito anglosajón. Si bien se pueden encontrar algunas similitudes, no creo que la identificación sea correcta, salvo que sirva para establecer una diferenciación de un conjunto de teorías heterogéneas con las teorías preventivas puramente instrumentales, en la misma línea propuesta por Hörnle.

5 Sobre ello previamente en esta misma colección de libros *Normativización del Derecho Penal, teoría de la pena y realidad social*, p. 367.

6 *Der Tatbegriff im Strafrecht*, Tubinga, 2019, p. 137.

hecho se adaptan como un guante al modelo que se expone en este libro en la medida en que esta teoría de la determinación de la pena se aparta de las teorías tradicionales de la individualización de la pena que entienden que se trata de un momento valorativo ajeno a los criterios de la teoría del delito en el que tendrían un papel fundamental o exclusivo las teorías de los fines de la pena. Si se quiere una pena proporcional a la gravedad del injusto y de la culpabilidad, deben trabajarse mejor las interrelaciones entre la teoría del delito y la teoría de la pena, siendo la individualización de la pena nada más que una concreción de esta visión sistemática. Si injusto y culpabilidad son magnitudes graduables la determinación judicial de la pena es una graduación del delito como injusto culpable. No se trataría más que de pulir los detalles de la imputación. Además, como teoría preventiva, la teoría que se ofrece amplía la posibilidad de atenuaciones ajenas al injusto y la culpabilidad donde disminuyen las necesidades de estabilización (por ejemplo, por actuaciones postdelictivas). La diferencia esencial con autores como HÖRNLE o v. HIRSCH, que han protagonizado el debate sobre la teoría proporcional al hecho como teoría de la determinación de la pena, es que el hecho ya no estaría centrado en un sentido fáctico en el desvalor del resultado y la lesión de la víctima (deficiencia evidente en los delitos sin víctima, en los delitos de peligro abstracto o en los delitos que protegen bienes jurídicos colectivos), sino en la infracción de la norma; por otro lado, la culpabilidad es entendida en términos comunicativos como puesta en entredicho de la norma infringida. También aquí se manifiestan las diferencias entre las denominadas teorías expresivas de origen anglosajón y una teoría comunicativa de la prevención general estabilizadora. Las diferencias no sólo radican en una diferente concepción del delito. Las teorías bidimensionales o duales de la pena como las de HÖRNLE o v. HIRSCH[7] sostienen un punto de partida opuesto al que se defiende en este trabajo: al entremezclar elementos dispares entre sí

7 Este modelo parte de una teoría instrumental o teleológica de la pena como institución (orientada a la disuasión), pero renunciando a tal instrumentalidad en lo que se ha definido como la distribución de penas (el sí y el cuánto de la pena en cada caso concreto). Esta idea se puede remontar a HART, que distinguió en un artículo en 1959 entre la justificación general de la pena (*General Justifying Aim*) o de la práctica punitiva de la justificación de la adjudicación o distribución de penas concretas o de las acciones punitivas particulares dentro de esa práctica. Cfr. HART, *Punishment and Responsibility. Essays in the philosophy of law*, Oxford/Nueva York, Oxford University Press, 2ª ed., 2008 (existe una traducción reciente: *Castigo y responsabilidad. Ensayos de filosofía del Derecho*, Madrid y otras, 2019). Previamente RAWLS, "Two Concepts of Rules", The Philosophical Review 64 (1955), p. 4 había diferenciado entre utilitarismo de reglas y de acciones (*justification of a rule or practice, justification of a particular action falling under it*). De esta manera HART diferenció entre la justificación de la práctica general del castigo ("objetivo general justificante") y la cuestión de cómo deben aplicarse los castigos en la práctica (distribución). En una teoría consecuencialista del castigo cuyo propósito justificativo general es ajeno a la retribución, HART ubicó la retribución en la distribución. En palabras del propio autor, es preciso distinguir entre retribución como objetivo de justificación general y la retribución en la individualización del castigo. Con respecto a la primera es consecuencialista y se aparta de la retribución al entender que cualquier acción o práctica que tenga costes debe ser compensada por sus beneficios compensatorios y en el caso de la pena ese beneficio es la reducción de delitos futuros. De esta manera la pena queda legitimada porque sin ella en el futuro habría más delitos que con ella. Una exposición más detallada que aquí no es

entienden que la teoría de la determinación de la pena es independiente de la teoría de la pena y que no debe existir una coherencia interna entre ambas. La teoría preventiva defendida aquí presenta la ventaja, frente a los modelos de legitimación que pecan de bidimensionales, de que ofrece una legitimación sistemática entre delito, pena y determinación o individualización judicial de la pena.

Los desarrollos desde la perspectiva de una prevención general no intimidatoria han venido siendo muchos más escasos -al margen de alguna importante excepción como Wolfgang Frisch- en lo que respecta a la determinación legal de la pena, que parece a día de hoy seguir siendo el punto fuerte de la teoría de la prevención general negativa. Mi contribución en homenaje al Prof. Arroyo -que aquí se publica ligeramente ampliada- pretende abordar esta cuestión, entendiendo que la prevención general positiva, como toda teoría global de la pena, debe determinar ya el ámbito de la punición abstracta, intentando sentar las bases para tal teoría de la punición[8]. No podemos olvidar que en nuestros sistemas el alcance de las penas concretas viene más determinado por las decisiones legislativas que por unas decisiones judiciales que están obligadas a seguir los marcos penales y las pautas establecidos previamente por el legislador.

El delito

El debate entre si la función esencial a asignar al Derecho Penal es la protección de bienes o la estabilización normativa afecta a casi todas las cuestiones esenciales de la teoría jurídica del delito. Se recoge en este libro un trabajo con el título "*Teoría de los actos neutrales y participación delictiva. Los límites de la participación criminal en los delitos económicos*" publicado en el libro "*Derecho Penal económico y teoría del delito*" dirigido por Eduardo Demetrio Crespo y que tiene su origen en un curso de postgrado impartido en la Facultad

---

posible en Mañalich Rulfo, "La pena como retribución", *Derecho Penal y Criminología,* Nº 83 (2007), pp. 46 ss. o *Terror, pena y amnistía,* Santiago de Chile, 2010, pp. 60 ss.

A partir de este tipo de distinciones surgen teorías penales de gran auge en la actualidad como la teoría expresiva de la pena de v. Hirsch, que en sus rasgos esenciales ha sido desarrollada por Hörnle en Alemania. Se trata de una teoría de la disuasión mediante el merecimiento justo, que combina sufrimiento y censura. De esta manera se defiende una teoría bidimensional opuesta a la de Jakobs. Si éste ha tenido que sumar a la fundamentación comunicativa de la pena una finalidad orientada a las necesidades colectivas de psicología social para su concreción (que en *System der strafrechtlichen Zurechnung*, Fráncfort, 2012, p. 14, nota 6 es definida como una relativa retribución en el sentido de la teoría de la pena de Hegel), los autores a los que se hace referencia en esta nota parten de una fundamentación instrumental de la pena en la disuasión que en la imposición de penas concretas cede el protagonismo al aspecto expresivo o deontológico (dirigido en la teoría de Hörnle a diferentes destinatarios: autor, la víctima y los terceros o público general ya que para cada uno la pena tiene un diferente contenido expresivo; vid. *Straftheorien*, 2ª ed., Tubinga, 2017), considerando los efectos de psicología social que Jakobs convierte ahora en finalidad de la pena como meras consecuencias secundarias de la expresión de censura o reprobación.

8 Si se me permite el juego de palabras, el delito para la sociedad es algo que merece la pena, pero al delincuente no le debe merecer la pena el delito.

de Derecho de Toledo. Los actos neutrales son uno de los *topoi* de la teoría de la imputación objetiva que más impacto están teniendo en la práctica, especialmente en el creciente ámbito de la delincuencia económica. Nunca me ha gustado la expresión actos neutrales porque creo que la expresión se queda en lo meramente fenomenológico, centrándose en la relevancia de conductas cotidianas, frecuentes o habituales que suelen pasar inadvertidas para el sistema penal pero que en un momento dado aparecen vinculadas a la comisión de un hecho delictivo (por ejemplo, vender un destornillador que es utilizado para la comisión de un delito o -por salirnos de los ejemplos tradicionales- la concesión de un crédito siguiendo todos los procedimientos y análisis de riesgos que es utilizado para adquirir acciones con información privilegiada o perpetrar cualquier otro tipo de delito).

Intento exponer en este trabajo como la solución dogmática de este tipo de casos debe hacerse a partir del fundamento de la responsabilidad accesoria que caracteriza el injusto de la participación. Por ello prefiero hablar de prohibición de regreso como reverso de dicha responsabilidad accesoria. Dicho fundamento depende en última instancia de la función que primordialmente se asigne al Derecho Penal. De hecho en el trabajo se pretenden exponer las razones por las que los defensores de la función de protección de bienes jurídicos vienen manteniendo posiciones distintas a las de los que defendemos una función orientada a la estabilización de normas.

Este debate se podría trasladar en términos muy parecidos a otros ámbitos, especialmente los condicionados por los denominados "conocimientos especiales". Por ejemplo, las cuestiones relativas a la imputación a la víctima o al ámbito de responsabilidad de la víctima, donde un sector de la doctrina otorga preponderancia a que el tercero disponga de conocimientos superiores a la víctima aunque ésta haya gestionado de forma no diligente sus intereses o a la distinción fenomenológica entre auto-puesta en peligro y hetero-puesta en peligro consentida. Mi objetivo es evidenciar como ciertos debates dogmáticos no se quedan en un nivel abstracto, sino que condicionan soluciones concretas sobre si castigamos o no castigamos.

Si se pone el énfasis en que las normas penales determinan módulos generales de libertad, es más fácil admitir que no siempre basta para la imputación de un injusto merecedor de pena a una persona una relación causal con un delito o una lesión con conocimiento o previsión. Este es el fondo correcto de la idea de Jakobs de que también en los delitos activos existe una posición de garante y que no todos somos competentes de todo lo que pueda pasar. En el origen de la teoría de la imputación objetiva se encuentra la idea de que prácticamente cualquier conducta humana puede conducir a un resultado lesivo si concurren determinadas circunstancias. Por esa razón en una sociedad de libertades los deberes no pueden ser tan amplios que den lugar a que se deba omitir cualquier configuración de una conducta que pueda dar lugar a la producción de un resultado. Esto se torna más evidente cuando esa relación causal está mediada por una actuación libre y responsable (de la propia víctima o de un tercero). Lo relevante es que la conducta sea incompatible con la norma penal, siendo la cuestión relativa a si la conducta es activa o pasiva meramente fenomenológica. La creación o incremento del riesgo no permitido no es un mero presupuesto para la imputación del resultado, sino que sólo es relevante como parte integrante de la infracción de una norma de conducta.

No existirá un injusto merecedor de pena aunque nos encontremos ante una conducta insolidaria (más allá de la pena propia de los delitos de omisión simple que castigan sin más la falta de solidaridad) o se infrinjan normas policiales de colaboración con la Administración en prevención de delitos. En este sentido en el trabajo se pretende denunciar lo que denomino la expansión de la lógica del blanqueo para convertir en participación la no prevención de delitos por parte de cualquiera, garante o no. Esta es una de las grandes cuestiones abiertas en el ámbito de los delitos económicos y de corrupción, pero que tiene que ver con una incorrecta solución previa de ciertas cuestiones en el ámbito de la delincuencia tradicional por no asumir que la infracción de un deber general de solidaridad (no cualificado o especial) no deja de ser un delito de omisión simple aunque el sujeto se "haya movido" de alguna manera o exista una relación causal entre la conducta insolidaria y el delito. Adoptando un ejemplo de Freund, si no tenemos una posición de garante que nos obligue a evitar caídas de peatones en la calle, es indiferente si nos quedamos mirando como una persona se tambalea en la calle y finalmente se cae sin que hagamos nada cuando era muy fácil evitar la caída o si apartamos el brazo cuando el tercero va a agarrarse a nosotros para no caerse. Las cosas no son diferentes cuando se trata de que alguien pretende aprovecharse de nuestras acciones para cometer un delito, con independencia del tipo de delito o el bien jurídico afectado.

La responsabilidad penal de las personas jurídicas

La responsabilidad penal de las personas jurídicas es sin duda una de las grandes cuestiones político-criminales y dogmáticas en la actualidad. Su impacto en la práctica es enorme y los efectos de esta cuestión trascienden el ámbito del Derecho Penal.

En nuestra tradición jurídica la intervención del Derecho Penal frente a personas jurídicas y corporaciones tenía un enfoque preventivo-especial. Lo relevante era la peligrosidad de la organización o su cultura o actitud colectiva o de grupo como factor criminógeno (peligrosidad objetiva, instrumental u organizativa). Un sector de la doctrina quiere mantener este modelo a pesar de las importantes reformas legislativas en esta materia en muchos de nuestros países que dificultan mantenerse en este enfoque tradicional. Baste citar la posición de la escuela de la Universidad Pompeu Fabra de Barcelona, con Silva Sánchez al frente. Pero esta posición es difícil de compatibilizar con las referencias de las nuevas leyes penales a deberes de control o a la responsabilidad de las personas jurídicas titulares de organizaciones por crear estructuras de cumplimiento; también con respecto a sanciones (restricciones de los derechos de las personas jurídicas) que son proporcionales a la gravedad del injusto y, sobre todo, a la propia responsabilidad de la persona jurídica. Creo que una mera reformulación de los planteamientos preventivo-especiales no explican suficientemente transformaciones tan radicales en este tema como las sufridas, por ejemplo, por el Código Penal español.

La prevención especial, a diferencia de la general, por sus propias características desatiende la función de estabilización de normas y los aspectos de cumplimiento normativo generalizado. Lo único que importa es asegurarse contra personas, objetos, organizaciones o patrimonios tras la comisión del delito. Es una estrategia policial frente a peligrosidades manifestadas en el hecho delictivo.

El quinto trabajo de este libro es una contribución a la segunda edición de una obra colectiva sobre la responsabilidad penal de las personas jurídicas coordinada por Miguel Ontiveros que fue escrito a finales del año 2019, centrada en las sociedades mercantiles que protagonizan las preocupaciones dogmáticas y político-criminales. No se trata de un análisis específico sobre la regulación del Código Penal español, sino más bien sobre un cambio estructural que está afectando a todos los países de habla española. Desde la perspectiva de este trabajo se trata de analizar si los conceptos expuestos al principio del libro pueden ser de utilidad para una teoría de la responsabilidad penal de las personas jurídicas. Es decir, si las personas jurídicas titulares de organizaciones pueden ser hechas co-responsables de alguna manera de la desestabilización de normas penales y si hace falta una pena complementaria a las penas para individuos con el fin de estabilizar las normas penales en determinados supuestos o bajo determinadas condiciones. Si bien no sería posible hablar en sentido estricto de la responsabilidad por la puesta en entredicho de la norma de conducta mediante la propia infracción, ya que las personas jurídicas no realizan acciones equivalentes a las de los seres humanos, se trata de analizar si resulta legítima una responsabilidad por la desestabilización de la norma mediante la infracción de las normas de conducta por parte de las personas que actúan autorizadas, aceptadas o toleradas por la persona jurídica (por cuenta, en nombre, en representación, en el marco de una relación laboral o contractual, etc.) y que realizan el delito en interés o beneficio de la persona jurídica en el marco de las actividades que son propias de ésta.

Mi objetivo al enfrentarme a este encargo fue analizar la estructura profunda de los cambios en esta materia sin tener que verme obligado a abrazar la idea de que no existen diferencias entre los individuos y las organizaciones como creaciones -que no ficciones- humanas.

La tesis central de este trabajo es que para la responsabilidad penal de las personas se debe exigir un hecho de la organización (de la empresa) que obedezca a una falta de cultura de cumplimiento de la legalidad o a una deficiente gestión del sistema de cumplimiento de las leyes penales. Sólo en esos casos la pena corporativa es -adicionalmente- necesaria para estabilizar la norma que se ha puesto en entredicho mediante la comisión del delito.

Las soluciones tradicionales basadas en la prevención especial partían de que no había más sujeto de imputación posible que las personas físicas. Por esa razón los "costes externos" de organizaciones como las empresas (contaminación) con relevancia penal eran imputables exclusivamente a las personas físicas. Es cierto que esta situación resultaba enormemente disfuncional (piénsese en los casos Siemens u Odebrecht), pero la cuestión normativa es si el cambio de tal perspectiva pertenece realmente a una transformación de la lógica social de carácter no coyuntural que se corresponde con el "espíritu de los tiempos". Sólo así será posible aceptar una transformación estructural como la ampliación de posibles responsables por la puesta en entredicho de normas penales. La afirmación de que vivimos en una sociedad de individuos y organizaciones (Perrow) no es más que una constatación de la realidad social -una cuestión fáctica o de ontología social-, pero no resuelve los aspectos normativos.

Un cambio como el que estamos viviendo a nivel global debe tener un carácter profundo y no parece un capricho del legislador de turno. Las explicaciones son complejas y yo he intentado explicarlas en este trabajo a partir de una transformación del concepto de personalidad jurídica hacia una concepción más institucional que convierte en incumbencia de las personas jurídicas titulares de grandes organizaciones (el paradigma serían la sociedades cotizadas) el cumplimiento de la legalidad penal. A partir de este presupuesto creo que no resulta ilegítimo construir una responsabilidad penal de las personas jurídicas que no se base sólo en que no se conviertan en factores criminógenos de grupo (mediante, por ejemplo, la creación de sesgos emocionales o mecanismos de neutralización), sino sobre todo en que no se conviertan en "islas anómicas". La estrategia para evitar que las organizaciones de las que son titulares se conviertan en focos de desestabilización normativa es implantar seriamente una estructura específica de cumplimiento de la legalidad penal, que pasa a ser un cometido de la propia persona jurídica. Si las personas físicas son incumbentes de desarrollar una disposición personal a cumplir con las leyes penales (por ello la ira sin más no excluye la responsabilidad penal o se es responsable si no ha existido una preocupación por aclarar la antijuridicidad de una conducta), las personas jurídicas tienen que desarrollar una estructura de cumplimiento.

Este punto de partida tiene una serie de consecuencias dogmáticas. La primera es que no cualquier persona jurídica puede convertirse en sujeto de imputación jurídico-penal. No se trata sólo de que queden excluidas las personas jurídicas constituidas en fraude de ley con el fin de encubrir u ocultar actividades delictivas (levantamiento del velo), sino que, aunque la actividad sea legal, hace falta una organización de determinadas características con una mínima diferenciación funcional y vertical que justifique la creación de una estructura de cumplimiento normativo. Sin tal diferenciación carece de sentido la creación de una estructura. La experiencia española demuestra la relevancia de esta cuestión (vid. la reciente STS 534/2020, de 22 de octubre), que no suele ser resuelta expresamente por el legislador, pero en esta presentación no es posible desarrollar esta idea en detalle.

La segunda es que, a diferencia de la responsabilidad administrativa, en la que sólo tiene relevancia la idea de control o prevención (en la línea que he denominado como "lógica del blanqueo"), la imputación jurídico-penal tiene dos momentos que se deben diferenciar analíticamente si se trata de responsabilizar a una persona jurídica por la erosión de la norma penal infringida por la persona física. El primero consiste en vincular la infracción de la norma (el pago del soborno, las falsedades para engañar a inversores, etc.) a la organización. La infracción individual (autor único) o colectiva (codelincuencia) de la norma debe adquirir el significado de hecho de la organización (hecho corporativo). En este sentido se debe entender la referencia a un defecto de la organización. No basta con determinar quién puede servir de correa de transmisión de la responsabilidad. Para determinar tal defecto se debe valorar si se ha realizado una adecuada identificación previa de los riesgos penales inherentes a los propios procesos de la organización (enfoque basado en el riesgo), así como un correcto análisis y una valoración, que hayan sido seguidos por la organización y la implantación de controles (financieros y no financieros) que precisen dichos riesgos. Pero esto no es suficiente en el modelo que expongo si se quiere hacer responsable a la persona jurídica por la desestabilización de la norma y no se olvida que en los ordenamientos que han dado el paso hacia la responsabilidad de entidades, quien recibe la pena es la persona jurídica. La denominada teoría del hecho de conexión que se basa en el modelo propuesto por KLAUS TIEDEMANN que tiene como referente el defecto preventivo de la organización, no es suficiente para un modelo estrictamente jurídico-penal (de hecho el autor alemán estaba pensado en el Derecho alemán de contravenciones).

La persona jurídica tiene que ser hecha co-responsable de la puesta en entredicho de la norma por no haber gestionado correctamente su estructura de cumplimiento de la legalidad penal (la cultura de cumplimiento no surge por azar, sino que es consecuencia de un sistema de gestión del cumplimiento de la legalidad a lo largo del tiempo). El delito individual y el defecto organizativo, preventivo o de control (como partes integrantes del hecho corporativo) deben ser incompatibles con una cultura de cumplimiento. En relación con este aspecto estructural ya no cabe la responsabilidad individual (por ejemplo, los administradores no pueden ser sin más declarados autores o partícipes de un delito de corrupción por la mera constatación de defectos en la formación y concienciación de los empleados). Si se procediera a imputar a una o determinadas personas una defectuosa cultura de cumplimiento en una gran organización se les estaría haciendo responsables de algo que tiene un alcance mucho más amplio. De ahí surge la responsabilidad penal de la propia persona jurídica, que es de tipo organizativo-estructural, por lo que desaparece la objeción de que la persona jurídica responde por las personas físicas (y lo que se imputa a unas debería des-imputar a las otras). La persona jurídica responde de algo que bien responde ella o no responde nadie. No se trata de un supuesto de responsabilidad colectiva, sino todo lo contrario: de resolver la irresponsabilidad colectiva. Tampoco se trata simplemente de que las personas jurídicas respondan por los deberes personales de sus integrantes como garantes de la gestión y control de los riesgos inherentes a la actividad de la organización. Ese es un problema en exclusiva de disposición jurídica individual (por ejemplo, directivo responsable de talleres que no gestiona correctamente los residuos contaminantes). Si no fuera así, se debería excluir o aminorar la culpabilidad de las personas físicas y, por consiguiente, sus penas en el ámbito empresarial, generándose de esta manera importantes déficits preventivo-generales.

La pena también en este ámbito estabilizaría las normas. En este caso reaccionando frente a una entidad que, de forma adicional a la persona física, es declarada responsable de la puesta en entredicho de la correspondiente norma penal (prohibido contaminar, prohibido manipular precios, etc.). Como señalo en el trabajo, los ordenamientos jurídicos de nuestro entorno cultural que optan por la responsabilidad penal de personas jurídicas no propugnan una "pena corporativa" como alternativa a la "pena individual", sino con un papel complementario a la "pena individual". Por esa razón, aunque no responda la persona física (no se ha logrado identificar con exactitud, ha fallecido, ha escapado a la acción de la justicia, etc.), puede responder la persona jurídica. A diferencia de lo que sucede en los sistemas vicariales o de hetero-responsabilidad, la pena corporativa -como una pena diferente a la individual- sólo obedece a la existencia de un delito corporativo. No se trata de una consecuencia accesoria de la responsabilidad individual. No veo la forma de calificar este modelo como de responsabilidad civil ni creo que sea idéntico a los sistemas de responsabilidad administrativa que han existido hasta el momento en ordenamientos como el español. Esta calificación corresponde a modelos menos exigentes que el expuesto en el trabajo que forma parte de este libro. Por esta razón creo que nuevas normativas que han ido apareciendo en algunos países latinoamericanos son definidas adecuadamente por sus legislaciones como de responsabilidad administrativa de personas jurídicas por no prevenir delitos colaborando con el Estado (se sanciona la mera infracción del establecimiento de un sistema eficiente de prevención de delitos).

Mi modelo no parte de que personas físicas y jurídicas sean iguales o equivalentes. De hecho asumo que el sistema central del Derecho Penal es el de penas para personas físicas culpables, si bien ello no supone un óbice para que se puedan establecer otros subsistemas que no son ajenos a la función de estabilización normativa. Desde la perspectiva de la teoría de los sistemas sociales puede ser fructífera la equiparación entre individuos (sistemas psico-físicos) y organizaciones, pero la lógica social y el sistema jurídico obligan a hacer diferenciaciones. Ni siquiera todas las personas jurídicas tienen las mismas características.

Espero que en el contexto de este libro y en relación con los trabajos previos sobre la función del Derecho Penal y la teoría comunicativa del delito y de la pena expuestos, se entienda mejor mi restrictivo posicionamiento sobre la responsabilidad penal de las personas jurídicas y lo que la debería diferenciar de una responsabilidad de tipo administrativo.

Los adjetivos que queramos añadir a los términos pena o responsabilidad son secundarios. Pero en este sentido me parece muy útil la distinción que hace el Código Penal español entre responsabilidad criminal y responsabilidad penal. Por ejemplo, la minoría de edad penal excluye la responsabilidad criminal (por tanto, la pena criminal), pero no la responsabilidad penal entre 14 y 18 años.

LA RESPONSABILIDAD PENAL DE LOS ADOLESCENTES

Aunque también se trata de un subsistema de características específicas, los términos del debate doctrinal se desarrollan de forma distinta en este ámbito que en el anterior.

El punto de partida de este trabajo, a partir de la función de estabilización normativa del Derecho Penal, conduce también aquí a una perspectiva peculiar dentro del actual debate dogmático. Aquéllos que carecen de plenitud de competencias en la gestión de asuntos públicos (paradigmático el derecho de sufragio activo y pasivo) o en sus asuntos privados (están todavía sometidos a una legislación tuitiva) ni disfrutan plenamente de derechos civiles y políticos carecen de la capacidad de poner en entredicho las normas como los que sí disponen de ese reconocimiento. Por esa razón entiendo que el subsistema destinado a menores está orientado a la prevención especial de tipo educativo y no a la prevención general entendida como estabilización de normas. La minoría de edad convierte la infracción de la norma de conducta en un hecho con un significado comunicativo diferente y, por ello, la diferencias entre el Derecho Penal de menores no es sólo de tipo cuantitativo, sino de tipo cualitativo.

Un sector dominante de la doctrina lo entiende de otra manera. Un ejemplo paradigmático sería el de Luzón Peña y en debate científico frente a su concepción desarrollé un trabajo con el título "Responsabilidad y prevención en el Derecho Penal de menores" en mi contribución a su homenaje, que aquí se recoge en una versión ligeramente ampliada.

Late también en el fondo de este debate una contraposición entre un enfoque basado en la protección de bienes jurídicos o en la estabilización de normas. Con base en este segundo se propone una teoría basada en la ley española de responsabilidad penal de menores, si bien creo que tiene validez en sus elementos esenciales más allá del Derecho positivo español. Sobre todo creo que es interesante explorar la idea de que la frontera entre la imputabilidad y la inimputabilidad no queda definida por una determinada capacidad natural de conocer y querer, sino por la capacidad para poner en entredicho la norma. Esta idea de que, si la función esencial del Derecho Penal es estabilizar normas, la culpabilidad no es meramente capacidad para infringir normas, sino para ponerlas en entredicho, puede abrir un mayor margen para no intervenir con penas frente a infractores de determinadas características. Por ejemplo, un mejor conocimiento de ciertos trastornos patológicos de la personalidad podría ampliar el ámbito de la inimputabilidad en la práctica forense sin necesidad de llegar a probar necesariamente que el infractor carece totalmente de la capacidad de actuar conforme a Derecho. La imputabilidad, como capacidad de culpabilidad, depende de la concepción de la culpabilidad que se sostenga y, en mi opinión, dicha concepción está vinculada a la función que se le asigne al Derecho Penal, que defiendo en este trabajo que es la estabilización normativa.

El punto de partida adoptado como tema común de todos estos trabajos permite no sólo racionalizar la defensa a) de una menor severidad punitiva y b) de penas proporcionadas sin c) renunciar a alternativas que permitan atenuar penas concretas, sino también abogar por a) una necesaria limitación del ámbito de la participación criminal, b) una ampliación del ámbito de la imputabilidad y c) una aplicación restrictiva de la responsabilidad de las personas jurídicas y d) una minimización del Derecho Penal de menores gracias a su fundamentación como algo cualitativamente distinto al Derecho penal de adultos. En todo caso, abre perspectivas novedosas de limitación del Derecho Penal que la idea de protección de bienes jurídicos y las teorías clásicas de la prevención no tienen a su disposición.

Los aspectos de detalle de las cuestiones que se tratan en este libro dependen de cada ordenamiento jurídico. Ningún dogmático puede escapar a su Derecho positivo (entendido en sentido más amplio que los textos legales), pero una dogmática bien entendida trasciende dicho Derecho positivo. Como jurista busco una aplicación lo más racional posible de un sistema normativo concreto como el mío, pero hay lógicas sociales que trascienden un determinado ordenamiento jurídico o Estado[9]. Ese no es un privilegio exclusivo de las perspectivas ontológicas. Bajo esta perspectiva espero que alguna de las ideas que se vierten en los trabajos que configuran este libro recopilatorio pueda resultar fructífera también en ámbitos distintos que aquellos para los que fueron pensadas y de esta manera pueda aportar alguna utilidad para quienes de una u otra forma se acerquen al estudio y aplicación del Derecho Penal en nuestra comunidad hispanohablante.

BERNARDO JOSÉ FEIJOO SÁNCHEZ

9 Y ello aunque no se pretenda integrar en un modelo ambicioso la dogmática con una teoría completa de la sociedad (sistema vinculante de comunicaciones) como en el paradigmático caso del proyecto científico de Jakobs. Sobre la relevancia de este aspecto en el enorme edificio conceptual del maestro de Bonn vid. los correspondientes apartados de las contribuciones de Kindhäuser, Kress, Pawlik, Stuckenberg o Zabel, en Kindhäuser/Kress/Pawlik/Stuckenberg, *Strafrecht und Gesellschaft*, Tubinga, 2019, pp. 13, 19, 24, 33 ss., 99 ss., 122 s., 152 ss., 156 ss., 192, 224 ss., 229 ss., 235 ss., 242 ss.

La función del Derecho Penal en un sistema de libertades

Sumario: Introducción. I. La estabilización de normas como función esencial del Derecho Penal. II. ¿Y la función de protección de bienes jurídicos? III. Hacia una concepción comunicativa y no instrumental del Derecho Penal. IV. Diferencias con otras teorías comunicativas. Defensa de una teoría preventiva. V. La dimensión comunicativa del delito. VI. La dimensión comunicativa de la pena. Conclusión.

Introducción

Como dice Antonio Muñoz Molina en su novela *Tus pasos en la escalera*, Lisboa es una ciudad ideal para instalarse a esperar el fin del mundo. Con permiso de Amália Rodrigues, para mí Lisboa va unida al nombre de Augusto Silva Dias. Fueron muchas las horas charlando en el comedor de profesores de la Universidad o en alguna terraza a las orillas del río Tejo sobre cuestiones que nos ocupaban y preocupaban del Derecho Penal. Y entre charla y charla también me enseñó una Lisboa diferente a la que había conocido previamente como turista.

El objetivo de esta contribución al merecido libro homenaje a Augusto Silva es dar cobertura a algunas ideas básicas para la elaboración de una teoría del Derecho Penal, entendiendo la función como piedra angular de un sistema que responde a la eterna pregunta: ¿Por qué el Derecho Penal? Escribo este trabajo imaginándome que, mientras compartimos una botella de vino o unas cervezas, estoy contando a mi añorado amigo mis provisionales posiciones esenciales con respecto a una obsesión común.

I. La estabilización de normas como función esencial del Derecho Penal

Como praxis social institucionalizada el ordenamiento penal desempeña una función específica dentro del sistema jurídico que tiene su norma fundamental en la Constitución. En mi opinión, el papel que tiene asignado el ordenamiento penal dentro del sistema jurídico consiste primariamente en **estabilización (subsidiaria) de normas esenciales de convivencia**. La norma estructura la vida social y sin estabilización normativa no hay sociedad u orden social que sobreviva o se pueda mantener en el tiempo.

Sin duda el Derecho Penal puede desempeñar otras funciones adicionales (por ejemplo, cuando se imponen medidas de seguridad a inimputables peligrosos), pero esta es su función esencial o primordial. Los ordenamientos penales vigentes encierran diversos subsistemas: además de la pena los Códigos Penales contemplan medidas de seguridad y corrección y otro tipo de consecuencias jurídicas del delito; existe un subsistema para inimputables peligrosos; existe otro subsistema para menores de edad; incluso se puede hablar de un subsistema con consecuencias jurídico-penales para personas jurídicas y otras organizaciones o entidades. Para algunos autores esos subsistemas no se merecen el calificativo de Derecho Penal (por ejemplo, entienden que alguno de estos subsistemas no son más que Derecho policial).

Con independencia de que se comparta tal criterio, lo cierto es que los elementos centrales siguen siendo el **delito** y la **pena** (terminológicamente en algunos idiomas se pone más énfasis en el primer elemento y en otros en el segundo). Por ello una visión sistemática de estos dos elementos es lo que nos debe llevar a determinar la función esencial del Derecho Penal. En mi opinión, la estabilización de normas esenciales o irrenunciables representa la clave de bóveda o el puente de unión entre estos dos elementos básicos del Derecho Penal.

II. ¿Y LA FUNCIÓN DE PROTECCIÓN DE BIENES JURÍDICOS?

Una de las discusiones esenciales de la disciplina en la actualidad es si el punto de unión entre la teoría del delito y de la pena es la definición de la función esencial del Derecho Penal como protección -subsidiaria- de bienes jurídicos o bien como estabilización -subsidiaria- de normas esenciales, siendo la primera posición dominante hoy en día[1]. Si bien me estoy manifestando partidario de la segunda, creo que es un error apreciar ambas funciones como concepciones antagónicas del Derecho Penal. Es a través de la estabilización de normas cómo el Derecho Penal protege bienes jurídicos. Se podría hablar de la protección de bienes jurídicos como una función indirecta o derivada de la estabilización de normas esenciales[2]. La estabilización de la prohibición de agredir sexualmente protege la libertad sexual o la de utilizar o difundir información privilegiada la integridad de los mercados de valores y productos financieros. Por esa razón por regla general la destrucción de bienes con consentimiento o imputables a la propia víctima no supone un injusto mientras que, en los casos excepcionales en los que puede serlo, tiene importantes efectos atenuatorios. Ello nos permite constatar como lo esencial no es la lesión o puesta en peligro de un bien, sino la perturbación de posiciones jurídicamente reconocidas. Es decir, lo decisivo no es si se afectan bienes, sino cómo y la relevancia de ese cómo viene determinada por las normas.

---

1 Básico por la doctrina dominante ROXIN, *Strafrecht, AT I*, 4ª ed., Múnich, 2006, 2/1 ss.

2 FEIJOO SÁNCHEZ, *Retribución y prevención general*, Montevideo y Buenos Aires, 2007, pp. 701 ss.; EL MISMO, *Derecho Penal de la empresa e imputación objetiva*, Madrid, 2007, pp. 31 ss.; FREUND, *Münchener Kommentar zum StGB*, 4ª ed., Múnich, 2020, antes de 13/59 ss.; KINDHÄUSER, *Gefährdung als Straftat*, Fráncfort, 1989, pp. 30, nota 6, 132 ss.; EL MISMO, "Strafe, Strafrechtsgut und Rechtsgüterschutz", *Modernes Strafrecht und ultima-ratio-Prinzip*, Fráncfort, 1990, pp. 29 ss.

Son precisamente las normas penales las que en el marco de un procedimiento democrático deliberativo crean los valores que denominamos bienes jurídicos[3]. Aquéllas son reacciones a necesidades sociales que se deben resolver mediante la intervención del Derecho Penal y su introducción en el sistema jurídico configura los valores subyacentes como consecuencia de esa respuesta democrática a una necesidad político-criminal. Si la pena estabiliza la norma, protege también dichos valores subyacentes. Pero esos valores sólo están protegidos en la forma o de la manera establecida por la norma. Por esa razón entiendo que la función esencial de la pena es la estabilización de normas y no la protección de bienes, pasando sólo a ser esta la función esencial cuando no se trata de estabilizar normas. Por ejemplo, en el caso de medidas para inimputables peligrosos. La concepción defendida aquí sólo sería incompatible con una determinada concepción menos normativa de los bienes jurídicos protegidos que, en la línea iniciada por V. Liszt y recuperada en la segunda mitad del siglo XX por algunos autores[4], entiende que los bienes jurídicos no son creados, sino reconocidos por el Derecho en la medida en la que lo que hacen los tipos penales es simplemente proteger intereses -individuales o de un grupo- ampliamente compartidos que se han impuesto en el procedimiento legislativo o en la lucha por el poder. Esta visión como bienes vitales de la realidad socio-empírica conduce a una -a mi entender errónea- visión fáctica del delito en la que el injusto se equipara a la lesión empírica del interés concreto protegido por la norma.

La contraposición entre estabilización de normas y protección de bienes como función esencial encierra unas dimensiones dogmáticas más profundas. En primer lugar, la función de estabilización permite que el hecho o el injusto penal quede mejor identificado como lesión o puesta en peligro de la libertad general que como lesión o puesta en peligro de bienes jurídicos[5]. Mediante la estabilización de normas se garantiza en primer plano la libertad general como fundamento de la libertad individual y del libre desarrollo individual de la personalidad. De esta manera una afectación o lesión particular de personas o bienes no es un injusto en la medida en la que no se trate de una perturbación de la libertad general garantizada por la norma. La idea de protección de bienes jurídicos enfatiza en exceso la lesión de bienes u objetos valiosos, mientras la idea de estabilización normativa pone en el centro la lesión de la juridicidad[6]. Si el Derecho en el marco de un sistema de libertades,

---

3 Sobre el bien jurídico como valor, Kubiciel, *Die Wissenschaft vom Besonderen Teil des Strafrechts*, Fráncfort, 2013, pp. 72 ss.

4 Básico en una visión crítica contra las concepciones de v. Liszt, Jäger y Roxin del bien jurídico como algo previo al Derecho Amelung, *Rechtsgüterschutz und Schutz der Gesellschaft*, Fráncfort, 1972, pp. 330 ss., 350.

5 Ciertos autores de influencia más kantiana y hegeliana suelen hacer referencia a las relaciones personales de reconocimiento. A pesar de lo atractivo de esta expresión, supone una concepción muy reducida del injusto en el contexto del Derecho Penal actual. Para una visión crítica de la teoría del bien jurídico desde esta concepción, Köhler, *Strafrecht. Allgemeiner Teil*, Berlín, 1997, pp. 24 s.

6 Por diversos lugares son de destacar las contribuciones de Frisch, "Unrecht und Schuld im Verbrechensbegriff und in der Strafzumessung", *Müller-Dietz-FS*, Múnich, 2001, pp. 253 s., y "Strafkonzept, Strafzumessungstatsachen und Masstäbe der Strafzumessung in

más que un maximizador de bienes, debe ser un optimizador de libertad, lo decisivo a efectos de determinar la lesión de la juridicidad no es lesionar o poner en peligro un bien, sino un uso ilegítimo de la libertad incompatible con una norma que por su importancia debe ser garantizada mediante una pena. La juridicidad ocupa, por el contrario, en la función de protección de bienes jurídicos una posición puramente adjetiva, dejando lo sustantivo para la protección de bienes.

Considero que el principal inconveniente de centrar la función del Derecho Penal en la protección de bienes reconocidos como valiosos por el ordenamiento reside en que pone demasiado énfasis en la afectación de bienes dejando de lado la necesaria referencia a la protección de la juridicidad. Pone un excesivo énfasis en la seguridad cognitiva en detrimento de la seguridad normativa que es la única que puede proporcionar la pena. La seguridad, si se entiende como normativa y no de bienes, no es un elemento antagónico de la libertad, sino un presupuesto imprescindible para ésta.

Si centrarse en la lesión o puesta en peligro fáctica de bienes suele conducir a una visión más instrumental o empirista (protección de bienes jurídicos a través de la disuasión o prevención intimidatoria y la prevención especial), poner el foco en la lesión de la juridicidad conduce a una **visión más comunicativa de los dos conceptos esenciales del Derecho Penal**: el delito como presupuesto de la pena y la pena como consecuencia del delito[7].

De esta manera se abre un camino distinto frente a posiciones que mantienen una línea teleológica y político-criminal como la que representan ROXIN y SCHÜNEMANN. Frente a la posición de V. LISZT, que dividió el Derecho Penal en dos mundos estancos, con una dogmática ajena a los fines de la pena y, una vez constatada la culpabilidad, una política criminal orientada a las necesidades sociales (en su caso la prevención de delitos mediante la prevención especial), ROXIN[8] planteó una alternativa superando esta dualidad mediante un sistema teleológico (o político-criminalmente teleológico en expresión del propio autor) completo en torno a la función de protección de bienes jurídicos como piedra angular del sistema. Este grandioso modelo para explicar el Derecho Penal de un Estado de Derecho se caracteriza por una orientación instrumental a la prevención de lesiones o puestas en peligro de bienes jurídicos, si bien dicha orientación se encuentra sometida a límites valorativos. El método teleológico-valorativo es el paraguas bajo el que se aúnan una racionalidad de acuerdo a fines o instrumental con una

---

der Rechtsprechung des Bundesgerichtshofs", *BGH-FG*, tomo IV, Múnich, 2000, p. 278; JAKOBS, *Deutsche Strafrechtswissenschaft vor der Jahrtausendwende*, Múnich, 2000, p. 49; PAWLIK, *Person, Subjekt, Bürger. Zur Legitimation von Strafe*, Berlín, 2004, p. 87.

7 FRISCH, "Strafe, Straftat und Strafsystem im Wandel", *GA 2/2015*, pp. 65 ss. (=InDret 3/2014, 21 ss.); EL MISMO, Straftheorie, Verbrechensbegriff und Straftatsystem im Werk von Günther Jakobs, en AA.VV., *Strafrecht und Gesellschaft*, Tubinga, 2019, pp. 657 ss.; KINDHÄUSER, *Bien jurídico, seguridad y hecho punible desde una perspectiva comunicativa del Derecho Penal*, San Justo, 2017, pp. 107 ss.; ROSTALSKI, *Der Tatbegriff im Strafrecht*, Tubinga, 2019, pp. 20 ss., 97 ss.

8 *Política criminal y sistema del Derecho Penal*, Barcelona, 1972, pp. 15, 19; *Problemas básicos del Derecho Penal*, Madrid, 1976, p. 61; "Normativismus, Kriminalpolitik und Empirie in der Strafrechtsdogmatik", *Ius humanum, Lampe-FS*, Berlín, 2003, pp. 431 s.

racionalidad valorativa para contener los excesos inherentes a la racionalidad teleológica. En tal sistema el delito es lesión o puesta en peligro de bienes jurídicos, mientras la pena, al prevenir delitos, previene nuevas lesiones o puestas en peligro de bienes jurídicos, operando la culpabilidad como límite - y ya no como fundamento-. Es de sobra conocido que Roxin defiende una teoría mixta o unitaria de la pena en la que los fines de la pena no se yuxtaponen generando antinomias, sino que van cambiando en función de cuál es el papel más idóneo de la pena en cada momento (conminación legal abstracta, condena, ejecución) para proteger bienes jurídicos y prevenir su lesión o puesta en peligro. En el ámbito interno de cada una de las partes del sistema se reproduce la tensión entre una racionalidad instrumental como fundamento y una racionalidad valorativa como límite. Por ejemplo, dentro de la teoría del delito, la imputación objetiva sólo opera como un límite normativo o valorativo para la imputación de resultados o el juicio de culpabilidad queda dividido en dos ámbitos: la capacidad de culpabilidad o imputabilidad como límite y la responsabilidad orientada a los fines de la pena[9].

En este sistema la normativización frente a la tesis ontológicas y naturalistas queda a medio camino, ya que los criterios normativos operan sólo como límite, como sucede paradigmáticamente con el concepto de culpabilidad. Sin embargo la culpabilidad tiene su fundamento último en la concepción de un ciudadano en un sistema de libertades y, por tanto, no puede ser relegada a operar como un mero límite de la prevención. Basten estas breves pinceladas para dejar de manifiesto que la función de protección de bienes jurídicos y la idea de seguridad de bienes no acaban de proporcionar un modelo que integre sistemáticamente delito y pena o, lo que es lo mismo, culpabilidad (delito como acción culpable) y prevención.

Por esta razón se opta como alternativa por una dimensión comunicativa del delito y de la pena que pretenda ir más allá de la comprensión del fenómeno punitivo como la de un nudo mal (desprovisto de otras dimensiones más allá del sufrimiento) que se impone al que ha puesto en peligro o lesionado bienes jurídicos con el fin de que en el futuro haya menos lesiones o puestas en peligro de bienes jurídicos (prevención instrumental de delitos).

---

9 La culpabilidad es entendida por Roxin -seguido en este punto por algunos discípulos como Schünemann o Wolter- como condición necesaria pero insuficiente de la pena en la medida en la que político-criminalmente, es decir, desde el punto de vista de la prevención especial o de la prevención general, además debe ser necesaria la pena (-nota 1- 3/51 ss.). De esta segunda cuestión se ocupa la categoría dogmática más amplia de la responsabilidad (19/3 ss.). Esta categoría sistemática permite un doble límite para la imposición de la pena por un injusto: a través de la culpabilidad como poder actuar de otro modo y a través de las necesidades preventivas. La responsabilidad queda así integrada por elementos heterogéneos, culpabilidad y necesidades preventivas, que se limitan recíprocamente. En dicha tensión entre ambos elementos se confía para no salirse de los límites de un Derecho Penal propio de un Estado de Derecho.

III. Hacia una concepción comunicativa y no instrumental del Derecho Penal

En este contexto el delito es una comunicación que contradice lo que comunica en general el ordenamiento a los ciudadanos y la pena sirve para contradecir la perturbación comunicativa que supone el delito. Como ya señaló Hegel de forma pionera[10], la pena no es sólo un mal que sigue a otro mal, ni el delito queda bien descrito como mera lesión o puesta en peligro fáctica de bienes. En una concepción normativa y comunicativa acción y reacción deben ser entendidos en un trasfondo simbólico-comunicativo que genera el sistema jurídico en su conjunto y el Derecho Penal como fenómenos emergentes y es el que otorga su sentido al fenómeno punitivo.

El ser humano ha triunfado evolutivamente gracias a su enorme capacidad de crear redes de cooperación (que a lo largo de la historia no siempre han sido de participación voluntaria o inspiradas en la libertad y la igualdad, sino más bien basadas en la opresión, la explotación, la tiranía y la desigualdad). El orden social es un constructo -contingente y, por tanto, inestable- evolutivamente necesario. Sin duda, como señaló Durkheim, en un origen "lo social" se creó gracias a la religión o una idea de lo sagrado. Si bien es a las ciencias sociales a las que corresponde explicar ese milagro que es la creación de grandes redes cooperativas y sobre lo que los filósofos llevan siglos especulando, las redes de cooperación como estrategias de coordinación de acciones sólo existen más allá del parentesco mientras se compartan ciertas cosas que se convierten en públicas (relatos, valores, principios, creencias, sentimientos patrióticos, etc.)[11].

Desde ese punto de partida se generan ciertos códigos, convenciones y redes compartidas de significados o, si se quiere formular en términos más morales, un contexto moral o una comunidad moral. Ese mundo de lo social trasciende los instintos heredados y en ese marco se crean los sistemas o redes de responsabilidad, tanto informales como formales. Cuando nadie responde ante nadie, lo social, lo compartido o lo público se derrumba. La "lesividad social" o "de lo común" que define un hecho como punible depende básicamente de las características básicas del orden social. Cuando el orden ya no se basa en la confianza personal, pero tampoco en la creencia compartida en mitos y religiones o en un orden ético común como sucede con las actuales sociedades postmetafísicas, sólo puede basarse en normas creadas de acuerdo a determinados procedimientos públicos. La pena ha venido siendo una estrategia evolutivamente constante para proteger ciertas

---

10 § 99 A, que señala como es irracional querer un mal simplemente porque ya se ha producido otro mal. El segundo mal tiene que aportar algo positivo a la sociedad. Sobre la teoría de la pena de Hegel, Feijoo Sánchez, *La pena como institución jurídica*, Buenos Aires y Montevideo, 2014, pp. 31 ss.

Esta es una idea básica para Jakobs: por diversos lugares, *Sociedad, norma y persona en una teoría de un Derecho Penal funcional*, Madrid, 1996, pp. 11, 17 s., "Zur gegenwärtigen Straftheorie", en Kodalle, *Strafe muss sein! Muss Strafe Sein?*, Würzburg, 1998, p. 37; *Norm, Person, Gesellschaft*, 2ª ed., Berlín, 1999, p. 108.

11 Haidt, *La mente de los justos*, 2ª ed., Barcelona, 2019, pp. 218, 302 s., 355 ss.; Harari, *Uma breve história da humanidade*.

normas indispensables, que no siempre son las mismas, sino que dependen del tipo de sociedad. El castigo se ha consolidado evolutiva y competitivamente como una estrategia mejor que otras alternativas para garantizar normas que siempre son inestables[12]. Ello no significa que la estabilización se tenga que conseguir con miedo y temor, sino que en una república democrática la confianza institucional es la esencia que engrasa estas redes sociales.

Si se asume que no se puede fundamentar una ciencia jurídica desde precomprensiones -tan legítimas como discutibles-, la visión sistemática del delito como desestabilización y puesta en entredicho de la norma y de la pena como re-estabilización de la norma puesta en entredicho con el delito permite reconstruir las bases de un sistema jurídico funcionalmente diferenciado como el Derecho Penal. La interrelación entre delito y pena da lugar a que la teoría jurídica del delito deba estar orientada a determinar qué hechos ponen en entredicho o desestabilizan la norma, haciendo surgir así la necesidad de estabilización mediante un mal. Por su parte, la teoría de la pena tiene que legitimar por qué es preciso un mal como consecuencia de la declaración de culpabilidad.

IV. Diferencias con otras teorías comunicativas. Defensa de una teoría preventiva

En el ámbito de las ciencias del comportamiento se suele hacer referencia a la cooperación intragrupal (no necesariamente intergrupal como demuestran diversos estudios) en la medida en la que este altruismo pueda ser entendido como racional a largo plazo. Es una forma de dejar en evidencia que el modelo del egoísta racional que está en el centro de la construcción liberal y preventivo-general del Derecho Penal en el siglo XIX (Feuerbach) dificulta crear un orden social estable.

En el marco de la teoría jurídica del delito y de la pena ello no debe llevar a la idea contraria de entender que la esencia del delito es una cooperación al sistema, por lo que el castigo tendría su fundamento en una falta de colaboración suficiente. En el actual sistema constitucional de libertades el castigo no puede tener su fundamento en el reproche o censura por tal falta de cooperación, sino exclusivamente en la lesividad de lo común construido mediante la cooperación institucional.

Tal punto de partida me ha llevado a no compartir una de las grandes construcciones teóricas de la actualidad como la de Pawlik[13]. Si bien coincidiríamos en que el mantenimiento de la juridicidad es una labor

---

12 Andrissek, *Vergeltung als Strafzweck*, Tubinga, 2017, pp. 20 ss.; Gürerk/Irlenbusch/Rockenbach, "The Competitive Advantage of Sanctioning Institutions", *Science*, vol. 312 (2006), pp. 108 ss.; Hauert/Traulsen/Brandt/Nowak/Sigmund, "Via freedom to coercion: the emergence of costly punishment", *Science*, vol. 316 (2007), pp. 1095 ss.; Seymour/Singer/Dolan, "The Neurobiology of Punishment", *Nature reviews Neuroscience*, vol. 8, nº 4 (2007), pp. 300 ss.; Tobeña, *Neurología de la maldad*, Barcelona, 2017, pp. 161 ss.

13 Feijoo Sánchez, *(nota 10)*, pp. 60 ss. Pawlik, *Normbestätigung und Identitätsbalance. Über die Legitimation staatlichen Strafens*, Baden-Baden, 2017, p. 39, nota 176, recoge referencias de la doctrina alemana que sigue su posición.

central del Estado y la pena tiene que ver con el mantenimiento de una situación conforme a Derecho, disentiríamos en cómo cumple esa función. El catedrático de la Universidad de Friburgo vincula la pena al mantenimiento de la juridicidad ("*Erhaltung des Rechtszustandes*") abriendo con ello una vía a la legitimación funcional de la retribución, de tal manera que ésta no es sólo una teoría de la pena, sino que mediante el referente del mantenimiento de la juridicidad pasa a ser la función del Derecho Penal[14]. Los parentescos con la idea de estabilización son evidentes. De esta manera profundiza en el proyecto de revisión funcional del pensamiento hegeliano iniciado por su maestro Jakobs, otorgando a la retribución una función social[15]. La retribución no sólo implica una justificación de la imposición de la pena al delincuente, sino que ofrece la justificación social de la pena.

Su posición no coincide exactamente con la de aquellos autores que buscan el fundamento de la culpabilidad en una auto-contradicción (*Selbstwiderspruch, Selbstkorrumpierung*), aunque su posición tenga algunos puntos de contacto con las mismas. Ni con la de aquellos que hacen referencia a una auto-contradicción subjetiva con las propias máximas morales -al optar por máximas morales que se consideran injustas- al estilo de ciertos autores de fundamentación kantiana que basan la culpabilidad en un concepto pre-jurídico y trascendental de libertad que vincule al ordenamiento y que tenga su origen y fundamento en el individuo y su autoconciencia (Köhler, Zaczyk)[16]; ni con aquellos que la definen como una auto-contradicción del ciudadano entre su dimensión como (potencial) participante en la elaboración de la norma y

14 Ya señalaba Pawlik en *(nota 6)*, pp. 54 ss., 97, que la restitución de la juridicidad no es un fin social menos positivo o digno de valorar que la mejora del nivel de seguridad que propugnan las teorías preventivas clásicas.

Bajo la clara influencia de Jakobs, en los últimos tiempos han aumentado los partidarios de una fundamentación funcional de la retribución, dejando los efectos de psicología social como efectos latentes. Es decir, que la retribución no tendría una justificación trascendente a la sociedad, sino que desempeña una función positiva para la misma (Lesch, Kalous, etc.). Vid. también el discípulo de Frisch Müller, *Vergeltungsstrafe und Gerechtigkeitsforschung*, Tubinga, 2019, pp. 3, 191 y passim, buscando una fundamentación empírica de la retribución y entendiendo que el fin de la pena retributiva sería el "Aufrechterhaltung des Rechtszustandes" (pp. 149 ss.).

15 Sin embargo, como señala Pawlik, "Das Strafrecht der Gesellschaft", aa.vv., *Strafrecht und Gesellschaft*, Tubinga, 2019, p. 248, Jakobs utiliza el término funcionalidad en un sentido más abstracto o sociologicista como "*idoneidad para el estímulo de la integración social y con ello, finalmente, de la paz social*", destacando su discípulo como este concepto tan amplio de función desarrollado en sociología (funcionalismo sociológico), por ejemplo por Luhmann, es más propia de una teoría social del Derecho Penal y poco útil para el trabajo dogmático o jurídico. Sobre cómo el proyecto científico de Jakobs no sólo tiene como objeto la dogmática, sino también una teoría de la sociedad como un sistema vinculante de comunicaciones, vid. los trabajos de Kindhäuser, Pawlik y Zabel, en la misma obra pp. 99 ss., 122 s., 156 ss., 192, 224 ss., 242 ss.

16 Críticas en Feijoo Sánchez, *Derecho Penal, neurociencias y bien jurídico*, Santiago de Chile, 2017, pp. 222 s. (=Frisch-FS), con ulteriores referencias a críticos con esta posición (Klaus Günther, Kindhauser, Jakobs, etc.).

como destinatario de la misma[17] y que mediante la posibilidad de participación democrática queda auto-vinculado al ordenamiento jurídico[18]. En este último contexto de legitimación se ha intentado fundamentar, adicionalmente, la pena considerando al delincuente como un polizón social (*free rider*). La idea es que en la medida en la que disfruta de la protección de las normas, no ha realizado su contraprestación para merecer dicho disfrute. Por ello su ventaja injusta frente a los demás debe ser compensada con una pérdida que es la pena[19]. La pena sería una rectificación o anulación de un mal uso de la libertad (*Unfair Advantage*). Algún autor desde la perspectiva de la prevención general positiva ha tenido en cuenta la auto-contradicción como ciudadano como fundamento de la culpabilidad, integrando la teoría de la ventaja indebida en una teoría de la prevención general positiva, considerando que cargar con costes al "polizón social" que no aporta su contribución al colectivo demuestra que no es rentable, fortalece la confianza del resto de los ciudadanos y, de esa manera, tiene efectos de integración social[20]. El inconveniente de todas estas posiciones que recurren a auto-contradicciones o a un reparto no equitativo de costes y beneficios es que no tienen en cuenta suficientemente que la pena tiene que ver con la estabilización de normas y, por tanto, la culpabilidad, como han resaltado las teorías preventivas, no puede quedar al margen de esta función. Esta es la esencia correcta de teorías preventivas como la de ROXIN -aunque no llevara esta idea hasta sus últimos extremos- o la teoría funcional de JAKOBS: la culpabilidad tiene que ver con la estabilización normativa como función básica del Derecho Penal y materialmente la culpabilidad es responsabilidad personal por la erosión de dicha estabilidad. La culpabilidad no es en esencia una especie de "autocontradicción" como ciudadano o persona deliberativa, sino más bien una "contradicción" con elementos indispensables para la vida social. Lo relevante es la lesividad comunicativa que representa el hecho

---

17 GÜNTHER, *Schuld und kommunikative Freiheit*, Fráncfort, 2005, pp. 71 ss., 245 ss. a partir de la ética del discurso. A efectos de legitimación del sistema penal este autor considera que existe un paralelismo entre el ciudadano como autor de las normas jurídicas y la persona jurídica como destinatario de dichas normas (pp. 248 ss.). Esta idea queda englobada bajo el concepto de persona deliberativa. La fundamentación discursiva de la culpabilidad se centra en la definición de persona en su doble rol de destinatario de la norma y de ciudadano con derecho a participar en los procesos de decisión política de los que surgen las normas con legitimación democrática.

KINDHÄUSER, "Rechtstreue als Schuldkategorie", *ZStW 107*, p. 701 y passim; "Schuld und Strafe, Zur Diskussion um ein "Feindstrafrecht"", *Schroeder-FS*, Heidelberg, 2006, pp. 85 ss.; "Strafrechtliche Schuld im demokratischen Rechtsstaat" *Hassemer-FS*, Heidelberg, 2010, pp. 761 ss.

18 Por esta razón consideran los autores de la nota anterior que sólo sería posible hablar legítimamente de culpabilidad en un sistema democrático en la medida en la que en sistemas no democráticos no cabe una posibilidad mínima de participar en el proceso de elaboración de normas.

19 Sobre la teoría de la ventaja indebida (MORRIS, MURPHY, FINNIS, DAVIS, SHER, GEWIRTH, SADURSKY) en sentido crítico: FEIJOO SÁNCHEZ, *(nota 10)*, pp. 55 ss.; RODRÍGUEZ HORCAJO, *Comportamiento humano y pena estatal*, Madrid, 2017, pp. 256 ss.; SACHS, *Moral, Tadel, Busse*, Baden-Baden, 2015, pp. 38 s.; ZIMMERMANN, *Verdienst und Vergeltung*, Tubinga, 2012, pp. 147 ss.

20 KINDHÄUSER *(nota 2)*, pp. 38 con nota 22, 154 ss.; EL MISMO, *(nota 2)*, pp. 33, 35 s.

para la normatividad. No definimos una conducta como delictiva porque el autor sea incoherente (contradicción performativa), se haya permitido ciertas libertades que el resto no se permite[21] o se haya ahorrado los costes que implica el respeto a las normas, beneficiándose del sistema sin compartir los costes de mantenimiento.

PAWLIK parte de una idea más comunitarista que estos autores, conceptuando al ciudadano como un "representante de la comunidad jurídica"[22]. Esto le lleva a definir, en correspondencia, el delito como una infracción del deber de colaborar al mantenimiento del *status quo* jurídico del que disfruta[23]. En ciertas ocasiones ha fundamentado el delito en la vulneración del deber de cooperar al mantenimiento de un Estado de libertades jurídicamente constituido[24]. Esto es así porque la lealtad jurídica es el precio a pagar por los ciudadanos por disfrutar de la paz, la seguridad, la libertad y la protección que ofrece el Derecho[25]. Desde esta perspectiva el delito es en esencia una infracción del deber de mantener el orden jurídico y de libertades existente. Sin embargo, en los actuales sistemas de libertades no reprochamos al delincuente que no haya contribuido como los demás al mantenimiento del sistema vigente, sino haber lesionado algo común o público (como perteneciente a todos).

PAWLIK ha venido señalando en diversos trabajos[26] como el deber de cumplimiento primario (obligación originaria) como ciudadano se transforma en un deber secundario de tolerar, soportar o sufrir la pena (el mal) para que se confirme a su costa la relación inalterable entre disfrute de libertad y cumplimiento del deber de colaboración: El "*deber primario de complemento de cumplimiento se convierte en un deber secundario de tolerancia*"[27]. Si el ciudadano no cumple voluntariamente con su prestación y delinque, el Estado le obligará a otra prestación que es soportar la pena. Sin embargo, el quebrantamiento de tal deber permitiría -pero no obligaría- a imponer una pena, con lo que no se acaba de ofrecer una contestación completa a la pregunta: ¿Por qué la pena? Con su respuesta queda justificado por qué el delincuente tiene que soportar la injerencia estatal (merecimiento/justificación individual), no por qué el Estado tiene que imponer tal mal (necesidad de prevenir o mitigar los efectos lesivos del delito). Por esa razón no permite determinar racionalmente

---

21 Lo cual tiene sentido con algunos fenómenos delictivos (por ejemplo, el delito fiscal, administración desleal), pero no otros (abuso sexual de los hijos).

22 (*Nota 13*), p. 39, con una fundamentación de naturaleza hegeliana de esta idea en pp. 35 ss., pp. 44 s.

23 En un sentido similar ROSTALSKI, (*nota 7*), pp. 19, 45, con referencias a JAKOBS y PAWLIK, aunque, a diferencia de éstos, entiende que dicho deber deriva del contrato social. El autor que infringe la norma de conducta se arroga más libertad que la que permite el contrato social (p. 429).

24 *Ciudadanía y Derecho penal*, Barcelona, 2016, pp. 42 ss.

25 En este concepto de lealtad coincide con autores como GÜNTHER o KINDHÄUSER en que el "mandato de neutralidad" es un elemento esencial del sistema democrático. Vid. PAWLIK, (*nota 6*), pp. 84 s., señalando como en un Estado secularizado no es posible obligar jurídicamente a la lealtad.

26 *Das Unrecht des Bürgers*, Tubinga, 2012, pp. 116 ss.

27 (*Nota 24*), p. 56.

cuánta pena. Tampoco deja clara la razón o las razones para renunciar a la pena concreta aunque se pudiera imponer por ser merecida. Para responder a estas cuestiones hay que tener en cuenta que la pena no se limita a ser una mera respuesta a un incumplimiento del deber de cooperación, sino a la perturbación social ocasionada con el delito.

Desde una comprensión jurídica y política distinta, entiendo que el ciudadano no es un representante de la generalidad que al delinquir infrinja sus deberes de fidelidad o lealtad con la comunidad como hace, por ejemplo, el representante o el administrador de una sociedad mercantil con los intereses de su principal cuando no los promociona debidamente. El ordenamiento jurídico no es el principal de cada ciudadano, teniendo éste deberes de lealtad y fidelidad para con los valores o intereses públicos. Esta comprensión me lleva a no poder asumir que los ciudadanos tengan un deber básico de colaborar con el sistema jurídico al estilo, por ejemplo, del deber solidario de colaborar al sostenimiento de las cargas públicas. Los ciudadanos no tienen que ser solidarios con el sistema jurídico y mantener la juridicidad, sino sólo tienen que evitar lesionarla. Esta es la idea adecuada del principio tradicional de ofensividad o lesividad social, sólo que lo relevante no es la lesión del otro de la tradición anglosajona - el *"harm principle"* formulado por JOHN STUART MILL- ni la lesión de bienes de la doctrina dominante, sino la lesión de la juridicidad. Respetar el sistema jurídico no implica ser solidario con él. Utilizando una distinción que JAKOBS y PAWLIK han hecho fructífera en el ámbito de la imputación objetiva, PAWLIK partiría de un deber positivo con el sistema jurídico consistente en el mantenimiento cotidiano de la juridicidad, mientras yo me conformo con un deber negativo: **no poner en entredicho la norma garantizada penalmente**. Para mí esto es más que un matiz y tiene importantes consecuencias dogmáticas. Entre ellas no entender la estabilización como retribución, sino como necesidad preventiva que justifica la pena. Esta idea permite determinar cuánta pena es necesaria y las razones por las que el Estado necesita castigar y dedicar enormes recursos a esta labor.

El infractor no paga un precio por disfrutar de la paz, la seguridad, la libertad y la protección existentes en un Estado de Derecho, sino un castigo por erosionar una norma concreta[28]. Esto es así porque si esa erosión en la que ha participado se intensifica ello acabará terminando con la paz, la seguridad, la libertad y la protección que otorga dicha norma.

---

28 La estabilización, como función del sistema jurídico, tiene como objeto una norma vigente concreta (o más de una en caso de concurso de delitos) que se ha puesto en entredicho mediante una determinada conducta. En este sentido, ROSTALSKI, (*nota 7*), p. 80 y passim. En sentido contrario, MÜLLER, (*nota 14*), pp. 149 ss., entendiendo que no se trata de la estabilización de la norma de conducta quebrantada, sino de la estabilización del orden jurídico en su conjunto.

Desde una perspectiva jurídica resulta excesivo definir cada delito como un atentado contra el orden constitucional vigente, el sistema jurídico en su conjunto o la identidad normativa de la sociedad. Cuando un órgano de justicia imputa un hecho, condena e impone una pena, la lesividad social que imputa a una persona, frente a la que reacciona y por la que éste responde tiene siempre una dimensión más reducida y concreta.

No se puede dejar de mencionar que Pawlik no deja de matizar estas ideas[29], lo cual hace difícil realmente establecer la intensidad de las diferencias que se están poniendo en evidencia. A pesar de ello, lo que quiero dejar de manifiesto es que estas diferencias tienen relevancia para que Pawlik defienda una teoría retributiva[30], mientras yo vengo defendiendo una teoría preventiva de la estabilización (prevención general estabilizadora). Si bien un autor de la brillantez de Neumann[31] afirma que *"retribución y estabilización normativa no son sino las dos caras de una misma moneda"*, si la estabilización normativa se fundamenta como necesidad social se convierte en una teoría preventiva. No siendo posible en un trabajo de estas características un desarrollo completo de estas ideas, sólo quiero plantear algunas cuestiones que creo que ilustran las diferencias expuestas: ¿No infringir normas penales que se consideran injustas sería colaborar a su existencia? Por ejemplo, si un catedrático de Derecho Penal alemán no comete un incesto, ¿Estaría colaborando con el mantenimiento de esa norma? ¿La coherencia obligaría, por el contrario, a infringir las normas que consideramos ilegítimas para que no se entienda que colaboramos con las mismas? Estas cuestiones se plantean con el fin de poner en evidencia que Pawlik estaría otorgando un contenido comunicativo excesivo al hecho de no cometer delitos para poder legitimar su teoría, afirmando que los ciudadanos que respetan las normas colaboran a mantenerlas. Por otro lado, una teoría de la pena no debe limitarse a habilitar al Estado para imponer males o sufrimientos al culpable, sino que tiene que justificar por qué dichos males o sufrimientos son necesarios o irrenunciables para que el Estado cumpla ciertas funciones. Esta ha sido siempre la dimensión correcta de las teorías preventivo-generales. Por el contrario, las teorías retributivas, incluso tan elaboradas como las del catedrático de Friburgo, se limitan a justificar que el infractor pueda sufrir una pena, siendo insuficientes para justificar por qué el Estado se ve obligado a imponer una pena como amarga necesidad. La retribución nunca puede ofrecer una medida para la pena. Sólo habilita para castigar a alguien o establece el "deber" de soportar el castigo al que lo sufre (merecimiento), pero no aporta criterios para la determinación de cuál es el castigo necesario.

---

29 Pawlik busca, por ejemplo, parentescos con la teoría de Duff (*-nota 13-*, p. 39), que se caracteriza por el esfuerzo de unificar filosofía política y filosofía del Derecho Penal. Toma básicamente la distinción de Duff entre súbditos y ciudadanos (pp. 34, 43), buscando entroncar su posición con la tradición republicana de pensamiento liberal. Crítico con esta pretensión Mañalich en una recensión en *Ex Libris, InDret 2/2019*, p. 29.

30 Desarrolla su teoría retributiva y comunicativa de la pena en (*nota 13*), pp. 51 ss., retomando la expresión kantiana de la pena como "*símbolo del merecimiento de pena*". Rechaza teorías preventivas que busquen como criterio de legitimación ciertas consecuencias individuales o de psicología social (pp. 53 s.). Pawlik señala que su posición es próxima a las teorías de la prevención general positiva, pero la diferencia estaría en que éstas legitiman la pena en una optimización técnica que no comparte (*-nota 24-*, pp. 57 s., 63 s.). De esta manera se distancia del sector de teorías de la prevención general positiva con mayor influencia de la psicología social como la de Hassemer que cita.

31 "Alternativas al Derecho Penal", en AA.VV., *Crítica y justificación del Derecho Penal en el cambio de siglo*, Cuenca, 2003, p. 211.

Jakobs ha sido consciente de este aspecto en su última versión de la teoría de la pena[32]. Por esa razón, aunque sigue entendido básicamente la pena como contradicción comunicativa, no desatiende los efectos de psicología social, de tal manera que el fin y, por tanto, la medida de la pena sigue teniendo un papel para contrarrestar ciertos efectos psicológicos en la sociedad. Por ello he definido previamente su teoría de la pena como una teoría bidimensional con una fundamentación mixta que añade, a una fundamentación comunicativa, otra psicológico-instrumental[33]. A diferencia de Jakobs, creo que es posible entender la prevención también en términos comunicativos y no exclusivamente como la persecución de ciertos efectos positivos de psicología social.

La teoría funcional de Jakobs ha desembocado en un modelo dual o bidimensional de la pena[34], en la que se suman la contradicción o marginación comunicativa del hecho y la reparación de los efectos de psicología social provocados por el delito. De esta manera, si bien en general la pena tiene que ver con la función de estabilización normativa, la pena concreta viene determinada por un fin preventivo-general de carácter más instrumental: asegurar la probabilidad de seguimiento de la norma por parte de la población. Los efectos de psicología social dejan de ser una función latente como en ciertas fases de su evolución a partir de 1996, para convertirse en un fin de la pena concreta a determinar de acuerdo a criterios empíricos. Esta evolución de Jakobs deja en evidencia que la retribución no ofrece una medida para racionalizar la determinación de la pena concreta, sino exclusivamente un presupuesto habilitante para el castigo. Por ello entiende que el dolor sirve para la salvaguardia cognitiva de la vigencia de la norma en la medida en que el delito pone en peligro el apoyo cognitivo que necesita la norma para ser eficaz. Para el catedrático emérito de Bonn el delito pone en riesgo la prestación real de orientación del ordenamiento jurídico y, por tanto, su vigencia real. Reparar o restablecer dicho menoscabo cognitivo que sufre la norma es el fin de la pena, que complementa el significado de la misma como contradicción de la negación de la vigencia de la norma por parte

32 En la actualidad prefiere utilizar la expresión de "*prevención general que preserva la vigencia*" (*geltungserhaltende Generalprävention*): *System der strafrechtlichen Zurechnung*, Fráncfort, 2012, p. 15.

33 Jakobs, (*nota 32*), p. 14, nota 6, muestra su disconformidad con mi calificación de su actual teoría de la pena como una teoría funcional mixta o unitaria, entendiendo que se trata de una relativa retribución en el sentido de la teoría de la pena de Hegel. Entiende que se trata de un único concepto, la pena como medio de mantenimiento (no mejora) de la vigencia social de la norma. Pero la pena concreta viene determinada por los efectos de psicología social. Por esta razón entiendo que la pena en la última versión de Jakobs (p. 15) queda configurada, al mismo tiempo, como símbolo para el mantenimiento de la norma y apoyo de la cimentación cognitiva (confianza como efecto de psicología social) y de esta manera desemboca en una teoría dual o bidimensional de la pena. Sólo con la contradicción comunicativa el mal concreto no queda suficientemente fundamentado. He calificado su teoría como mixta porque la idea de fin y los efectos de psicología social adquieren un significado específico dentro del significado social o sentido de la pena como contradicción comunicativa, sin que queden integrados en ésta.

34 *La pena estatal: significado y finalidad*, Madrid, 2006, pp. 135 ss. Una exposición detallada en Feijoo Sánchez, (*nota 10*), pp. 234 ss. (=*Jakobs-FS*).

del delincuente. Sin respuesta punitiva, esta puesta en peligro se convierte en lesión. Es necesario que la pena demuestre en cada caso concreto que el delito es una opción desafortunada o empresa fracasada, respaldando así cognitivamente la norma. Sin embargo, en mi opinión, de esta manera la pena pierde la proporcionalidad con la gravedad del hecho y queda determinada por criterios no jurídicos. La cantidad de pena queda vinculada a las necesidades para garantizar o estabilizar fidelidad normativa y, por tanto, a ciertos efectos de psicología social.

Desde mi perspectiva, en el modelo expuesto de PAWLIK el delito deja de ser un atentado contra la libertad general para convertirse en una responsabilidad de carácter más ético por no ser suficientemente virtuoso, entendiendo la fidelidad al Derecho como virtud pública. Como he señalado en otras ocasiones, PAWLIK hereda de su maestro JAKOBS un concepto demasiado exigente de persona en el Derecho[35], lo que abre las compuertas del denostado Derecho Penal del enemigo al que dedicó AUGUSTO SILVA sus esfuerzos investigadores durante un tiempo. Se trata de una consecuencia lógica de la comprensión de que la persona materialmente debe ser fiel al Derecho, debiendo cumplir con sus deberes de fidelidad, de tal manera que no hacerlo supone comunicativamente una contradicción de la norma. La primera consecuencia de esta concepción es que el delincuente sólo puede ser entendido como una persona en sentido formal. Pero si no se trata de un delincuente ocasional o de alguien que delinque en contadas ocasiones ni siquiera puede ser tenido en cuenta como una persona en sentido formal y surge la contraposición conceptual ciudadano/enemigo. Se puede apreciar como son ciertas pre-comprensiones del concepto de persona en el Derecho lo que llevan a crear una categoría como la del enemigo y un sistema normativo de características propias distintas al Derecho Penal de ciudadanos.

V. LA DIMENSIÓN COMUNICATIVA DEL DELITO

Desde la perspectiva sistemática que se pretende abordar el delito es entendido como acción culpable ya que la pena sólo puede responder a una acción de estas características[36]. No hay pena sin culpabilidad. Entiendo la culpabilidad no como un mero límite de la prevención, sino como un acto comunicativo que justifica la necesidad de que el Estado responda con una pena. Esto no significa que jurídicamente se pueda prescindir de trabajar con un concepto de acción antijurídica o injusto como presupuesto de todas las consecuencias penales (medidas de seguridad, comiso, etc.) y no sólo de la pena. Muchos ordenamientos definen como delito o como anti-juridicidad una conducta abstractamente punible aunque en casos concretos no quepa el castigo por ausencia de culpabilidad. Pero desde el punto de vista del análisis de la función esencial del Derecho Penal, se deben vincular los conceptos de

---

35 Sobre las similitudes con el conceptos de persona de su maestro PAWLIK, (*nota 6*), pp. 75 ss., 82 ss., 97.

36 Al menos en lo que a las personas físicas se refiere. No puedo entrar aquí sobre una fundamentación de la responsabilidad de las personas jurídicas al margen de la teoría de la acción, que he desarrollado en otros trabajos.

delito como acción antijurídica y culpable y pena. En todo caso, en el marco de la teoría esbozada, todo delito supone la infracción de un deber y todo delito consumado la infracción de una norma. Pero para imponer la pena hace falta algo más porque comunicativamente la infracción de la norma o del deber derivado de la norma no es suficiente. Esta es la esencia correcta de la distinción entre injusto y culpabilidad[37].

Si bien hay muchos autores que reconocemos la decisiva contribución de Jakobs para desarrollar una teoría comunicativa del delito y de la pena como contradicción comunicativa, dentro de tal comprensión caben muchos matices. Me centraré en la perspectiva de aquellos autores que tiene en cuenta preferentemente la dimensión comunicativa del delito en el marco de una teoría de la prevención general (que, evidentemente, nada tiene que ver con una prevención general en sentido intimidatorio). Como ya señalé anteriormente, no comparto la concepción de Jakobs de la prevención general como una búsqueda de efectos de psicología social desligados del significado comunicativo del delito.

En este contexto autores como Frisch[38] o como yo mismo[39] partimos de que peca de exageración hablar del delito como un proyecto del mundo alternativo del autor, de tal manera que el autor afirma que el mundo debe ser configurado de la forma en que él se comporta y que la norma que postula debe ser válida para el futuro[40]. Creo que hay que tomarse más como una licencia o imagen literaria que como una descripción de la realidad la idea de que el infractor propone con su delito un proyecto alternativo de sociedad al del orden normativo vigente: "¡No esta sociedad!"[41]. Si se aceptara como una descripción concede en general a todo delito una dimensión comunicativa

---

37 Esto no es tenido suficientemente en cuenta por Rostalski, (*nota 7*), pp. 102 ss., que identifica infracción de la norma con puesta en entredicho de la misma y por ello entiende que no es posible un injusto no culpable. Por el contrario, se debe establecer una diferenciación entre ambas.

38 (*Nota 7*), pp. 657 ss.

39 Feijoo Sánchez, *(nota 2)*, pp. 483 ss., con ulteriores referencias y "La estabilización normativa como fin de la pena: ¿Puro teatro?", *L-H Mir Puig*, Madrid, 2017, p. 313.

40 Por ello se castiga el delito imprudente o el delito motivado por un error de prohibición o mandato vencible. Es más, el autor no suele considerar la norma que infringe en general como no válida y por ello recurre a técnicas de neutralización moral. En todo caso, Jakobs ha dejado en evidencia de que no se trata de lo que el autor piensa cuando comete el delito, sino del significado social de su conducta. La "contradicción de sentido" debe entenderse como sentido nuevo en contradicción con el sentido establecido.

En sentido similar a Jakobs, Pawlik, (*nota 13*), p. 19, entendiendo la comprensión hegeliana de la acción como una toma de postura fáctica sobre el seguimiento de la ley. Un injusto penalmente relevante es una toma de posición que es entendida objetiva-socialmente como rechazo de la norma (p. 29). De esta manera entiende el injusto criminal como contraposición de una norma a la norma jurídico-penal vigente (pp. 30 ss., 33), intentando rebatir las críticas a una excesiva dramatización del contenido comunicativo del delito tanto en su caso como el de Jakobs. Crítico con estos argumentos de Pawlik, Mañalich, *(nota 29)*, p. 28.

41 (*Nota 10*), p. 103; (Nota 10), p. 34, *Sobre la normativización de la dogmática jurídico-penal*, Madrid, 2003, p. 51.

que sólo está presente en algunos delitos por motivos ideológicos o de conciencia, que representan un porcentaje mínimo de la realidad criminal. El problema esencial que plantea el delito no es que genere proyectos alternativos, sino **anomia**. Ésta surge como consecuencia de una dinámica continuada de infracciones sin respuesta. Como ya he señalado, no importa el proyecto alternativo del autor, sino sólo la lesión del orden establecido o de la juridicidad. La dimensión comunicativa del delito es mucho más modesta en una sociedad que no se entienda como una república de filósofos: el delito pone en entredicho la vigencia fáctica de la norma mientras no obtenga una respuesta[42]. Para entenderlo mejor se puede recurrir al refrán en español que dice: "el que calla otorga". Este dicho popular quiere decir que quien no presenta objeción alguna a lo expresado por otra persona, sino que guarda silencio, hace entender que está dando la razón al otro. Esto es especialmente importante si el que calla está revestido de cierta autoridad (un catedrático de Derecho Penal en un aula universitaria mientras varios alumnos alaban la pena de muerte). Si trasladamos la sabiduría popular al tema que estamos tratando, habrá que entender que un delito sin respuesta por parte del Estado implica una erosión o debilitamiento de la norma infringida. Se estaría comunicando que se da por buena la infracción o se reconocen sus razones. Siendo esto así, una omisión continuada de respuesta produce anomia. Esto es lo que se pretende prevenir con la pena[43]. No hace falta recurrir a abstractas especulaciones hegelianas, sino que disponemos a día de hoy de suficientes conocimientos sociológicos o empíricos para explicar la necesidad de respuesta para prevenir la anomia.

En este contexto teórico el delito pasa a ser una **agresión ilegítima contra el orden jurídico** que obliga al Estado a contrarrestar la misma dentro de lo necesario y previsto legalmente. El delito puede tener otras dimensiones que tienen relevancia a afectos de consecuencias accesorias de la pena, de la responsabilidad civil o, incluso para adoptar medidas preventivo-especiales. Pero la dimensión comunicativa que deber estar presente siempre para poder imponer la pena es la erosión normativa.

No todo delito tiene una víctima o una víctima con ciertas necesidades o aspiraciones. Por ello no es posible fundamentar delito y pena desde una perspectiva exclusivamente victimológica. En todo caso, las necesidades de la víctima pueden verse satisfechas con una medida de seguridad y corrección si se constata en una sentencia que ha sido injustamente tratada, pero la causa última de ese injusto es, por ejemplo, un brote psicótico. Las legislaciones que

---

42 Frisch, "Strafwürdigkeit, Strafbedürftigkeit und Straftatsystem", *GA* 7/2017, p. 367, con ulteriores referencias a sus trabajos, que señala que el único fin legitimable de la pena radica en la confirmación de la vigencia de la norma que el autor ha puesto en entredicho con su hecho y que resulta protegida contra el peligro de una erosión mediante el castigo del hecho; Frisch, "Teoría de la pena, concepto de delito y sistema del hecho punible en transformación", *Revista de estudios de la justicia* nº 32 (2019), p. 7. En sentido similar Rostalski, (*nota 7*), pp. 20 ss., 429, señala como la puesta en entredicho del Derecho comunicativamente implícita en el hecho delictivo por parte de un igual o persona competente no puede quedar sin respuesta.

43 R. Merkel, *Willensfreiheit und rechtliche Schuld. Eine strafrechtsphilosopshische Untersuchung*, 2ª ed., Baden-Baden, 2014, pp. 125 ss. siguiendo a Jakobs.

reconocen derechos de protección, información, apoyo y asistencia, atención y participación a las víctimas[44] no dependen para amparar tales derechos de la culpabilidad del victimario.

Tampoco todo delito genera indignación o sentimientos de ira en la población que tengan que ser mitigados o es una manifestación de peligrosidad criminal. Si quitamos todo aquello que no concurre siempre, la esencia es la que estamos mencionando. Esto es lo que tienen en común todas las modalidades delictivas que nos podamos imaginar: un acto terrorista, un joven que comete su primer delito patrimonial, un delito económico cometido por el Consejero Delegado de una gran multinacional, el autor de un homicidio imprudente al volante, una madre que no atiende debidamente a un recién nacido, etc.

La teoría jurídica del delito tiene así como finalidad identificar cuándo existe una acción que pone en entredicho las normas y que, por consiguiente, necesita respuesta por parte del Estado. **Culpabilidad es responsabilidad por la puesta en entredicho de la norma**, de tal manera que la declaración de culpabilidad es el resultado de que la sociedad constituida como Estado impute a una persona la erosión de una norma penal.

Sin embargo, la puesta en entredicho de la norma no se puede realizar de cualquier manera, sino que presupone la imputación de la inobservancia de la norma de conducta (o del deber que emana de la norma) a una persona. Si la función del Derecho Penal es la estabilización de normas esenciales, culpabilidad por el hecho no es culpabilidad por la lesión o puesta en peligro de bienes, sino por la infracción de normas o deberes. El injusto no es un lesión fáctica de intereses, sino un ejercicio ilegítimo de libertad. Puede existir un injusto penal sin lesión fáctica de bienes o intereses y lesiones que no constituyan un injusto porque se trata de un uso legítimo de la libertad de acuerdo con lo establecido por las normas. La desviación con respecto a la norma de conducta es un elemento esencial del delito (sólo se puede poner en cuestión la norma en sentido penal mediante su infracción), con independencia de que no se agote con tal vulneración todo lo necesario para que un hecho necesite ser respondido con una pena. El que desatiende dolosa e imprudentemente y de forma culpable las expectativas normativas, no sólo queda fuera del Derecho, sino que pone en cuestión la vigencia de la norma que ha infringido. Es decir, la pena tiene como presupuesto no sólo la responsabilidad por la infracción de la norma, sino también la responsabilidad por cuestionarla mediante dicha infracción.

En correspondencia con lo dicho hasta aquí, la pena no se aplica cuando no es necesaria para estabilizar la norma. Por ejemplo, en el caso de desistimiento voluntario y eficaz de la tentativa o cuando la explicación del hecho es una enfermedad mental grave (esquizofrénico en brote psicótico) o un error de prohibición comprensible.

44 Directiva 2012/29/UE de 25 de octubre de 2012.

VI. LA DIMENSIÓN COMUNICATIVA DE LA PENA

Una teoría moderna de la pena debe justificar por qué en un sistema democrático y de libertades el que pone en entredicho la norma debe sufrir un mal (una restricción de derechos). Una teoría comunicativa no está obligada a renunciar al concepto de pena como un mal (que tiene como presupuesto la responsabilidad por poner en entredicho la norma mediante su infracción), quedando transformada la reacción estatal en un mero acto de habla. Se trata de entender el contenido comunicativo de la imposición del mal. Es una comprensión errónea de la comunicación reducirla al lenguaje. También comunicamos con gestos o acciones. Por ejemplo, alguien puede comunicar muchas cosas mediante su forma de vestir y de moverse en un determinado sitio sin necesidad de pronunciar palabra. Creo por ello que está desencaminado trasladar la crítica dirigida a las teorías expresivas de la filosofía moral anglosajona (FEINBERG siguiendo a STRAWSON) con su distinción analítica entre el elemento expresivo de la pena como reproche o censura (*expressive function*) y el elemento de la irrogación de un mal (*hard treatment*) a toda teoría comunicativa[45]. Adoptando una imagen de HASSEMER[46], que "*las buenas palabras y las recomendaciones frente a los ciudadanos que cometen delitos son demasiado débiles*" no impide que se pueda concebir la pena no "*como un palo, sino como un medio de comunicación*".

Frente a las teorías retributivas de la pena, la estabilización se entiende aquí como una finalidad preventiva de la pena. La pena no sólo tiene que ser merecida porque se es responsable de la infracción de la norma en el pasado, sino también necesaria de cara al futuro. Las teorías retributivas carecen, por el contrario, de vinculación con la necesidad de la pena de cara a los efectos del delito que se mantienen en el tiempo. Pero frente a las teorías preventivas clásicas, cuyo éxito dependía de la disminución de las cifras de delincuencia (reducción estadística de delitos en el futuro), la estabilización normativa como fin preventivo tiene éxito cuando la norma sigue orientando las relaciones sociales a pesar de las infracciones de la misma. Esto es así porque la pena es necesaria para contrarrestar el peligro que el delincuente ha generado para la vigencia de la norma. De esta manera, frente a las teorías de la pena que sólo miran al pasado (retribución) y las que sólo tienen en cuenta los efectos futuros (preventivo-instrumentales clásicas), la prevención estabilizadora mira al presente (el momento de la condena). No se trata tanto de conseguir algo en el futuro, sino más bien de reparar la situación creada con el delito que se mantiene en el tiempo.

Entre los modelos más instrumentales que entienden la pena como un mecanismo de protección mediante la prevención de delitos, las opciones están entre la búsqueda de efectos intimidatorios o de psicología social, ofreciendo la pena estímulos o incentivos que para muchos autores actúan de forma complementaria o intercambiable. Sin embargo, en cuanto estas teorías se hacen más complejas y buscan más efectos macro-sociales que micro- o se insiste más en el sistema jurídico en su conjunto o en efectos agregados

---

45 FEIJOO SÁNCHEZ, (*nota 10*), pp. 282 ss. y (*nota 39*), L-H Mir Puig, pp. 311 s.

46 *¿Por qué castigar? Razones por las que merece la pena la pena*, Valencia, 2016, p. 94.

que en la influencia de decisiones concretas del legislativo o de sentencias (disuasión marginal), se van acercando a la estabilización de la norma como fin justificante. Las teorías comunicativas presentan como característica que inciden más que otras en que la realidad social es una realidad estructurada simbólicamente que está construida comunicativamente a través de normas y en ese contexto es en el que adquiere la pena su sentido, que no es meramente instrumental, ni en el momento de la conminación ni en el momento de la imposición (este último sigue siendo después de siglos el aspecto más débil de las teorías intimidatorias o disuasorias[47]).

Por ello parece preferible hablar de una legítima defensa[48] frente a una agresión actual o vigente. Si se quiere decir lo mismo de otra manera, se puede hacer referencia a una re-acción justificada por parte del Estado. La referencia específica a la legítima defensa permite asumir requisitos conocidos para la justificación de acciones dejando constancia de que la justificación de la pena contiene elementos esenciales como la responsabilidad del que sufre la reacción y la medida de lo necesario (todo lo necesario, pero sólo lo necesario).

Prefiero utilizar como referencia jurídica conocida la legítima defensa más que la de reparación intelectual del daño producido con el delito como hace Jakobs[49]

---

47 Frisch, "Zum Zweck der Strafandrohung. Ein Beitrag zur Theorie von der positiven Generalprävention", *Bernd Schünemann-FS*, Berlín, 2014, pp. 59 ss.

Fundamentaciones clásicas como la referencia a la demostración de la seriedad de la amenaza o al consentimiento del infractor al cometer el delito son normativamente insuficientes. Sobre esta doble fundamentación en Feuerbach, Feijoo Sánchez, (*nota 10*), pp. 78 ss., 116 ss.; Seelmann, *Estudios de filosofía del Derecho y Derecho penal*, Madrid y otras, 2013, pp. 91 s., 94.

48 La referencia a la legítima defensa deja claro que los elementos retributivos de la pena vinculados a su carácter retrospectivo nada tienen que ver con la venganza, ya que la pena se aplica en representación y defensa de la generalidad y no de la víctima. Por esa razón la función es la misma en delitos con víctima o sin víctima.

Una perspectiva diferente es la de las teorías contractualistas que fundamentaban el Derecho Penal en un derecho de defensa que se deducía de una transmisión contractual del individuo al Estado: los derechos de defensa individuales eran cedidos al Estado mediante el contrato social. Una exposición en Seelmann, (*nota 47*), pp. 97 s. Desde luego las tesis del texto están en las antípodas de posiciones preventivo-especiales basadas en la defensa social. En el texto se hace referencia a una analogía entre la legítima defensa y la idea de reacción frente al responsable de poner en entredicho la vigencia de la norma.

49 "La pena como reparación del daño", *Dogmática y Criminología*, Bogotá, 2005, p. 344. Mientras comunicativamente la pena queda justificada como reparación del daño intelectual producido por el delito, para el mal que supone la pena Jakobs recurre a elementos fácticos adicionales como el de "cimentación cognitiva". Como ya he señalado, se aproxima así a teorías intimidatorias o disuasorias, aunque sea combinadas con otros efectos de psicología social y aunque lo importante no sea la intimidación directa en los ciudadanos, sino que entiendan el delito como una empresa fracasada o que no merece la pena. Sobre ello Frisch, (*nota 7*), pp. 652 s., 663, HAAS, "*Der Verbrechensbegriff von Güther Jakobs" y* Neumann, "Aufgabe des Strafrechts und Strafbegründung" en AA.VV., *Strafrecht und Gesellschaft*, Tubinga, 2019, pp. 267 s.

Frisch, "Voraussetzungen und Grenzen staatlichen Strafens", *NStZ* 2016, p. 19, comparte estas ideas de Jakobs, afirmando como se trata de eliminar el peligro para la validez de la norma que el delincuente ha creado, de tal manera que la pena queda valorativamente

recogiendo las ideas de Welcker[50]. Si hay que buscar referentes conocidos, creo que es mejor la institución de la legítima defensa -si se acepta que, a diferencia del estado de necesidad defensivo, sólo cabe frente a agresores culpables- que la indemnización o reparación de daños ideales o intelectuales. La idea de legítima defensa aporta la ventaja de que permite fundamentar la pena frente al propio delincuente y ésta no sólo queda legitimada porque supone un mayor bien o beneficio para la mayoría o se evita un mal mayor global que compensa el sufrimiento del delito (utilitarismo). Para evitar equívocos, no está de más dejar claro que cuando hablamos de legítima defensa no se trata de responder a la agresión contra la víctima concreta (ésta ya ha cesado o terminado), sino a la agresión contra la norma que permanece en el tiempo. De acuerdo a lo dicho previamente, la lesión contra la libertad general. La lesión o puesta en peligro de la libertad o de los derechos concretos sólo tiene relevancia en la medida en la que implique una lesión de la libertad general garantizada mediante una pena.

Frente a las concepciones más afines a la idea de reparación intelectual que tanto peso ha tenido en la última versión de la teoría de la pena de Jakobs, se pretende insistir en que si el delito no es una negación conceptual o intelectual, la pena no se puede reducir a ser meramente una negación conceptual o intelectual del delito. Mejor que de un daño intelectual a reparar, parece preferible hablar de las consecuencias inmateriales del delito que se mantienen en el tiempo como consecuencias distintas a la lesión o puesta en peligro de bienes concretos. El propio Welcker con la referencia al carácter inmaterial del daño quería resaltar que mientras el daño perceptible por los sentidos era reparado por el Derecho civil, el no perceptible sensorialmente tenía que ser reparado con la pena. Es correcta la idea de que la pena como institución poco puede hacer frente a los daños materiales, pero sí contra ciertos daños inmateriales. En delitos donde no es tan intensa la idea de victimización como en el homicidio como sucede, por ejemplo, en los delitos económicos, la literatura especializada no tiene problema en situar en el eje político-criminal los denominados daños inmateriales (efectos sociales) frente a los económico-materiales. Pero de esta manera creo que las criminalizaciones de genética más reciente ponen sobre el tapete aspectos que no fueron bien tratados con delitos que encierran una grave victimización como el homicidio o las lesiones. El árbol no nos dejó ver el bosque. El debate

---

legitimada con la compensación o el impedimento de una relativización ideal de la validez de la norma de la que se puede hacer responsable al autor. Se trata de responder del restablecimiento de lo que se ha ocasionado idealmente. Frisch, en la línea de este trabajo, viene señalando desde hace tiempo como la imposición de la pena busca anular o eliminar las consecuencias ideales del delito más que el menoscabo real del objeto material del bien jurídico lesionado al que la pena ya no puede poner remedio. Estas consecuencias ideales que se pueden recomponer y mantener se pueden definir como la lesión del Derecho, la ruptura de las relaciones jurídicas de reconocimiento o la puesta en entredicho de la validez del Derecho. La juridicidad es la mejor garantía para una próspera convivencia, por lo que su mantenimiento tiene que ser una labor central del Estado. Sobre la concepción de la pena de Frisch vid. la exposición de su discípulo Müller, (*nota 14*), pp. 46 ss.

50 Sobre la teoría del daño intelectual Feijoo Sánchez, (nota 10), pp. 44 s.; Müller, (*nota 14*), pp. 156 ss.; Seelmann, (*nota 47*), pp. 99 s., pp. 146 s.

sobre el injusto de los bienes jurídicos colectivos o supraindividuales puso el enfoque sobre algunas de estas cuestiones por parte de la teoría partidaria de la protección de bienes jurídicos (daños cumulativos). Un sector de la doctrina como la escuela de Frankfurt liderada por Hassemer quiso criticar los delitos que protegen bienes jurídicos colectivos por su falta de lesividad. Sin embargo, si bien es cierto que un solo vertido ilegal o una única emisión de gases nocivos no pone en peligro el medio ambiente, tampoco un homicidio pone en peligro la vida humana sobre la faz de la tierra ni un hurto pone en peligro la propiedad como institución ni un delito de lesiones implica que se haya acabado definitivamente con la salud de otra persona. Si bien es cierto que un bien jurídico colectivo no puede ser destruido con una acción aislada (salvo catástrofe nuclear o similar), ningún bien jurídico (la vida humana, la salud, la libertad, etc.) puede serlo. Las conductas delictivas nunca lesionan o erosionan significativamente los bienes jurídicos, sino sólo los objetos materiales que los corporeizan. Pero dicha lesión o afectación sólo es relevante para el Derecho Penal en la medida en la que forma parte de la infracción y descrédito de la norma que, de forma cumulativa, puede conducir a la anomia o vigencia meramente formal de la misma. La lesión, puesta en peligro o erosión del objeto sólo interesa en Derecho penal si implica una puesta en peligro o erosión de la norma, que genera así unas consecuencias inmateriales que trascienden a las materiales. La referencia a la legítima defensa, que lleva implícita la idea de reacción necesaria, permite poner un mayor énfasis en una legitimación preventiva y no meramente retributiva (reparación del daño intelectual producido en el pasado). La pena es necesaria para detener los efectos desestabilizadores del delito que, de lo contrario, se mantendrían en el tiempo y que pueden tener efectos cumulativos o agregados en caso de que no se reaccione adecuadamente.

No se trata, por lo tanto, de restablecer conceptualmente el Derecho o de una función simbólico-abstracta. Aquí se utiliza el término prevención estabilizadora[51] en su acepción de recuperar la marcha normal de algo después de algunos cambios o alteraciones; es decir, se trata de recuperar la funcionalidad de la norma después de alguna o de algunas infracciones. De esta manera estamos hablando de la eficacia o vigencia real, es decir, de efectos reales e, incluso, empíricamente constatables mediante investigaciones. La existencia de tales efectos del delito hace surgir la necesidad de estabilizar contrafácticamente una realidad social conforme a lo prescrito por las normas y contrarrestar los mencionados efectos negativos e indeseables.

El culpable de un homicidio consumado ya ha terminado su agresión contra la víctima y la vida de ésta ya no se puede recuperar o la afectación a la seguridad vial del que ha conducido bajo la influencia de bebidas alcohólicas no se ve modificada con una pena. Ya expuso brillantemente Welzel como el Derecho Penal llega siempre demasiado tarde. La perspectiva cambia si tenemos en cuenta que la puesta en entredicho de la prohibición de matar se mantiene en el tiempo después de la consumación. Es frente a esta situación frente a la que reacciona la pena. Una cosa es la lesión del objeto material o de los derechos o bienes del sujeto pasivo del delito y otra la lesión inmaterial

51 Feijoo Sánchez, *(nota 10)*, 2014, pp. 257 ss.

que permanece en el tiempo. La pena es una estrategia o un mecanismo frente al delito para evitar la gradual erosión de la norma. Para esta función de estabilización la pena no llega demasiado tarde.

Es cierto que la respuesta penal tiene en muchas ocasiones efectos positivos de psicología individual y social (intimidación, satisfacción por parte de los ciudadanos cumplidores, etc.). No se trata de negar tal fenómeno, sino de que tales efectos preventivo-generales (intimidatorios, disuasorios, positivos de psicología social, etc.) no son los que jurídicamente legitiman la imposición de la pena, por lo que no deben orientar las decisiones concretas sobre penas[52], a diferencia de lo que sostiene, por ejemplo, JAKOBS. En ese caso la pena estaría sometida a la objeción kantiana de que el delincuente es utilizado como medio para conseguir comunicar algo a los otros. Por ello esta dimensión carece de relevancia tanto para justificar la pena como para su determinación. La posición aquí mantenida nada tiene que ver con la búsqueda de estabilización de la psicología colectiva o de una estabilización fáctica en sentido psicológico-social de tal manera que la pena quede determinada por la búsqueda de tales efectos.

No se trata de rechazar los efectos positivos para el cumplimiento generalizado de la norma de que estén extendidos sentimientos de satisfacción o de aceptación hacia la praxis penal. La cuestión es que, aunque se defendieran esos efectos como parte de una teoría jurídica de la pena, el proceso penal no se encuentra en condiciones de perseguir tales efectos beneficiosos desde la perspectiva de la psicología social. El juez se vería obligado a determinar la pena de acuerdo a criterios empíricos sobre efectos de psicología social que le resultan totalmente extraños.

Las necesidades a las que atiende la pena no pueden ser de psicología social o de integración social como defendían las primeras versiones de la prevención general positiva todavía dominantes en la doctrina alemana, ya que ni el sistema jurídico ni sus operadores pueden gestionar el mundo de la psicología social. La gestión de tales efectos que dependen de cada delito (miedo, intranquilidad, desconfianza, etc.) supera sus capacidades y cualquier decisión al respecto sería meramente especulativa sin posibilidad de control racional por parte del propio sistema jurídico. Este es un inconveniente de todas las teorías de la pena que basan esencialmente su legitimidad en la búsqueda de ciertos efectos psicológicos en la generalidad. El juez dentro de sus limitadas competencias sólo puede imponer una **pena en proporción a la gravedad de la norma infringida y al nivel de responsabilidad del individuo por el descrédito o erosión de la norma** (en este sentido hay que entender la proporcionalidad al hecho como criterio de determinación de la pena).

Los efectos de psicología social positivos en la población dependen de una criminalización adecuada, con penas proporcionadas al hecho realizado y de la existencia de unos criterios de imputación racionalmente coherentes con la lógica social (justos); es decir, criterios normativos. La idea de vincular la

---

52 FEIJOO SÁNCHEZ, (nota 10), pp. 204 ss.; FRISCH, (*nota 6*), p. 278; EL MISMO, "*Schwächen und berechtigte Aspekte der Theorie der positiven Generalprävention*", AA.VV., Positive Generalprävention, Heidelberg, 1998, pp. 136, 140 s.; EL MISMO, (nota 42), p. 5; HAAS, (*nota 49*), p. 304; MÜLLER, (*nota 14*), pp. 70 s., 144 ss.; ROSTALSKI, (*nota 7*), pp. 44 s., 59.

legitimación de la pena a la satisfacción de los sentimientos de justicia no es adecuada[53]. Encierra serios problemas de legitimidad: la psicología social es manipulable y coyuntural y, por tanto, no es coherente sino arbitraria. Si hacemos referencia a sentimientos racionales de justicia ya estamos utilizando un baremo que no tiene que ver con los sentimientos, sino con la racionalidad o lógica social. Un Derecho Penal que genera sentimientos de pertenencia, integración, aceptación, etc. que ayudan al cumplimiento generalizado no es más que un síntoma de una praxis penal que (legislativa y judicialmente) funciona razonablemente.

Lo relevante a efectos de la pena es que las normas sigan desarrollando su función de configuración y ordenación de la realidad social para garantizar la libertad general, incluso tras ser infringidas. Si bien la dinámica expuesta puede tener efectos positivos en la tendencia general de la población a no cometer delitos que, incluso, pueden ser medibles empíricamente, ello es más un síntoma de buen funcionamiento del sistema que la razón del castigo.

Como se ha expuesto, la prevención estabilizadora no tiene como fin prevenir directamente los delitos o determinadas dinámicas delictivas, sino más bien ciertos efectos nocivos del delito para la sociedad y la vida en común. Esta idea de prevención con posterioridad a la comisión del delito permite un punto de encuentro entre teorías basadas en la justicia (idea de merecimiento de la pena para el castigado) y en la prevención (idea de necesidad de pena para el que castiga, que ejerce una legítima defensa dentro de lo estrictamente necesario). Además abre posibilidades prácticas de limitar el alcance del

---

53 En sentido contrario Walter, "Vergeltung als Strazweck", *ZIS* 2011; *Strafe und Vergeltung-Rehabilitation und Grenzen eines Prinzips*, Baden-Baden 2016, pp. 10 ss. y prefacio a Andrissek, (*nota 12*), defendiendo una teoría de la retribución como fin de la pena basada en consideraciones sociológico-empíricas ajenas a fundamentaciones iusfilosóficas (teoría retributiva apoyada empíricamente y sociológicamente orientada). Sobre el debate que he desarrollado con Walter vid. Recensión a "*Strafe und Vergeltung - Rehabilitation und Grenzen eines Prinzips*", *InDret 3/2017 Ex Libris*, pp. 13 s. y réplica en *InDret Penal 4/2017 Ex Libris*, pp. 22 ss.

Su discípulo Andrissek desarrolla estas mismas ideas bajo el nombre de teoría retributiva de la prevención general o prevención mediante retribución (pp. 86, 148, 237). Este autor considera que el fin legitimante de la pena sería la satisfacción de las necesidades de justicia y destaca las coincidencias con la teoría del estadounidense Robinson. Que se trata de una teoría preventiva basada en la psicología social y no retributiva queda evidenciado por el tratamiento de la cuestión de cómo justificar al autor que debe soportar una concreta pena orientada a satisfacer las intuiciones de justicia o necesidades retributivas de otros (pp. 119 ss.). El matiz frente a otras teorías preventivas que se basan en la psicología social es que el referente no son sentimientos inconscientes o necesidades colectivas de castigo, sino intuiciones profundamente arraigadas de justicia que se puedan expresar y asumir de forma razonable o que generen un amplio consenso sobre su reprochabilidad moral (pp. 146 s.). En realidad este autor critica concepciones puramente "simbólicas" o "expresivas" de la pena ajenas a afectos empíricamente constatables. Andrissek deja claro que el enfoque sociológico-empírico no es más que una variante empírica de la prevención general positiva (p. 237). Se trata de asegurarse la cooperación ciudadana y la pervivencia social. Más que una teoría de la pena es una teoría sobre la punición de conductas concretas, para lo que busca un sustento empírico en consensos sociales o intuiciones comunes que deben ser averiguadas empíricamente (p. 238).

Derecho Penal mediante la búsqueda de (i) alternativas totales o parciales (atenuantes) que hacen menos necesaria la pena (mediación, reparación, etc.) o (ii) de atenuaciones no estrictamente vinculadas al injusto y la culpabilidad por el hecho (confesión, colaboración, etc.). Se trata de una teoría que, a diferencia de las preventivo-intimidatorias o de disuasión coactiva, presenta la ventaja de favorecer la intercambiabilidad o fungibilidad de las respuestas al delito.

CONCLUSIÓN

Se ha pretendido esbozar en las páginas anteriores una concepción comunicativa y normativa del delito y de la pena y una concepción de la prevención general diferente a la tradicional prevención de delitos a partir de la defensa de que la función esencial del Derecho Penal es la estabilización de normas. No sólo la pena, sino también el delito y la culpabilidad se deben definir en relación con dicha función. Esta fue la gran aportación de la teoría funcional de la culpabilidad, aunque esta idea fuera desarrollada con demasiada radicalidad inicialmente por JAKOBS de tal manera que la teoría de la pena acababa fagocitando la teoría del delito[54]. La alternativa es buscar una mayor coherencia sistemática entre delito y pena como conceptos esenciales de una teoría del Derecho Penal.

54 En su formulación original en *Schuld und Prävention*, Tubinga, 1976, pp. 8 s., 14, 17, 31 ss. JAKOBS entendía que existe culpabilidad allí donde la sociedad no encuentra alternativas o equivalentes funcionales a la pena o, dicho de otra manera, la culpabilidad es la suma de aquellos presupuestos bajo los cuales no resulta posible asimilar una conducta desviada sin una reacción formal. Vid más recientemente JAKOBS, (*nota 32*), pp. 62 s. La profundización en el concepto de persona ha ido diluyendo en la obra de JAKOBS la importancia de la argumentación funcional-descriptiva inicial basada en la existencia de alternativas funcionales a la pena. Sobre la teoría funcional desde una perspectiva crítica FEIJOO SÁNCHEZ, (nota 16), pp. 226 ss. (=*Frisch-FS*).

La estabilización normativa como fin de la pena: ¿puro teatro?

Sumario: I. Planteamiento. II. ¿Tienen el mismo contenido las teorías expresivas de origen anglosajón que las teorías comunicativas de origen alemán? III. La pena como respuesta: ¿Son reales los efectos comunicativos del delito sin castigo? IV. La estabilización normativa como necesidad.

I. Planteamiento

Si bien es una obviedad que no se puede entender la evolución de la teoría del Derecho Penal en lengua española de las últimas décadas sin la obra del Profesor Santiago Mir Puig, hay verdades que, a pesar de ser ampliamente compartidas, no deben dejar de decirse -y no quiero dejar de decir esta-. Son innumerables las cuestiones decisivas para el estado actual de la teoría jurídica del delito y de la pena que de forma magistral tuvo la virtud de plantear de forma original. En esta contribución me quiero detener en una observación respecto a la teoría de la pena que creo que resulta de interés central en el debate actual.

El homenajeado, refiriéndose a un trabajo previo de Baratta, dirigió contra la teoría de la prevención general positiva en la versión sostenida por Jakobs en los años ochenta la siguiente objeción que ha acabado teniendo un amplio eco en la doctrina española: si la pena cumple una función simbólica de rechazo para confirmar la confianza en las normas no se entiende por qué no basta con una manifestación o una declaración inequívoca de que sigue en pie la vigencia de la norma[1]; es decir, el porqué no es suficiente la declaración de culpabilidad o la desaprobación pública de la conducta siendo, además, necesario el mal que representa la pena:

---

1 "Función fundamentadora y función limitadora de la prevención general positiva", ADP 86, p. 57. Vid. también la recensión a Sociedad, norma y persona en una teoría de un Derecho penal funcional de Jakobs, RDPC 2ª época nº 2 (1998), p. 449 frente a la posterior fase más retributiva de la teoría de la pena de este autor alemán (*"queda sin explicar por qué en Derecho penal la afirmación de la norma ha de tener lugar precisamente a través de una pena. Si sólo importa en ésta su significado comunicativo de negación del delito y afirmación de la norma, ¿por qué no habría de bastar la sola manifestación verbal de desacuerdo con el delito y confirmación de la norma? ¿Por qué hay que añadir el mal empírico que implica la pena, si este mal es en sí mismo irrelevante?"*). Sobre esta crítica en la doctrina posterior, me remito por razones de espacio a Feijoo Sánchez, *La pena como institución jurídica. Retribución y prevención general*, B de f, 2014, pp. 282 ss.

"Si, como pretende Jakobs, la función del Derecho penal fuera sólo la confirmación de la confianza en las normas y supusiera únicamente una reacción destinada a poner de manifiesto que sigue en pie la vigencia de las expectativas normativas, ¿Por qué no habría de bastar con una declaración inequívoca al respecto?, ¿Por qué es preciso imponer un mal, como la pena, si ésta no busca la intimidación, sino sólo evitar posibles dudas acerca de la vigencia de la norma infringida?".

Esta era ya una objeción que había surgido en el ámbito anglosajón contra las denominadas teorías expresivas de la pena[2]. Entretanto esta cuestión ha pasado a tener un papel esencial en el actual debate sobre la legitimidad de la pena y su carácter simbólico o comunicativo. Es significativo que, mientras KLAUS GÜNTHER[3] centra todo el significado comunicativo de la reacción del Estado en la declaración de culpabilidad y no en la pena, que no desempeñaría más que un papel accidental históricamente contingente, JAKOBS ha reintroducido en su teoría de la pena, precisamente para poder explicar la necesidad de dolor o sufrimiento, elementos instrumentales que tienen que ver con la búsqueda de determinados efectos de psicología social (cimentación cognitiva de la estructura normativa)[4]. Estas dos formas opuestas de enfrentarse a un mismo problema por parte de dos autores relevantes que conciben el delito y la pena desde una perspectiva comunicativa parecen indicar que sin la referencia a un fin de naturaleza pragmática cualquier teoría de la pena corre el peligro de quedar excesivamente desvinculada de la realidad del fenómeno punitivo en las sociedades actuales.

---

2 Un resumen de tal debate en tiempos recientes en ZIMMERMANN, *Verdienst und Vergeltung*, Mohr Siebeck, 2012, pp. 77 ss.

3 "Strafrechtliche Verantwortlichkeit in der Zivilgesellschaft", PRITTWITZ/MANOLEDAKIS (Ed.), *Strafrechtsprobleme an der Jahrtausendwende*, Nomos, 2000, pp. 40 s.; "Die symbolisch-expresssive Bedeutung der Strafe. Eine neue Straftheorie jenseits von Vergeltung und Prävention?", *Klaus Lüderssen-FS*, Nomos, 2002, pp. 215 ss. Recientemente ha vuelto a insistir en que la pena (el *hard treatment*) no es más que *"un símbolo convencional, históricamente contigente, para la comunicación expresivo-simbólica de la constatación pública de injusto y culpabilidad"*, considerando que puede haber formas alternativas de reacción ("Zurechnung, Strafe und das Selbstverständnis von Personen", PRITTWITZ Y OTROS (Ed.), *Rationalität und Empathie. Kriminalwissenschftaliches Symposion für Klaus Lüderssen zum 80. Geburtstag*, Nomos, 2014, pp. 13, 36 s.). Esta idea de la contingencia histórica está bastante generalizada en la doctrina anglosajona y alemana. En un sentido similar en tiempos recientes, MARTINS, "Ein nachmetaphysisches Strafrecht? Gedanken zum retributiven Charakter der Strafe", ZIS nº 10 (2014), pp. 519 s., si bien insistiendo más en el aspecto retributivo en una posición cercana a NAUCKE. En contra, ROXIN, "Prävention, Tadel und Verantwortung. Zur neuesten Strafzweckdiskussion", GA 2015, p. 201.

4 *La pena estatal: significado y finalidad*, Civitas, 2006. Versiones resumidas en *System der strafrechtlichen Zurechnung*, Vittorio Klostermann, 2012, pp. 13 ss. y "Normative Erwartungen", *Klaus Tolksdorf-FS*, Carl Heymanns, 2014, pp. 283 ss. En estos breves resúmenes de su teoría de la pena se puede apreciar la importancia que tiene en la actualidad para JAKOBS la tradicional objeción de MIR PUIG. Este tipo de críticas han sido repetidas recientemente por ROXIN, GA 2015, p. 189 y SCHÜNEMANN, "Ein neues Bild des Strafrechtsystems?", ZStW 2014, pp. 6 ss., a pesar de las últimas modificaciones de la teoría de la pena de JAKOBS.

Para tratar esta cuestión me parece adecuado intentar clarificar algunos aspectos conceptuales de carácter fundamental con el fin de analizar si la crítica está correctamente formulada. El primer aspecto será analizar si las denominadas teorías expresivas de origen anglosajón son equiparables a las teorías de la prevención general positiva más influenciadas por las Ciencias sociales (infra II). El segundo si el carácter comunicativo de la pena implica una teoría meramente simbólica en la que la pena no sea más que una representación o puesta en escena ajena a los efectos reales del delito y que, por tanto, se trate de un mal que se pueda tachar como ilegítimo por carecer de efectos reales (infra III). Estos presupuestos permitirán analizar, por último, si el mal que representa la pena es necesario para la estabilización de ciertas normas (infra IV). Es decir, si la estabilización normativa como fin de la pena representa una alternativa válida a las teorías instrumentales de la pena, especialmente las basadas en una estrategia preventivo-intimidatoria o de disuasión coactiva. De no ser así la prevención general positiva -entendida en su vertiente menos psicologicista y más liberal de estabilización normativa- sólo podrá seguir teniendo el papel secundario como complemento o límite de la prevención general negativa que ya le asignó el homenajeado hace más de treinta años[5].

II. ¿Tienen el mismo contenido las teorías expresivas de origen anglosajón que las teorías comunicativas de origen alemán?

Por teorías expresivas[6] entendemos una serie de teorías que tienen su origen en un sector de la filosofía moral anglosajona (Feinberg siguiendo a Strawson), que insisten en no dejar de tratar al infractor como agente moral responsable de sus actos también en el marco de la práctica social consistente en castigar. A partir de estas aportaciones una serie de teóricos del Derecho Penal han insistido en que el castigo es un mecanismo para manifestar censura, reprobación, reproche o desvalor. La pena se caracterizaría desde esta perspectiva por tratarse de la imposición de un mal con una fuerte carga ética de desaprobación. No todos los penalistas que destacan en esta dirección han reducido la pena, en todo caso, a la mera función expresiva de desaprobación o censura[7], si bien este último aspecto les ha permitido desarrollar una interesantísima teoría de la determinación de la pena proporcional al hecho[8].

---

5 *Función de la pena y teoría del delito en el Estado social y democrático de Derecho*, 2ª ed., Bosch, 1982: "*Dos son, pues, los aspectos que debe adoptar la prevención general en el Derecho penal de un Estado social y democrático de Derecho: junto al aspecto de prevención intimidatoria (también llamada prevención general especial o negativa), debe concurrir el aspecto de una prevención general estabilizadora o integradora (también denominada prevención general o positiva)*".

6 Referencias en Feijoo Sánchez, *La pena*, 2014, pp. 283 ss. y Greco, *Lo vivo y lo muerto en la teoría de la pena de Feuerbach*, Marcial Pons, 2015, pp. 214 ss.

7 Sobre el debate relativo a si el mal es el criterio definitorio de la pena o sólo la desaprobación como defendía Noll y tuvo cierto predicamento en la literatura en lengua alemana en los años sesenta, Feijoo Sánchez, *Retribución y prevención general*, B de f, 2007, p. 45; Greco, *Feuerbach*, 2015, p. 213.

8 Feijoo Sánchez, "*Individualización de la pena y teoría de la pena proporcional al hecho. El debate europeo sobre los modelos de determinación de la pena*", InDret, 1/2007.

En sus tendencias más relevantes[9] para el debate actual en España las teorías expresivas –o más expresivo-instrumentales que combinan *expressive function* con *hard treatment*- analizan el significado que tiene la reacción del Estado o de la comunidad de ciudadanos (comunidad jurídica) frente al delito para los diferentes sujetos afectados[10]. Mientras para el infractor supone efectivamente censura o desaprobación pública como miembro de la comunidad, para la víctima la pena adquiriría el sentido de un reconocimiento de que ha sido injustamente tratada. Los expresivistas creen que en la actualidad la esencia del debate no se encuentra en una alternativa entre teorías retributivas y preventivas, sino entre teorías predominantemente expresivas o instrumentales.

En lo que interesa aquí, en realidad la dimensión expresiva no va referida a la pena como mal o sufrimiento, sino a los procesos de imputación recíproca que legitiman la imposición de penas concretas. En la actualidad se trata de procesos de imputación formalizados que la sociedad delega en la Administración de Justicia. Las teorías expresivas en sus diversas variantes inciden en que si los procesos de imputación y de adscripción de responsabilidad no están basadas sobre una concepción instrumental de los seres humanos, la teoría de la pena debe ser consecuente con esta práctica.

Dicho de forma gráfica, la expresividad no depende tanto del fallo de la sentencia, sino de cómo se desarrollen sus Fundamentos Jurídicos. Esto es evidente si tenemos en cuenta que una sentencia que no tuviera más contenido que la declaración de que se castiga a tal persona con tal pena tendría un significado expresivo muy limitado. La pena expresa censura porque está siempre vinculada a la valoración pública de una conducta, a la imputación de un hecho desvalorado o desaprobado (en los delitos con víctima ello implica efectivamente la declaración de una victimización injusta) y a una responsabilidad personal por ese hecho (declaración de culpabilidad). La pena es una consecuencia de tal proceso de imputación que sigue precisando una justificación ulterior como institución jurídica. En una visión tan individualista del fenómeno punitivo como la que suele caracterizar a los expresivistas en la tradición anglosajona, sólo aparecen como posibles destinatarios el propio infractor[11] o los terceros que observan el castigo (la generalidad), incluida la víctima.

---

9 Sobre la posición de v. HIRSCH y HÖRNLE, en sentido crítico, FEIJOO SÁNCHEZ, *La pena*, 2014, pp. 120 ss.

10 BRÖCKERS, *Strafrechtliche Verantwortung ohne Willensfreiheit*, Nomos, 2014, pp. 371 ss., siguiendo a su maestra HÖRNLE.

11 Y ello aunque, como hace DUFF –que prefiere hablar de una función comunicativa de la condena moral por parte de la comunidad que tiene como destinatario al infractor consistente en intentar convencer, en lugar de meramente expresiva-, se busque un planteamiento no instrumental que pretende el arrepentimiento y la auto-reforma del delincuente respetándole como agente moral, lo cual desembocaría en un reconocimiento del mal realizado y la reconciliación con la comunidad. Se trata de posibilitar que el condenado reconozca su falta y mejore voluntariamente con base en consideraciones morales. Las palabras clave son arrepentimiento-autorreforma- reconciliación. El mal que supone la pena tiene el papel de reforzar la comunicación con el infractor haciéndole más receptivo (sobre ello FEIJOO SÁNCHEZ, *La pena*, 2014, pp. 122 s., con ulteriores referencias;

Siendo esto así, es cierto que los expresivistas no plantean una auténtica teoría de la pena, sino que centran su interés en los presupuestos de un castigo legítimo, que en nuestra cultura jurídica denominamos culpabilidad por el hecho. De esta manera es cierto que sin el añadido de una perspectiva instrumental o consecuencialista la imposición de la pena como mal adicional a la declaración de culpabilidad no queda debidamente justificada por parte de las teorías expresivas[12].

Las teorías expresivas retoman la vieja idea kantiana de que la pena, antes de ser necesaria, tiene que ser merecida, reunificando los caminos que distanciaron a Bentham y Kant a finales del siglo XVIII. Por ello tienen gran relevancia como teorías del merecimiento (*just desert*) y en este sentido han sido decisivas en la crítica y evolución de las prácticas punitivas en países como Estados Unidos. Sin embargo, su principal déficit es que dejan de lado la dimensión social del hecho delictivo, sobre todo sus consecuencias sociales cuando queda sin respuesta.

Las teorías comunicativas que han pretendido aprovechar las aportaciones de las Ciencias Sociales o de la filosofía social no deben ser entendidas como teorías expresivas en este mismo sentido. Fijan el punto de atención en los efectos que tiene para la sociedad el delito sin castigo. Mientras la declaración de culpabilidad supone una responsabilización por la lesión del Derecho, el objetivo de la pena sería contrarrestar o reparar los efectos de dicha lesión. Con la pena la sociedad no sólo expresa disgusto o rechazo, sino que principalmente se defiende. Baste señalar los diferentes efectos de una sentencia condenatoria con imposición de pena con respecto a una sentencia que constate la comisión de un delito pero entienda éste prescrito.

III. La pena como respuesta: ¿Son reales los efectos comunicativos del delito sin castigo?

Es cierto que Hegel ya añadió a las teorías del merecimiento la dimensión social o comunicativa, tanto del delito como de la pena, que debían tener equivalente valor simbólico. El filósofo alemán tuvo intuiciones de gran interés, pero faltaba mucho para que las Ciencias Sociales aportaran perspectivas sobre el delito y la pena, así como sobre la función social de las normas, que han

---

Sachs, *Moral, Tadel, Busse. Zur Straftheorie von Antony Duff*, Nomos, 2015, en especial pp. 151 ss., 169 ss.). Cercano a Duff Zürcher, *Legitimation von Strafe*, Mohr Siebeck, 2014, pp. 127, 170 ss., utilizando la expresión "*comunicativo-expresiva*", tratando en pp. 146 ss., las razones por las que la pena como mal es una convención necesaria para expresar reproche de forma comprensible o convincente.

Estos desarrollos conectan con una idea presente especialmente en la doctrina alemana de postguerra de que la pena justa sería un motivo para corregirse (Greco, *Feuerbach*, 2015, p. 171, con amplias referencias). Sobre la teoría de la expiación en sentido crítico, Feijoo Sánchez, *Retribución*, 2007, pp. 96 ss.

12 Un intento en sentido distinto de buscar una justificación deontológica y no consecuencialista de la pena como institución en Pérez Barberá, "Problemas y perspectivas de las teorías expresivas de la pena. Una justificación deontológica de la pena como institución", InDret 4/2014, pp. 16 ss.

resultado enormemente fructíferas para nuevos planteamientos simbólicos o comunicativos. En su especulación sobre el papel de la pena en los Estados posteriores a la Revolución Francesa sobredimensionó la imagen del delito como discurso y la pena como respuesta o réplica. Lo mismo se puede decir de los pasajes de la obra de JAKOBS más influenciados por el pensamiento hegeliano, especialmente en relación a lo que denomina contradicción comunicativa del delito (concepto funcional o relativo de retribución). Creo que hay que tomarse más como una licencia o imagen literaria que como una descripción de la realidad la idea de que el infractor propone con su delito un proyecto alternativo de sociedad al del orden normativo vigente[13]. Si se acepta como una descripción concede a todo delito una dimensión comunicativa que sólo está presente en algunos delitos por motivos ideológicos o de conciencia, que representan un porcentaje mínimo de la realidad criminal. El problema esencial que plantea el delito no es que genere proyectos alternativos, sino anomia. La anomia surge como consecuencia de una dinámica continuada de infracciones sin respuesta.

En los Estados democráticos occidentales las normas ya no corporeizan un espíritu objetivo, sino que cumplen una función social. Son más que meros obstáculos psicológicos a una libertad natural sin límites, configurando, estructurando y ordenando la realidad social en la que nos movemos. El delito perturba esa función creando una realidad alternativa que no se corresponde con lo prescrito por las leyes penales.

Las primeras formulaciones de la prevención general positiva enfatizaron la confianza de la población en la protección de las normas (efecto de psicología social que ha resultado más aceptable para la doctrina dominante que el más moralizante del ejercicio en la fidelidad al Derecho). Ello tiene que ver con que la teoría jurídica del delito y de la pena han estado muy centrados en los delitos contra la vida, la salud y la libertad (Derecho Penal nuclear) donde es cierto que predominan efectos de intranquilidad, inseguridad o temor como consecuencia de la existencia de una disonancia entre norma y realidad. Un Derecho eficaz permite ejercitar la libertad sin más límites que los que establecen las leyes y sin miedo a intromisiones ilegítimas o imposiciones ajenas que, según esas mismas leyes, no se deben soportar. El delito afecta a esa libertad. La inseguridad o el miedo hacen que ese esquema de actuación no funcione. Donde se expande el delito sin respuesta los ciudadanos pierden posibilidades de ejercer su libertad. A veces se trata de un fenómeno generalizado y otras veces se trata de "islas anómicas" (mejor no acudir a determinados lugares a determinadas horas). En el ámbito del Derecho Penal nuclear la pena pretende tener controlados estos perturbadores efectos del delito. La eficacia de las normas penales no está tanto en las cifras de delincuencia oficiales, sino en los comportamientos cotidianos (los espacios públicos son disfrutados con tranquilidad por todo tipo de personas a todas horas, la mayoría de las personas dejan cosas de valor en el coche a la vista, las medidas de protección de las viviendas son simples, etc.).

---

13 Sobre esta idea en sentido crítico, FEIJOO SÁNCHEZ, *Retribución*, 2007, pp. 483 ss., con las correspondientes referencias.

Pero en otros ámbitos la anomia genera otro tipo de efectos. Esto sucede, por ejemplo, con la mayoría de los delitos económicos. Este ámbito de la criminalidad fue trabajado en un principio por criminólogos desde una perspectiva sociológica que constataron determinados efectos que tienen relevancia desde la perspectiva que se está planteando[14]. Dichos trabajos pioneros para la criminalización de los delitos económicos no fueron formulados para constatar la validez de ninguna teoría de la pena, sino las insuficiencias del Derecho positivo, por lo que, sean más o menos acertados, no fueron acomodados a una determinada hipótesis de partida sobre el papel de la pena. Existe una amplia coincidencia en que en estos delitos, además de los daños materiales o patrimoniales, cobran trascendental relevancia los daños a una determinada infraestructura social común en la línea que se está sosteniendo (orden socioeconómico como regulación jurídica de un sistema social). Con base en esta idea un sector relevante de la doctrina ha caracterizado los delitos económicos por sus daños inmateriales y otros efectos nocivos como la pérdida de confianza en el tráfico mercantil, la deformación del equilibrio del mercado y la eliminación de la competencia[15]. En este sentido se habla de los denominados "*efectos resaca y espiral*": el que delinque presiona a otros a delinquir (efecto resaca), dando lugar éstos a una nueva resaca (efecto espiral o remolino). No se trata de meras "*reacciones en cadena*" como una sucesión de perjuicio individuales mediante un "efecto dominó", sino de efectos no perceptibles directamente por los sentidos, pero tan reales como los daños materiales y tan -o más- lesivos socialmente como éstos.

Desde la perspectiva que interesa en este trabajo se puede apreciar como este tipo de ideas tienen que ver más bien con referencias a necesidades generales de estabilización normativa en el ámbito de la economía. Simplemente han quedado constatados efectos de psicología social o comunicativos diferentes de los que han venido caracterizando los correspondientes al Derecho Penal nuclear (delitos dolosos y graves contra la vida, la salud o la libertad). En los

14 Zirpins/ Terstegen, *Wirstschaftskriminalität-Erscheinungsformen und ihre Bekämpfung*, Schmidt-Römhild, 1963, pp. 32 ss. Terstegen fue pionero en Alemania en los estudios sobre la delincuencia de cuello blanco que se habían iniciado en Estados Unidos ("Die sog. "Weisse-Kragen-Kriminalität" unter besonderer Berücksichtigung des Entwurfs", en Bundeskriminalamt Wiesbaden (edit.), *Strafrechtspflege und Strafrechtsreform, Vortragsreihe, Arbeitstagung im BKA Wiesbaden*, 1961, pp. 81 ss.). Este autor, a diferencia de Sutherland, que se fijó más en un concepto criminológico de autor en relación a su teoría de la asociación diferencial, aportó reflexiones sobre la lesividad específica de los delitos económicos. Dichas reflexiones tuvieron gran relevancia para posteriores estudios de sociología criminal. Sobre el estado de los estudios criminológicos en los años ochenta en relación a los denominados daños inmateriales producidos por la delincuencia económica, Heinz, "Konzeption und Grundsätze des Wirtschaftsstrafrechts (einschliesslich Verbraucherschutz), Kriminologischer Teil", ZStW 96 (1984), pp. 435 s., con amplias referencias. Estas ideas de la doctrina alemana han tenido gran repercusión en la teorización de los delitos económicos en la doctrina española a través de la obra de Bajo Fernández, *Derecho Penal económico aplicado a la actividad empresarial*, Civitas, 1978, pp. 51 s. y *Derecho Penal económico*, 2ª ed., CERA, 2010, pp. 25 s.

15 Feijoo Sánchez, "Los delitos económicos", *Estudios de Derecho Penal. Homenaje al profesor Miguel Bajo*, Editorial Universitaria Ramón Areces, 2016, pp. 960 ss., con ulteriores referencias.

delitos económicos no se suelen dar las reacciones de limitación o contracción de la libertad general que caracteriza las figuras delictivas clásicas contra derechos individuales (generadas por miedo, inseguridad, incertidumbre, etc.). Esto es así porque se trata de ámbitos caracterizados por la competencia, por lo que el efecto suele ser que los no infractores también tengan que hacer trampas para poder seguir competiendo. De esta necesidad ante la anomia surgen los denominados efectos resaca y espiral. Más que un "efecto contagio" se trata de consecuencias derivadas de la constatación de que seguir la ley no es rentable. El delito rentable en mercados altamente competitivos elimina posibilidades de competir cumpliendo las normas. Por ejemplo, si muchos competidores no pagan sus seguros sociales o exportan material de doble uso a países a los que está prohibido vender dicho material con importantes beneficios, la situación se hace insostenible para el empresario cumplidor de sus obligaciones, que no podrá sobrevivir si cumple con las normas cuando sus competidores no lo hacen. Este efecto ha sido identificado con nitidez en casos como los de "tramas de fraude de IVA". Pero esto pasa siempre que se consigue ahorrar costes o externalizarlos a costa de otros infringiendo normas.

Ello demuestra que lo que pusieron en realidad de relieve la criminología y la sociología criminal en sus estudios sobre la lesividad social de los delitos económicos fueron una serie de características generales del delito sin castigo y de la pena, características que en la actualidad se identifican con la función de estabilización normativa que ha ido cobrando auge en la doctrina en los últimos tiempos[16]. Los denominados efectos inmateriales de los delitos económicos no son privativos de estos delitos, sino que tienen que ver con efectos concretos de la erosión de la eficacia real o la vigencia social de las normas. Su carácter específico está más bien relacionado con el tipo de reacciones que generan en aquellos ciudadanos que pierden la confianza en el sistema. En estos casos los agentes económicos no suelen restringir su actuación o aumentar las medidas de protección particulares, sino que bien

16 Entretanto los nuevos conocimientos sobre la conducta humana basados en experimentos de la teoría de juegos como el del ultimátum, el dictador o de los bienes públicos apuntan en este mismo sentido, como señala desde el punto de vista criminológico ENGLERTH, *Der beschränkt rationaler Verbrecher*, Lit, 2010, pp. 172 ss., considerando que este tipo de estudios empíricos que ya no se basan en el modelo del *homo oeconomicus*, sino en una economía conductual de carácter mucho más complejo (básico el libro clásico de KAHNEMAN, *Pensar rápido, pensar despacio*, 7ª ed., Debate, 2015) refuerzan los postulados esenciales de la teoría de la prevención general positiva. Cercano WALTER, "Vergeltung als Strazweck", ZIS 2011; *Strafe und Vergeltung-Rehabilitation und Grenzen eines Prinzips*, Nomos 2016, pp. 10 ss., si bien defendiendo una teoría de la retribución como fin de la pena basada en consideraciones sociológico-empíricas ajenas a fundamentaciones iusfilosóficas. Son de gran interés las reflexiones de un teórico de primer nivel de las ciencias sociales como BAURMANN, "Strafen aus Spass? Experimentelle Befunde zum Sanktionsverhalten", PRITTWITZ Y OTROS (Ed.), *Rationalität und Empathie. Kriminalwissenschftaliches Symposion für Klaus Lüderssen zum 80. Geburtstag*, Nomos, 2014, pp. 66 s., que llega a la conclusión de que en estos experimentos, más alguno que recoge menos conocido, los participantes no actúan de acuerdo a una racionalidad de "reglas naturales", sino trasladando a los experimentos las condiciones de vida, instituciones y normas que corresponden a su praxis social. No existen constantes puramente psicológicas o antropológicas, sino que dependen del contexto social (preferencias, costumbres, estrategias generalizadas, etc.).

buscan otros ámbitos con mayor seguridad jurídica (por ejemplo, se retiran a mercados con mayor seguridad jurídica) o bien deciden seguir con la actividad haciendo trampas similares a sus competidores. La referencia a la pérdida de confianza como criterio de legitimación define estos mismos fenómenos, sólo que en términos de psicología social. Donde existe una intensa competencia la falta de confianza empuja a actuar en consecuencia, a pesar de lo que digan formalmente las normas. La estabilización y la seguridad jurídica son las que producen confianza (en inversores, consumidores, etc.). La referencia a la *"confianza en el funcionamiento del orden económico o en alguna de sus instituciones concretas"*[17] como característica esencial de los delitos económicos se encuentra desenfocada ya que la protección de la confianza entendida en sentido institucional (confianza en el sistema) no es una característica peculiar de los delitos económicos. La confianza se logra siempre que el orden normativo se corresponde a grandes rasgos con la realidad.

La conclusión que hay que sacar es que para que las normas mantengan su eficacia es tan importante el cumplimiento generalizado de todas las normas, no sólo las penales, como que la infracción de las mismas no quede sin una respuesta proporcionada a su gravedad. Lo que más desestabiliza la norma no es su infracción, sino la infracción continuada sin respuesta. No es posible hablar de confianza si existe una amplia sensación de impunidad o un volumen importante de actividad al margen de la ley. En definitiva, los efectos resaca y espiral hacen referencia a las necesidades de estabilización

---

17 Paradigmático en su radicalidad OTTO, "Strafrecht als Instrument der Wirtschaftspolitik", MonSchrKrim 63 (1980), pp. 399 s., "Konzeption und Grundsätze des Wirtschaftsstrafrechts (einschliesslich Verbraucherschutz) Dogmatischer Teil I", ZStW 96 (1984), pp. 339 ss., de forma más desarrollada y *Grundkurs. Strafrecht. Die einzelnen Delikte*, 7ª ed., de Gruyter, 2005, 60/2, que define el delito económico como toda modalidad de conducta socialmente lesiva, que lesiona la confianza en el orden económico vigente o en alguno de sus institutos, poniendo así en peligro la estabilidad y las prestaciones de dicho orden económico. Ello está en consonancia con el papel que ha venido otorgando este autor a la confianza en el sistema jurídico en su teoría general, como mecanismo de reducción de la complejidad social y que posibilita la interacción social, por influencia de LUHMANN ("Personales Unrecht, Schuld und Strafe", ZStW 87 -1975-, pp. 554 ss.).

Desarrolla este punto de vista de OTTO HEFENDEHL, *Kollektive Rechtsgüter im Strafrecht*, Carl Heymanns, 2002, pp. pp. 124 ss., 255 ss., 382, 387 s. (de forma resumida en español, "El bien jurídico como eje material de la norma penal", en IDEM (edit.), *La teoría del bien jurídico. ¿Fundamento de legitimación del Derecho Penal o juego de abalorios dogmático?*, Marcial Pons, 2007, p. 190). Sin embargo, como ya he señalado en *Estudios de Derecho Penal*, 2016, pp. 965 ss., considero una empresa fallida identificar un bien jurídico confianza como un elemento constitutivo o integrante de determinadas instituciones diferenciado de la confianza general en la validez y vigencia del Derecho. Con dicho bien jurídico se hace referencia a ámbitos delictivos en los que una conducta individual no puede lesionar o desestabilizar por sí sola el bien jurídico que es referencia de la confianza. Por ello, en una teoría que pretende ser empirista e instrumental, se localiza la confianza en sentido psicológico como objeto de lesividad. En realidad se trata de una construcción desafortunada para intentar introducir camufladamente en teorías instrumentales como las de SCHÜNEMANN y sus discípulos una dimensión del delito que tiene que ver con sus efectos comunicativos y desestabilizadores. En todo caso, aunque se intenten disimular bajo la apariencia de un bien jurídico, lo cierto es que se parte de que los efectos existen -aunque se formulen en términos de psicología social-.

normativa en ámbitos caracterizados por una intensa competitividad y con un importante volumen de cifra negra, mientras la confianza hace referencia a las necesidades de prevención general positiva en sentido psicosocial. La confianza es un efecto psico-social de una estabilización adecuada y justa o de un sistema penal que cumple sus funciones. Lo expuesto se puede trasladar en general a actividades empresariales en las que no respetar las normas ofrece ventajas competitivas o a las actividades de otras organizaciones que compiten en otros sentidos, como, por ejemplo, para conseguir el poder (delitos de financiación ilegal de partidos políticos).

IV. LA ESTABILIZACIÓN NORMATIVA COMO NECESIDAD

Este largo excurso sobre los delitos económicos, que se puede extender a otros ámbitos delictivos, no ha pretendido agotar todos los aspectos de una cuestión tan controvertida, pero muestra una imagen que me permite llegar a la conclusión que se pretende exponer. Las críticas a las teorías preventivo-generales de tipo comunicativo, que inciden en su incapacidad para justificar la imposición de una pena adicional a la declaración de culpabilidad[18], tendrían razón si la función de la pena radicara exclusivamente en restablecer conceptualmente el Derecho. Lo que podríamos denominar una función simbólico-abstracta. No son asumibles, por el contrario, si se trata de eficacia o vigencia real, es decir, de efectos reales e, incluso, empíricamente constatables que han sido apreciados desde hace tiempo por la criminología en ámbitos como los delitos económicos, pero que no son singularidades de estas modalidades delictivas. Si estos efectos existen la pena tiene que ver con necesidades de estabilización de una realidad social conforme a lo prescrito por las normas[19], contrarrestando dichos efectos negativos del delito. Esta función puede ser verificada o refutada empíricamente, aunque precise de estudios distintos y más complejos que los que se han venido realizando para las teorías preventivas tradicionales.

Estabilizar es, sin duda, una palabra polisémica. Aquí se utiliza en su acepción de recuperar la marcha normal de algo después de algunos cambios o alteraciones; es decir, se trata de recuperar la funcionalidad de la norma después de alguna o de algunas infracciones. No es posible profundizar aquí en cómo la norma estructura la vida social ni en las últimas investigaciones sobre las razones que llevan a la mayoría de la población a cumplir las normas la mayoría del tiempo (cumplimiento generalizado de las normas). Una contribución breve como esta sólo permite hacer alguna referencia sucinta a las reales necesidades de estabilización contrafáctica de la norma y bosquejar cómo opera la pena para detener los indeseables efectos desestabilizadores del delito que, de lo contrario, se mantendrían en el tiempo y que pueden tener efectos cumulativos o agregados si no se reacciona adecuadamente.

---

18 En profundidad sobre este aspecto decisivo para el actual debate sobre la legitimidad de la pena, FEIJOO SÁNCHEZ, *La pena*, 2014, pp. 275 ss., especialmente 282 ss.

19 Sobre la prevención general como estabilización normativa, FEIJOO SÁNCHEZ, *La pena*, 2014, pp. 257 ss. Sobre la importancia de complementar la teoría tradicional de las normas con una orientación sociológica (función social), MIR PUIG, RDPC 98, p. 446.

El debate no está cerrado y con toda seguridad tendrá un largo recorrido. El estado actual de la discusión en la literatura jurídico-penal está a favor de las teorías de la prevención general, estando sometido a debate en qué sentido se debe entender dicha prevención enfocada a la generalidad. Tendrá un lugar importante en el desarrollo de estas ideas la contraposición entre modelos instrumentales que entienden la pena como un mecanismo de protección mediante la prevención de delitos frente a modelos comunicativos. En el primer grupo, las opciones están entre la búsqueda de efectos intimidatorios o de psicología social, efectos que para muchos autores como el Prof. MIR PUIG son complementarios o intercambiables. En cuanto estas teorías se hacen más complejas y buscan más efectos macro-sociales que micro- o se insiste más en el sistema jurídico en su conjunto o en efectos agregados que en la influencia de decisiones concretas del legislativo o de sentencias (disuasión marginal), se van acercando a la estabilización de la norma como fin justificante[20]. La

---

20 FEIJOO SÁNCHEZ, *La Pena*, 2014, pp. 110 s. Paradigmáticos GRECO, *Feuerbach*, 2015, p. 283, que defiende un concepto funcional de intimidación (pp. 290 ss., 407) que supere un concepto psicológico de intimidación y que asuma sólo un componente psicológico mínimo fundado en la teoría cotidiana (argumentos de sentido común, plausibilidad o lógica cotidiana de que sin penas todo sería peor); RODRÍGUEZ HORCAJO, *Comportamiento humano y pena estatal: disuasión, cooperación y equidad*, Marcial Pons, 2016, pp. 220 ss., que se refiere a la conjunción de efectos disuasorios absolutos de la institución penal junto con otros de mantenimiento de la cooperación bajo la denominación prevención general social. GRECO no considera decisivas las investigaciones empíricas como las de TYLER, *Why People Obey the Law*, 2ª ed., Princeton University Press, 2006, p. 178, que señalan que está sobrevalorada la intimidación como razón para un cumplimiento generalizado de la norma (pp. 295 ss.). Entretanto, este tipo de perspectivas empíricas, ajenas a la intimidación, que parten de una concepción más compleja de la disuasión como aseguramiento del cumplimiento de la ley desvinculada de la severidad de la pena, se han mostrado enormemente fructíferas para la criminología (ENGLERTH, *Verbrecher*, 2010, pp. 150 ss., 195 ss., 272; JACKSON/BRADFORD/HOUGH/MYHILL/QUINTON/TYLER, "Why do People comply with the Law? Legitimacy and the Influence of Legal Institutions", Brit. J. Criminology, 52 (2012), pp. 1051 ss.; KENNEDY, *Disuasión y prevención del delito. Reconsiderando la expectativa de pena*, Marcial Pons, 2016, pp. 69 ss., 117; ROBINSON, *Principios distributivos del Derecho Penal*, Marcial Pons, 2012, pp. 202 ss.; TYLER/JACKSON, "Popular legitimacy and the exercise of legal authority: Motivating compliance, cooperation, and engagement", Psychology, Public Policy, and Law, 20 (1), 2014, pp. 78 ss.; VARONA GÓMEZ, *El debate ciudadano sobre la justicia penal y el castigo: razón y emoción en el camino hacia un Derecho penal democrático*, Marcial Pons, 2016, pp. 174 ss.; VÁZQUEZ MORALES/FERNÁNDEZ MOLINA, "Confianza en los Tribunales Penales. Una vía normativa a la cooperación ciudadana con la justicia más allá de la amenaza y la coerción", RECPC 15-18 (2013)). Tanto GRECO como RODRÍGUEZ HORCAJO mantienen la prevención general negativa como la mejor opción frente a un Derecho Penal moralizante, intentando mantener vivo el espíritu de FEUERBACH. Pero las mismas razones de sentido común o lógica cotidiana que sostienen son compatibles con una prevención general estabilizadora que parta de un principio o mandato de neutralidad moral o ideológica como característica esencial del vigente ordenamiento jurídico (FEIJOO SÁNCHEZ, *La pena*, 2014, pp. 265 ss.). Es cierto que una de las grandes aportaciones de FEUERBACH reside en que planteó un modelo en el que el cumplimiento de la ley no dependía de procesos de integración moral o valorativa, pero ese punto de partida es asumido también por una teoría de la prevención general como estabilización normativa que parta de una perspectiva macro y de un modelo político de democracia o república deliberativa. Lo que tiene de correcto la prevención general negativa es el concepto de prevención general, pero se equivocan sus defensores al entender que sólo la intimidación convierte

diferencia con las teorías comunicativas residiría en que éstas inciden más en que la realidad social es una realidad estructurada simbólicamente que está construida comunicativamente a través de normas y en ese contexto es en el que adquiere la pena su sentido, que no es meramente instrumental, ni en el momento de la conminación ni en el momento de la imposición (este último sigue siendo después de doscientos años el aspecto más débil de las teorías intimidatorias o disuasorias)[21]. Evidentemente no se trata de percibir los efectos comunicativos directamente por los sentidos, sino de interpretar significados. El debate se desarrolla en términos muy parecidos en otras ramas de las Ciencias sociales[22]. Dentro de las teorías más comunicativas o expresivas, la diferencia entre una legitimación a través de la prevención general estabilizadora y las teorías retributivas es que a éstas les falta vinculación con la necesidad de la pena de cara a los efectos del delito que se mantienen en el tiempo. Es cierto que el infractor es castigado en la medida necesaria para reparar su daño (como agresor culpable), pero si bien las teorías retributivas más modernas establecen criterios para hacer a un ciudadano responsable de ese daño, son ciegas frente a que la pena concreta depende de las necesidades sociales. La retribución nunca puede ofrecer una medida para la pena. Sólo habilita para castigar a alguien o establece el "deber" de soportar el castigo al que lo sufre, pero no puede ayudar a la determinación de cuál es el castigo necesario porque es ajena a las razones por las que el Estado necesita castigar[23]. Ello sucede tanto con las teorías basadas en la equidad que insisten en que el delincuente adquiere ventajas injustas frente al resto de

---

las conductas humanas en previsibles y permite expectativas razonables de cumplimiento al margen de la moral.

21 FRISCH, "Zum Zweck der Strafandrohung. Ein Beitrag zur Theorie von der positiven Generalprävention", *Bernd Schünemann-FS*, De Gruyter, 2014, pp. 59 ss.

22 YOUNG, *La imaginación criminológica*, Marcial Pons, 2015, pp. 256 ss. y passim.

23 Un buen ejemplo es la teoría de la pena de PAWLIK. En una reciente publicación en español (*Ciudadanía y Derecho penal. Fundamentos de la teoría de la pena y del delito en un Estado de libertades*, Atelier, 2016) en la que intenta responder a la pregunta ¿Por qué la pena? entiende que la pena retribuye el delito, entendido como vulneración del deber de cooperación al mantenimiento de un Estado de libertades jurídicamente constituido (pp. 42 ss.). El quebrantamiento de tal deber permite pero no obligaría a imponer una pena. El "*deber primario de complemento de cumplimiento se convierte en un deber secundario de tolerancia*" (p. 56). Con ello sólo queda justificado por qué el delincuente tiene que soportar la injerencia estatal (merecimiento/justificación individual), pero no la imposición del mal por el Estado (necesidad de prevenir o mitigar los efectos lesivos del delito). No permite determinar cuánta pena. Tampoco deja clara la razón o las razones para renunciar a la pena concreta aunque se pueda imponer por ser merecida. Para responder a estas cuestiones hay que tener en cuenta que la pena no se limita a ser una mera respuesta a un incumplimiento del deber de cooperación, sino a la perturbación social ocasionada con el delito. PAWLIK señala que su posición es próxima a las teorías de la prevención general positiva, pero la diferencia estaría en que éstas legitiman la pena en una optimización técnica que no comparte (pp. 57 s., 63 s.). De esta manera se distancia del sector de teorías de la prevención general positiva con mayor influencia de la psicología social como la de HASSEMER que cita, pero no es la posición que se mantiene en el texto. Se desarrollan estas críticas de una manera que no es posible en un trabajo de estas características en FEIJOO SÁNCHEZ, *La Pena*, 2014, pp. 60 ss.

ciudadanos que son compensadas con la pena (*Unfair Advantage*)[24], como con las teorías expresivas de la retribución o con aquéllas que consideran desde una perspectiva menos individualista que el infractor debe ser castigado porque no realiza una prestación adecuada como ciudadano (deber de lealtad)[25].

Adoptando una imagen de Hassemer[26], que "*las buenas palabras y las recomendaciones frente a los ciudadanos que cometen delitos son demasiado débiles*" no impide que se pueda concebir la pena no "*como un palo, sino como un medio de comunicación*". Al igual que concebir el sexo entre humanos no como una mera necesidad fisiológica, sino como un medio de comunicación entre dos -o más- personas, no conduce lógicamente a que se prescinda del placer como elemento o fin de las relaciones sexuales. Una concepción comunicativa de un fenómeno como el punitivo tiene capacidad de condicionar la praxis (por ejemplo, como soporte teórico de la intercambiabilidad de las sanciones a la que se hará referencia posteriormente), pero no tiene como consecuencia que se prive al fenómeno de sus elementos esenciales y característicos, por lo que no conlleva lógicamente la renuncia general a la necesidad del castigo. Todo fenómeno es comprensible en términos comunicativos y ello no significa que se convierta en algo meramente teatral.

Las necesidades a las que atiende la pena no pueden ser de psicología social o de integración social como defendían las primeras versiones de la prevención general positiva todavía dominantes en la doctrina alemana, ya que ni el sistema jurídico ni sus operadores pueden gestionar el mundo de la psicología social. La gestión de tales efectos (miedo, intranquilidad, desconfianza, etc.) supera sus capacidades y cualquier decisión al respecto sería meramente especulativa sin posibilidad de control racional por parte del propio sistema jurídico. Este es un inconveniente de todas las teorías de la pena que basan esencialmente su legitimidad en la búsqueda de ciertos efectos psicológicos en la generalidad. El juez dentro de sus limitadas competencias sólo puede imponer una pena en proporción a la gravedad de la norma infringida y de la responsabilidad plena o parcial del individuo. Ello determina la "indemnización" que el sujeto tiene que pagar para reparar el daño social que ha producido y del que es responsable.

La adopción de una perspectiva comunicativa -frente a una instrumental- para explicar el delito y la pena tiene amplias e importantes consecuencias prácticas y sistemáticas. Por ejemplo, la responsabilidad personal por el hecho no depende sólo de la normalidad de los procesos motivacionales del infractor. La sociedad está dispuesta a aceptar las anomalías casuales (enfermedad, tumores cerebrales, intoxicación no planificada de efectos no planificables, situación casual de miedo o necesidad, etc.), pero no las que son consecuencia de una disposición jurídica inadecuada (por ejemplo, embrutecimiento moral

24 Feijoo Sánchez, *La Pena*, 2014, pp. 55 ss., en sentido crítico; Rodríguez Horcajo, *Comportamiento humano*, 2016, pp. 256 ss.; Sachs, *Moral*, 2015, pp. 38 s.; Vilajosana, *Las razones de la pena* (versión electrónica), Tirant-Online, 2016, pp. 21 ss.; Zimmermann, *Verdienst*, 2012, pp. 147 ss., en sentido crítico.

25 En el mismo sentido, Roxin, GA 2015, pp. 194 ss., analizando las propuestas más actuales como las de Neumann, Hörnle o Pawlik.

26 *¿Por qué castigar? Razones por las que merece la pena la pena*, Tirant lo Blanch, 2016, p. 94.

derivado de la comisión continuada de delitos; enemistad frente al Derecho). Creo que la teoría de la culpabilidad como "motivación normal" o "acceso normal a la norma"[27] no ha tenido esto suficientemente en cuenta.

Las ideas expuestas favorecen la intercambiabilidad o fungibilidad de las respuestas al delito y la búsqueda de alternativas totales o parciales (atenuantes) de pena que no se encuentren estrictamente vinculadas al injusto y la culpabilidad. La búsqueda de efectos intimidatorios dificultan, por el contrario, tales posibilidades así como integrar intereses diversos a los disuasorios[28]. Baste ejemplificar con una de las múltiples posibilidades que se abren en la actualidad. La Ley 4/2015, de 27 de abril, del Estatuto de la víctima del delito[29], señala como uno de sus objetivos no es sólo reparar daños materiales, sino también minimizar los efectos traumáticos del delito (dimensión moral o emocional). La ley habla de "*reparación material y moral de los perjuicios derivados del delito*". En consecuencia, ésta y su reglamento de desarrollo contemplan la posibilidad de vías de justicia restaurativa para la desvictimización, especialmente la mediación con intervención de las Oficinas de Asistencia a las Víctimas (art. 15 Ley 4/2015; art. 37 RD 1109/2015, de 11 de diciembre[30]). En el contexto de la teoría formulada aquí no hay problemas para aplicar una atenuante, incluso muy cualificada, en caso de una mediación de resultados enormemente satisfactorios para la víctima, ampliando el alcance de la atenuante de reparación del daño (art.21.5ª CP) o creando otra de análoga significación a la reparación del daño tal como ésta viene siendo restrictivamente interpretada por la jurisprudencia. Una desvictimización exitosa hace menos necesaria la estabilización de la norma. El Derecho comparado nos abre muchas otras alternativas sobre cuyas posibilidades y límites se puede seguir trabajando sin renunciar a la declaración de la existencia de un injusto culpable (merecimiento de pena).

La prevención estabilizadora en el sentido que se ha defendido en esta contribución no parte de que la pena esté enfocada a prevenir directamente los delitos concretos o determinadas dinámicas delictivas, sino más bien ciertos efectos nocivos del delito para la sociedad y la vida en común. Esta idea de prevención con posterioridad a la comisión del delito permite un punto de encuentro entre teorías basadas en la justicia (idea de merecimiento

---

27 Mir Puig, *Derecho Penal. Parte General*, 10ª ed., Reppertor, 2016, 20/46 ss.

28 Paradigmático Cardenal Montraveta, "¿Eficacia preventiva general intimidatoria de la pena? Consecuencias para la decisión sobre la suspensión de su ejecución", RECPC 17-18 (2015), pp. 33 ss.

29 Sobre el papel de la víctima en el actual debate sobre la pena Feijoo Sánchez, *La pena*, 2014, pp. 309 ss.; Gil Gil, "Sobre la satisfacción de la víctima como fin de la pena", InDret 4/2016, especialmente pp. 15 ss.; Silva Sánchez, *En busca del Derecho penal. Esbozo de una teoría realista del delito y de la pena*, Bdef, 2015, pp. 83 ss. Desde el contexto de una teoría retributiva Zimmermann, *Verdienst*, 2012, pp. 109 ss. Sobre el renacimiento de la idea de venganza (restablecimiento del honor de la víctima) en la filosofía moral anglosajona, vid. el ilustrativo libro de Kaufman, *Honor and Revenge: A Theory of Punishment*, Springer, 2013, pp. 107 ss.

30 Vid. también 84.1.1ª CP. Sobre mediación y reparación en el contexto de una teoría de la prevención general positiva Kaspar, *Wiedergutmachung und Mediation im Strafrecht*, Lit, 2004, pp. 55 ss.

de la pena para el castigado[31]) y en la prevención (idea de necesidad de pena para el que castiga, que ejerce una legítima defensa dentro de lo estrictamente necesario). Además abre posibilidades a la búsqueda de alternativas a la pena o de atenuaciones no estrictamente vinculadas al injusto y la culpabilidad por el hecho (por ejemplo, mecanismos de justicia restaurativa). Con este enfoque se pretende contribuir a la idea de un concepto *superior de prevención general positiva* como una estrategia de *prevención limitada*, siguiendo el magisterio del Prof. Santiago Mir Puig[32].

31 Berman, "Two Kinds of Retributivism", Duff/Green (Ed.), *Philosophical Foundations of Criminal Law*, Oxford University Press, 2011, pp. 437, 449 y Zimmermann, *Verdienst*, 2012, pp. 10 ss. sobre el merecimiento como concepto esencial de las actuales teorías retributivas, que están teniendo un especial auge en los últimos tiempos, tanto en lengua inglesa como alemana.

32 *PG*, 10ª ed., 2016, 3/63 s.

La pena en la ley: ¿conminación o comunicación con ciudadanos?

Sumario: I. Introducción. Previsión legislativa de penas y proporcionalidad. II. La prevención general en la ley. III. Crítica de la intuición o del sentimiento de justicia como criterio de legitimación de la punición abstracta. IV. Conclusión: Comunicación en lugar de conminación.

I. Introducción. Previsión legislativa de penas y proporcionalidad

El Prof. Arroyo Zapatero ha tenido como una de sus principales preocupaciones la relación entre el Derecho Penal y los principios y garantías constitucionales. En un tratamiento reciente[1] de los principios del Derecho Penal constitucional aborda, dentro del principio de proporcionalidad, el principio de proporcionalidad de las penas. Éste se proyectaría primero en su fijación legislativa o conminación legal abstracta y, posteriormente, en la determinación concreta por el Juez al aplicar la Ley, señalando como se trata de "*dos momentos que plantean problemas distintos*".

Considera que "*en la "previsión legislativa" de la pena correspondiente al delito el principio de proporcionalidad requiere una relación de adecuación entre gravedad de la pena y relevancia del bien jurídico que protege la figura delictiva y, a su vez, entre la misma y las distintas formas de ataque al bien jurídico que la conducta delictiva puede presentar. Como todo juicio de proporcionalidad, se resuelve este en valoraciones y comparaciones, es decir, en una "ponderación"*".

De forma elocuente vincula la proporcionalidad de las penas con la teoría de la pena: "*la exigencia de proporcionalidad no es solamente de orden jurídico, sino también requisito material de la prevención, pues solo penas proporcionadas a la gravedad de los delitos y a su valoración social están en condiciones de motivar a los ciudadanos al respeto a la norma*". Por esta razón, añade, "*fracasan sistemáticamente los recursos al "terror penal"*". Explica el fracaso porque los jueces acaban no aplicando la ley o, si llegan a aplicarla con las penas desproporcionadas, los destinatarios de la norma consideraran esa imposición de la pena como una "*lotería al revés*".

Aprovechando estas palabras del homenajeado, el objetivo de esta contribución es esbozar una teoría de la punición entendida como una teoría de las penas abstractas a contemplar por el legislador en el marco de una teoría preventivo-general ajena al recurso de la intimidación o disuasión.

---

1 Demetrio Crespo, E./Rodríguez Yagüe, C., *Curso de Derecho Penal. Parte General*, 3ª ed., Ed. experiencia, 2016, pp. 149 ss.

Una pena no puede ser proporcional al injusto y la culpabilidad si el marco penal abstracto está orientado a la intimidación[2]. Como ha señalado la doctrina, "*en todas las teorías que buscan la intimidación, la proporcionalidad entre el hecho y la pena constituye un elemento externo limitador, inconsecuente con su finalidad*"[3], por lo que "*la sujeción a un criterio de estricta proporcionalidad no es ciertamente -o, al menos, no siempre- el mejor vehículo de la eficacia intimidatoria*"[4]. Si la determinación o concreción de la pena ha de ser coherente con la teoría general de la pena, no se puede olvidar que la individualización judicial de la pena en la sentencia condenatoria se desenvuelve dentro del marco penal contemplado previamente por la ley o se concreta a partir de dicho marco penal. Si la individualización judicial de la pena es una concreción del marco penal abstracto[5], no será posible imponer penas proporcionadas a la culpabilidad del autor por su hecho si el marco legal no resulta proporcionado, especialmente en un sistema como el nuestro rígidamente determinado por la ley.

El Prof. ARROYO también ha destacado por su lucha contra penas inhumanas y degradantes. En este sentido son de sobra conocidos sus esfuerzos contra la pena de muerte a nivel internacional y contra la pena de prisión permanente en España. Mi convicción es que una teoría comunicativa de la pena orientada la estabilización de normas en lugar de a la prevención directa de conductas permite en general un Derecho Penal menos represivo. Sobre ello se hará también alguna breve reflexión al final del trabajo.

II. LA PREVENCIÓN GENERAL EN LA LEY

En nuestro sistema continental la pena que se impone al culpable debe estar previamente contemplada en la ley (dejando aquí de lado la posibilidad de aplicaciones retroactivas favorables al reo). La definición de una modalidad de comportamiento como presupuesto de una pena expresa un desvalor o censura tanto del hecho como de la acción a la que dicho

---

2 FEIJOO SÁNCHEZ, B., *La pena como institución jurídica,* Ed. Bdef, 2014, pp. 85 s.

3 NEUMANN, U., "Alternativas al Derecho Penal", en ARROYO ZAPATERO, L./NEUMANN, U./ NIETO MARTIN, A. (Coords.), *Crítica y justificación del Derecho penal en el cambio de siglo*, Ed. UCLM, p. 209.

4 SILVA SÁNCHEZ, J.Mª., *Aproximación al Derecho penal contemporáneo*, Ed. Bosch, 1992, p. 280. Este autor defiende una "*teoría de la prevención justa*" que buscaría la "*disuasión no solo por la amenaza de sanción, sino también por la comunicación del valor, unidos a la integración de la norma penal en un contexto general de socialización*" (2ª ed., Bdef, pp. 492 ss.). En contra, ÁLVAREZ GARCÍA, F. J., *Consideraciones sobre los fines de la pena en el ordenamiento constitucional español,* Ed. Comares, 2001, pp. 142 ss. En tiempos recientes SILVA declara compartir la visión de la pena como comunicación, no sólo en el momento de la imposición, sino también de la conminación legal abstracta (*Malum passionis. Mitigar el dolor del Derecho penal,* Ed. Atelier, 2018, p. 20).

5 Señala BASSO, G. J., *Determinación judicial de la pena y proporcionalidad con el hecho,* Ed. Marcial Pons, 2019, p. 347, que define al juzgador como delegado del legislador, como "*las exigencias de proporcionalidad ordinal constituyen un cometido primordialmente legislativo*", de tal manera que "*la función del órgano judicial reviste un carácter marginal en la ordenación de los delitos y de sus correlativas penas dentro de la escala de punición*".

hecho puede ser personalmente imputable. Esto presupone una norma de conducta (prohibición, mandato, de cuidado) conforme a la cual se debe valorar el comportamiento como correcto o incorrecto y por cuya importancia se entiende que debe ser garantizada mediante una pena (un marco penal abstracto). Desde esta perspectiva la función esencial de la pena legalmente prevista es simbolizar la importancia o relevancia social de dicha norma. El mensaje es distinto en función de que se contemple o no una pena y de la entidad de ésta. El legislador manifiesta una especial valoración del deber (expectativa formulada deónticamente) establecido en la medida en la que recurre al instrumento más importante que tiene para garantizarlo y dicha valoración es proporcional a la pena contemplada para garantizar la norma.

En este punto se encontraría la esencia correcta de la teoría de la prevención general mediante la conminación legal abstracta que se puede reconducir a Feuerbach[6]. Sin embargo, tanto la teoría de la coacción psicológica como la visión más racionalista del análisis económico que tiene como referente el denominado *homo oeconomicus* no resulta satisfactoria en cuanto a la cuantificación concreta del marco penal abstracto. De hecho los ordenamientos que más recurren a la intimidación están más necesitados de correctivos procesales que les permitan no imponer penas insoportables como las que habilita la ley. Los criterios de oportunidad permiten resolver los problemas de una legislación orientada a la intimidación que, como señala Frisch, es un fin demasiado ambicioso y, por ello, peligroso[7].

La teoría de la prevención general negativa en todas sus variantes es básicamente una teoría de la conminación legal abstracta para garantizar un cumplimiento generalizado de la norma. Mientras la teoría es rechazada por la doctrina en la fase de individualización judicial y el momento de la imposición sigue siendo tras siglos el aspecto más débil de las teorías intimidatorias o disuasorias, se ha venido mostrando fuerte en la fase legislativa.

Valga como ejemplo una teoría de la pena tan aceptada en la doctrina española como la "teoría dialéctica de la unión" de Roxin[8]. Es de sobra conocido que este autor defiende una teoría preventiva mixta o unitaria de la pena en la que los fines de la pena no se yuxtaponen generando antinomias, sino que van cobrando protagonismo en función de cuál es el papel más idóneo de la pena en cada momento (conminación legal abstracta, condena, ejecución) para proteger bienes jurídicos y prevenir su lesión o puesta en peligro. Roxin entendió a la hora de formular su teoría de la pena que la mejor estrategia de un Estado de Derecho para proteger bienes jurídicos antes de la comisión

---

6 Sobre la teoría de la pena de este autor Feijoo Sánchez, B., *La pena*, pp. 72 ss., con ulteriores referencias; Koch, A./Kubiciel, M./Löhning, M./Pawlik, M.(Edits.), *Feuerbachs Bayerisches Strafgesetzbuch*, Ed. Mohr Siebeck, 2014, especialmente la contribución de Frisch en pp. 191 ss.

7 "Zum Zweck der Strafandrohung. Ein Beitrag zur Theorie von der positiven Generalprävention", *Bernd Schünemann-FS*, Ed. de Gruyter, 2014, pp. 59 ss. En concreto, en relación a Feuerbach y el Código Penal bávaro de 1813, *Feuerbachs Bayerisches Strafgesetzbuch*, pp. 196 ss.

8 Roxin, C./Greco, L., *Strafrecht. Allgemeiner Teil*, 5ª ed., Ed. C.H. Beck, 2020, 3/42 ss. Feijoo Sánchez, B., *La pena*, pp. 218 ss., con ulteriores referencias a obras previas.

del delito era la prevención general negativa. Sin embargo, lo cierto es que no está claro como, partiendo de un marco penal orientado a la prevención general negativa, se puede conseguir una sentencia condenatoria que sea entendida por la generalidad como justa y que tenga efectos positivos en la psicología social o integradores. Y ello con independencia de que se entienda que un sector de la población cumplirá la norma con independencia de la intimidación[9]. Si la intimidación ya tiene un papel en la ley, con independencia de que no sea una estrategia necesaria para la generalidad, el marco penal estará determinado por las necesidades -reales o supuestas- de intimidación o disuasión. Aunque no sólo se quiera motivar al cumplimiento de la norma mediante intimidación[10], si no se renuncia a tal estrategia los marcos penales vendrán determinados por lo necesario para intimidar, coaccionar, conminar o atemorizar.

Por suerte la pena legal no suele venir determinada por regla general por tales necesidades[11]. Como he señalado en otras ocasiones, *"de acuerdo con la lógica de la teoría, no se deberían castigar más los delitos más graves, sino los más habituales, por existir una mayor inclinación hacia ellos por parte de la generalidad (por ejemplo, hurtos en grandes almacenes o la conducción bajo influencia de bebidas alcohólicas, etc.)"*[12]. Sin embargo, las penas de la parte especial o de las leyes especiales se corresponden tendencialmente con la importancia de la norma, con el desvalor del hecho o con la gravedad del injusto[13]. La pena que se suele contemplar legalmente es una pena que busca la proporcionalidad con el injusto y su gravedad y la determinación del marco penal abstracto suele depender de factores como la importancia del bien jurídico como valor protegido, la gravedad del ataque contra el correspondiente bien jurídico, la existencia de deberes especiales o cualificados, el dolo o la imprudencia (ya

---

9 Roxin, C., "La teoría del fin de la pena en la jurisprudencia del Tribunal Constitucional alemán", en Mir Puig, S./Queralt Jiménez, J.J. (Dirs.), *Constitución y principios del Derecho Penal: algunas bases constitucionales*, Ed. Tirant lo Blanch, 2010, p. 241.

10 Sobre modelos preventivo-generales que tuvieron un especial desarrollo a partir de los años setenta en Alemania, países escandinavos y España (Gimbernat Ordeig, con influencia de Freund y Fromm) y donde estaría integrada la teoría de la motivación como una teoría preventivo-general negativa enriquecida con aportaciones de la psicología profunda y el psicoanálisis como medios complementarios de protección de bienes jurídicos, vid. Feijoo Sánchez, B., *Retribución y prevención general*, Ed. Bdef, 2007, pp. 284 ss. y *La pena*, pp. 172 ss. Con el tiempo planteamientos que tuvieron su origen en estas perspectiva de psicología profunda o psicoanalíticas se fueron transformando en enfoques de psicología colectiva o social (por ejemplo, combinando la función intimidatoria con la función pedagógica).

11 Sobre las críticas contra la prevención general intimidatoria por su incompatibilidad con el Derecho vigente Feijoo Sánchez, B., *La pena*, pp. 89 ss., con ulteriores referencias al debate entre críticos y partidarios de esta teoría de la pena.

12 *La pena*, p. 113.

13 Frisch, W., *Schünemann-FS*, p. 62 s., señalando como Schünemann coincide en la idea de la orientación a la importancia del hecho punible, "Straftheorie, Verbrechensbegriff und Straftatsystem im Werk von Günther Jakobs", en AA.VV., *Strafrecht und Gesellschaft*, Ed. Mohr Siebeck, 2019, pp. 671 ss. y "Zum Begründungshintergrund von Übel und Tadel in der Theorie de Srafe", *GA* 2019, p. 544. Señala este autor como en Alemania las variaciones de pena dependen de variaciones de valores o del desvalor de la conducta y no de necesidades de intimidación.

que es más importante estabilizar una prohibición directa de lesión que una norma de cuidado), etc.

En los ordenamientos de nuestro entorno jurídico la gravedad de los delitos no está ordenada por las necesidades de intimidación o disuasión. Si las normas con un alto grado de interiorización que dificultan su comisión generalizada (no matar[14]) son castigadas con mayor pena que otras cuya disposición general al cumplimiento es más inestable, ello obedece a que se entiende que el mantenimiento de las primeras es más importante. Desempeñan una función social más importante y son menos prescindibles.

Las teorías de la prevención general negativa dejan de lado un aspecto importante: la pena legal debe ser ya una expresión del desvalor del hecho, por lo que el marco penal debe ser proporcional a dicho desvalor y no a otros factores que, a lo sumo, jugarían un papel totalmente secundario. Es cierto que a veces podemos localizar normas concretas con una pena marcada por intereses preventivos o de conducción de conductas o por otras razones como dificultar la prescripción (por ejemplo, el delito de defraudación tributaria) o permitir actuaciones policiales en fases muy tempranas, pero el legislador perfecto no existe y los Códigos son un producto de sucesivas reformas y una obra humana condicionada históricamente que hace que sea prácticamente imposible que las leyes penales sean el reflejo de una aritmética penal perfecta[15]. Si lo relevante a efectos de una teoría de la punición abstracta son las tendencias generales, éstas son poco compatibles con una teoría de la prevención general negativa.

Un ordenamiento que no mantuviera cierta coherencia y proporción entre penas y relevancia de las normas o gravedad social de los hechos estaría generando una situación confusa y caótica preventivamente ineficiente[16]. Como señala la psicología social, deteriora el cumplimiento de las leyes que

---

14 Un indicio de esa interiorización es que hay un porcentaje de personas que se resisten a matar o a causar sufrimientos graves a otros aunque les obliguen. En profundidad sobre estas diferencias en la interiorización de las normas, Müller, M., *Vergeltungsstrafe und Gerechtigkeitsforschung*, Ed. Mohr Siebeck, 2019, pp. 140 ss., utilizando el argumento contra las teorías de la prevención general positiva más orientadas a los efectos positivos de psicología social. Señala, además, como hay grupos de delitos inmunes a la intimidación y los déficits empíricos son mayores en el ámbito nuclear del Derecho Penal como los delitos contra la vida, la salud o sexuales (p. 156). Este autor entiende que el fin de la pena retributiva sería el mantenimiento de la juridicidad ("*Aufrechterhaltung des Rechtszustandes*") (pp. 149 ss.) y que la pena proporcional al hecho es la que mejor satisface las necesidades punitivas tanto individuales como colectivas (p. 188).

15 Como señala Kudlich, H., *Cuestiones fundamentales de la aplicación del Derecho penal. Contribuciones a la teoría del método y a la imputación en el Derecho penal*, Ed. Marcial Pons, 2018, pp. 118 ss., no se puede partir de que "*los marcos penales de la ley constituyen un sistema lógico en sí mismo, axiológicamente convincente y libre de contradicciones*". La doctrina ha relativizado, por ejemplo, el papel de los marcos penales para la ponderación de intereses en juego en el estado de necesidad, advirtiendo de la influencia en los marcos penales de numerosos aspectos o factores de índole político-criminal. Vid. por todos, Jakobs, G., *Strafrecht. Allgemeiner Teil*, 2ª ed., Ed. de Gruyter, 1991, 13/20; Pawlik, M., "Der rechtfertigende Defensivnotstand", *Jura* 2002, p. 31, ambos con ulteriores referencias.

16 Frisch, W., "Voraussetzungen und Grenzen staatlichen Strafens", *NStZ* 2016, p. 18.

los ciudadanos perciban la actuación del Estado como injusta, confusa o incongruente[17]. Lo que el Prof. ARROYO denomina gráficamente la *"lotería al revés"*, que reparte castigos en vez de premios. Disponemos de datos de que la observancia de las leyes es proporcional a la racionalidad y legitimidad que los destinatarios asignen a las normas y a las penas[18]. En palabras del estadounidense ROBINSON[19], *"un Derecho penal que de forma regular es visto como injusto o que fracasa al hacer justicia, pierde credibilidad moral entre la comunidad y, por tanto, reduce su influencia. Las personas estarán menos dispuestas a respetarlo, a cooperar con él, o a seguir sus órdenes"*.

Ciertos partidarios de la prevención general negativa o intimidatoria han intentado justificar esta necesidad de proporcionalidad interna en razones de eficacia alegando que lo lógico es contemplar penas más graves para los hechos más graves porque son los que se tiene más interés en evitar (es más importante evitar un homicidio que un hurto, aunque haya una mayor predisposición a cometer pequeños hurtos) en la línea utilitaria y ajena al merecimiento de BENTHAM de proporcionar un aliciente al delincuente potencial para que opte por el hecho con la pena más leve[20]. Sin embargo, creo que una teoría comunicativa que haga referencia a necesidades de estabilización normativa explica mejor esta tendencia que una teoría instrumental que atienda a las necesidades de intimidación o disuasión de autores potenciales. Sólo la primera posibilita una pena que la generalidad pueda entender como merecida y adecuada a las necesidades de estabilización si alguien plenamente culpable realiza un hecho que se pueda subsumir en el correspondiente tipo penal. Se trata más de una cuestión de merecimiento que del interés del que castiga, que es un criterio arbitrario y poco controlable, especialmente en tiempos de una creciente utilización electoralista del Derecho Penal. Además, este tipo de perspectivas utilitaristas no garantizan que no se contemplen penas excesivamente severas para hechos leves, sino exclusivamente que serán inferiores a las de los hechos graves.

---

17 Las aportaciones de psicología social a la criminología están siendo enormemente fructíferas: ENGLERTH, M., *Der beschränkt rationaler Verbrecher*, Ed. Lit, 2010, pp. 150 ss., 195 ss., 272; JACKSON, J./BRADFORD, B./HOUGH, M./MYHILL, A./QUINTON, P./TYLER, T.R., "Why Do People comply with the Law? Legitimacy and the Influence of Legal Institutions", *British Journal of Criminology*, 52 (2012), pp. 1051 ss.; KENNEDY, D.M., *Disuasión y prevención del delito. Reconsiderando la expectativa de pena*, Ed. Marcial Pons, 2016, pp. 69 ss., 117; ROBINSON, P.H., *Principios distributivos del Derecho Penal,* Ed. Marcial Pons, 2012, pp. 202 ss.; TYLER, T.R./JACKSON, J., "Popular legitimacy and the exercise of legal authority: Motivating compliance, cooperation and engagement", *Psychology, Public Policy, and Law*, 20(1), 2014, pp. 78 ss.; VARONA GÓMEZ, D., *El debate ciudadano sobre la justicia penal y el castigo: razón y emoción en el camino hacia un Derecho penal democrático*, Ed. Marcial Pons, 2016, pp. 174 ss.; VÁZQUEZ MORALES, D./FERNANDEZ MOLINA, E., "Confianza en los Tribunales Penales. Una vía normativa a la cooperación ciudadana con la justicia más allá de la amenaza y la coerción", *RECPC* 15-18 (2013).

18 ROBINSON P.H., *Principios distributivos*, pp. 202 ss.; TYLER, T.R., *Why People Obey the Law*, Ed. Princeton University Press, passim.

19 "El papel que corresponde a la comunidad en la determinación de la responsabilidad penal y de la pena", en MIR PUIG, S./CORCOY BIDASOLO, M. (Dirs.), *Constitución y sistema penal*, Ed. Marcial Pons, 2012, pp. 41 s.

20 ÁLVAREZ GARCÍA, F. J., *Consideraciones sobre los fines de la pena,* p. 152.

Una posición cercana a la que sostengo ha venido siendo defendida por Frisch, con el matiz por parte de este autor de que todavía otorga a la pena en la ley un cierto papel intimidatorio -aunque sea más bien concibiéndolo como un aviso- que mi propuesta pretende superar[21]. Si bien coincide en que la pena contemplada legalmente expresa una gravedad de ciertos hechos que ya representa una motivación para personas razonables, no quiere renunciar a su papel como motivo adicional para omitir la conducta en la línea de los partidarios de la prevención general negativa cuando sea necesario[22]. Para este autor la pena legalmente contemplada tendría efectos directos e indirectos en los ciudadanos y no se debe renunciar totalmente a ninguno de ambos.

---

21 *Schünemann-FS*, p. 63; *GA* 9/2019, pp. 543 ss.; *NStZ* 2016, pp. 17 s. En una línea más ecléctica entiende la pena contemplada legalmente como un motivo adicional para omitir la conducta en la línea de los partidarios de la prevención general negativa. Cuanto menos razonable el destinatario, más importante será la intimidación.

22 En este sentido, esta teoría de la prevención general positiva que no renuncia a la negativa se acerca a partidarios de una concepción más compleja de la prevención general negativa que busca más efectos agregados macro-sociales (disuasión marginal) que micro- basados en la influencia en decisiones concretas por parte de la ley o de sentencias (disuasión total o absoluta). Vid. *GA* 2019, p. 544, nota 32. Por ejemplo, Greco, L., *Lebendiges und Totes in Feuerbachs Straftheorie*, Ed. Duncker & Humblot, 2009, pp. 358 ss., 389 ss., entendería que la pena actuaría como una regla de prudencia para la generalidad pretendiendo modernizar la teoría de la coacción psicológica mediante un "concepto funcional de intimidación" que supere un concepto psicológico de intimidación y que asuma sólo un componente psicológico mínimo fundado en la teoría cotidiana. Este concepto acaba sustituyendo la intimidación (estrategia instrumental) por una racionalidad práctica de acuerdo con la cual las leyes penales ofrecerían a los ciudadanos razones para cumplir las leyes, que no serían de tipo moral, sino de tipo prudencial vinculadas a evitar las consecuencias de la infracción. La intimidación deja de ser un mecanismo psicológico para pasar a ser una regla de prudencia que ayuda a conseguir que el destinatario se comporte de la forma esperada. Si las razones morales o de conciencia son insuficientes los ciudadanos cumplirán por la amenaza del mal. Se trata de un modelo preventivo-general que no busca intimidar a cada ciudadano (dimensión micro), sino que se busca una dimensión macro-social con independencia del efecto psicológico individual, por tanto más bien efectos de psicología social (pp. 360 s.). Si bien el propio autor considera que se trata una teoría de la coacción psicológica sin psicología, creo que sería más acertado considerar que se trata de una teoría de la coacción como instrumento de psicología social o de masas. Greco no considera decisivas las investigaciones empíricas como las de Tyler que señalan que está sobrevalorada la intimidación como razón para un cumplimiento generalizado de la norma.

Hörnle, T. ha mostrado sus simpatías con este planteamiento ("Claus Roxins straftheoretischer Ansatz", *Festschrift für Claus Roxin zum 80. Geburtstag*, t.1, Ed. de Gruyter 2011, p. 13; *Straftheorien*, 2ª ed., Ed. Mohr Siebeck, 2017, pp. 11 s., resaltando el carácter limitado de influencia directa de la leyes penales en los comportamientos). Es relevante que esta autora destaque la función comunicativa de las normas penales y que otros factores o instancias sociales tienen más capacidad de influencia que las leyes penales.

También en la línea de Greco Kaspar, J., "Verfassungsrechtliche Aspekte einer empirisch fundierten Theorie der Generalprävention", en Kaspar, J./Walter, T. (Edits.), *Strafen „im Namen des Volkes"?*, Ed. Nomos, 2019, pp. 71 ss., aunque entiende que la pena mínima para la intimidación queda satisfecha con una pena orientada a la prevención general positiva, por lo que la intimidación carece de un significado propio.

Frente a ello entiendo que cada ciudadano, como ser autodeterminado y no heterodeterminado, decide si se deja motivar por la norma y cómo le influye la pena, por lo que los efectos son siempre indirectos y no causales[23]. No existe una determinación absoluta o directa. Es una cuestión privativa de cada ciudadano en qué medida la comunicación de la norma tiene efectos (aspecto perlocucionario en el sentido de SEARLE), por lo que la norma sólo determina -indirectamente- la conducta de quien quiere verse determinado. Los efectos de la norma en los destinatarios son contingentes. Desde mi perspectiva las normas penales se limitan a describir hechos desvalorados y de tal descripción se deriva un deber de evitar el hecho. La intensidad del desvalor se manifiesta mediante el marco penal contemplado para ese hecho. La norma organiza y estructura la vida social y desempeña una función social para todos, no sólo para aquellos dispuestos o con tendencia a incumplir la norma. Por ello lo único que importa para el establecimiento legal de la pena es la relevancia social de la correspondiente norma, no la actitud de los destinatarios hacia la misma. Las normas desempeñan su función dentro de una misma sociedad tanto para ángeles o altruistas (*homo reciprocans*) como para demonios o egoístas que sólo se rigen por reglas prudenciales. Si se entiende que lo decisivo no es cómo determina la norma de conducta a individuos con ciertas características antropológicas (o más bien a sus neuronas), sino cómo debe tratar de forma coherente el Estado al conjunto de los ciudadanos a la hora de organizar la vida en sociedad, la renuncia total a la intimidación cae por su propio peso. No se trata de especulaciones antropológicas, sino de una cuestión de lógica social. Un problema distinto es que no se puedan desconsiderar aspectos prudenciales o pragmáticos para que la consecuencia jurídica asociada a la infracción se pueda seguir entendiendo intersubjetivamente como un mal y no meramente como un precio atractivo o tasa con el fin de que, en palabras de Jakobs[24], cada delito quede marcado en el futuro como empresa fracasada.

Estoy de acuerdo con Frisch en que en nuestro contexto jurídico, que es el del Estado democrático de Derecho, las penas más altas no están contempladas para aquellos delitos en los cuales existen altas necesidades de intimidación, sino para aquellos que merecen un especial desvalor. Por tanto, más que de intimidar, se trata de transmitir un mensaje sobre la medida del merecimiento de reprobación de las formas de conducta indeseadas, mediante marcos

23 Feijoo Sánchez, B., *Retribución y prevención general*, pp. 633 ss.; El mismo, *La pena*, pp. 265 ss.; Günther, K., *Schuld und kommunikative Freiheit*, Ed. Vittorio Klostermann, 2005, pp. 251 s; Kindhäuser, U., "Rechtstreue al Schuldkategorie", *ZStW* 107, pp. 701 ss.; El mismo, "Schuld und Strafe, Zur Diskussion um ein "Feindstrafrecht"", *Friedrich Christian Schroeder-FS*, Ed. C. F. Müller, 2006, pp. 87 ss; Pawlik, M., *Person, Subjekt, Bürger*, Ed. Duncker & Humblot, 2004, pp. 84 s., "Das Strafrecht der Gesellschaft. Sozialphilosophische und sozialtheoretische Grundlagen von Günther Jakobs´ Strafrechtsdenken", en AA.VV., *Strafrecht und Gesellschaft*, Ed. Mohr Siebeck, 2019, pp. 224 s. y *Normbestätigung und Identitätsbalance. Über die Legitimation staatlichen Strafens*, Ed. Nomos, 2017, pp. 34, 43. En contra de Feuerbach y su idea de que la ley se dirige al ciudadano como ser de la naturaleza causalmente determinado con base en este tipo de argumentos Pawlik, "Die Aufhebung der Strafbarkeit", Koch, A./Kubiciel, M./Löhning, M./Pawlik, M.(Edits.), *Feuerbachs Bayerisches Strafgesetzbuch*, Ed. Mohr Siebeck, 2014, p. 317.

24 Sobre la última versión de la teoría de la pena de este autor Feijoo Sánchez, B., *La pena*, pp. 244 ss.

penales clasificados en diferentes severidades según determinadas formas de conducta. Las normas penales desvaloran conductas y las gradaciones de los marcos penales son declaraciones sobre la mayor o menor medida de merecimiento de reprobación de determinadas acciones. Si el hecho es desvalorado como un injusto merecedor de pena, ésta debe basarse en las mismas razones axiológicas que fundamentan la definición de una conducta como tipo de injusto[25].

La norma de conducta garantizada mediante pena tiene una función compleja. Es reduccionista tomarla en consideración sólo como un medio para intimidar o disuadir a potenciales delincuentes. No sólo delimita el ejercicio legítimo de la libertad, sino que garantiza, reconoce y protege ámbitos de libertad y posiciones jurídicas legítimas y, en correspondencia, permite defenderlos frente a agresiones ilegítimas y en situaciones de necesidad. Las normas no sólo se dirigen a potenciales delincuentes, sino que son redes de expectativas recíprocas de comportamiento (qué podemos hacer, qué no podemos hacer, qué podemos esperar de los otros, qué esperan los otros de nosotros, etc.). Por ejemplo, cuando se decidió introducir el art. 172 ter CP, que tiene como elemento esencial que el acoso se realice de forma insistente y reiterada, se desvaloró con ello una conducta reprobable, garantizando de esa manera la posición jurídica de los potenciales acosados y modificando sus posibilidades de defensa y protección jurídica. Las normas no sólo limitan la libertad, sino que configuran la libertad de todos. En este sentido tiene gran relevancia su papel en la interacción con respecto a lo que lo que los economistas denominan costes de transacción indirectos, que se convierten en términos jurídicos en costes de libertad. Por ejemplo, cuando en el año 2015 se generalizó el desvalor de la administración desleal del patrimonio ajeno, ello supuso un ahorro en los costes de transacción por parte de aquéllos que se ven obligados a confiar la gestión de su patrimonio a otras personas o entidades. Si, por ejemplo, la prohibición de matar se fuera erosionando por una infracción continuada sin respuesta, de tal manera que acabara perdiendo su vigencia social, los costes de transacción serían tremendos. La progresiva erosión de las normas corroe a su vez la libertad general y condiciona negativamente la interacción social. El Estado mediante las normas no determina directamente los procesos neuronales de los individuos que se encuentran sometidos a sus leyes, en la línea de la teoría de la coacción psicológica, sino que configura y establece las condiciones de convivencia e interacción en una determinada sociedad civil.

III. Crítica de la intuición o del sentimiento de justicia como criterio de legitimación de la punición abstracta

Volviendo de nuevo a Roxin, su concepción de la prevención general integradora orientada a conseguir efectos positivos a largo plazo desde la perspectiva de la psicología social pretende incorporar las valoraciones

25 Robles Planas, R., "Merecimiento y necesidad de la prohibición penal", en *LH Luzón Peña*, Ed. Reus, 2020, p. 382 (""*el merecimiento de pena aparece como el elemento central de la decisión político-criminal relativa a la incriminación de conductas*").

sociales relacionadas con sentimientos de justicia o de merecimiento[26]. Como ha señalado otro autor representativo de una forma de prevención alternativa a la negativa, como HASSEMER, no es obligatorio ni evidente circunscribir los efectos preventivo-generales a la intimidación de infractores potenciales[27]. LUZÓN PEÑA, por ejemplo, ha denominado recientemente este entendimiento de la prevención general positiva como "prevención de convicción social o general"[28]. Si se quiere conseguir que la pena impuesta por el órgano judicial tenga estos efectos permitiendo una práctica de penas mesuradas que se puedan entender como justas por la población, tales efectos deberían ser ya tomados en consideración en el momento de la determinación legal de la pena. El marco penal debería ya circunscribirse a penas que se puedan entender por la generalidad como justas. Ello, como ya he señalado, sería incompatible con un marco penal preferentemente orientado a fines intimidatorios. Es necesario, por consiguiente, que la ley se oriente a una estrategia preventivo-general no intimidatoria y tenga otras dimensiones. Sin embargo, si el aseguramiento de un comportamiento generalizado conforme a la norma o del cumplimiento normativo pasa necesariamente por la intimidación o coacción psicológica y la prevención general positiva tiene reservado su papel protagonista simplemente para la individualización judicial de la pena, poco puede hacer ésta con respecto a marcos penales desproporcionados determinados por necesidades de intimidación. La única conclusión posible es que la dinámica de imposición de penas que puedan ser consideradas por la generalidad como justas y que permitan un efecto integrador a largo plazo, no sólo debe abarcar el momento de la imposición, sino ya el momento previo del establecimiento legal de marcos penales. La prevención general positiva llega demasiado tarde si, como hace un sector importante de la doctrina alemana y española, se limita a tener un papel en el momento de la imposición de la pena para controlar o limitar los excesos de la prevención intimidatoria.

Así, por ejemplo, señala ÁLVAREZ GARCÍA[29], en referencia a la doctrina italiana y a ANDENAES, como la propensión al terror estatal se podría limitar si no se olvida que para el cumplimiento normativo más que el grado de severidad cuenta el que la pena sea percibida o sentida como justa y tanto el sistema en general como la norma concreta a aplicar como legítimos. Pero esto ya nada tiene que ver con la intimidación o disuasión.

Para superar los inconvenientes mencionados algún autor como TONIO WALTER[30] defiende, en el marco de una teoría retributiva de la pena que tenga

---

26 KASPAR, J., *Strafen „im Namen des Volkes"?*, pp. 73 ss.; ROXIN, C./GRECO, L., *Strafrecht*, 3/53.

27 "Variationen der positiven Generalprävention", en SCHÜNEMANN, B./V. HIRSCH, A./JAREBORG, N., *Positive Generalprävention*, Ed. C. F. MÜLLER, 1998, pp. 34 ss., 41 ss. Como señala en MUÑOZ CONDE, F./HASSEMER, W., *Introducción a la Criminología y al Derecho Penal*, Ed. Tirant lo Blanch, p. 327, "*las normas se estabilizan en las personas y en los grupos por el convencimiento de que son idóneas para mejorar la convivencia, y muy difícilmente sólo por la intimidación, por el miedo a la represión*".

28 *Lecciones de Derecho Penal, Parte General*, 3ª ed., Ed. Tirant lo Blanch, 2016, 1/51.

29 *Consideraciones sobre los fines de la pena*, pp. 139 s.

30 *Strafe und Vergeltung-Rehabilitation und Grenzen eines Prinzips*, Ed. Nomos, 2016, pp. 18 ss. Una recensión a esta obra en Ex Libris InDret 3/2017, pp. 13 ss. Réplica a su vez de

como objetivo una utilidad social con una fundamentación sociológico-empírica (teoría retributiva apoyada empíricamente y sociológicamente orientada), que el legislador debería hacer un mayor esfuerzo para orientarse a las necesidades retributivas y punitivas de los ciudadanos cuando fija el marco penal de las figuras delictivas. En este sentido la introducción de tipos penales y la medida del marco penal (el sí y el cuánto de la pena) debería depender de las intuiciones, necesidades y actitudes de la población sobre la base de una investigación empírica que les conceda plausibilidad. En la búsqueda de las penas adecuadas entiende este autor alemán que el legislador debería tomar en consideración de forma más intensa conocimientos empíricos al respecto y se debería preocupar de mejorar dichos conocimientos. El referente, según este autor, no sería una masa informe de opiniones recabadas a través de encuestas a realizar cada cierto tiempo, sino un ciudadano informado de la realidad criminal y de las sanciones. Es significativo e interesante para el tema de reflexión de este trabajo que este autor entienda que se puede definir su teoría con el nombre de "prevención general retributiva" como hace su discípulo Tobias Andrissek[31]. Entiende que la retribución no es un fin en sí misma, sino un fin mediato para conseguir el fin auténtico que consistiría en la estabilización de la confianza de la población en el ordenamiento jurídico y del Estado. Si se cumple este programa se evitarán a largo plazo nuevas violaciones de la norma y ello servirá de forma mediata a la prevención de delitos.

Andrissek desarrolla estas mismas ideas bajo el nombre de teoría retributiva de la prevención general o prevención mediante retribución[32] considerando que el fin legitimante de la pena sería la satisfacción de las necesidades de justicia. Este autor insiste en que el referente de punición de conductas concretas no deben ser sentimientos inconscientes o necesidades colectivas de castigo, sino intuiciones profundamente arraigadas de justicia que se puedan expresar y asumir de forma razonable o que generen un amplio consenso sobre su reprochabilidad moral.

La posición de estos autores está emparentada con la teoría del "merecimiento empírico" (*empirical just desert*) de Robinson, que defiende que la individualización de la pena no se debe regir por lo necesario para la disuasión, sino de acuerdo a las intuiciones o representaciones de justicia de la comunidad averiguadas mediante estudios empíricos (teoría definida por el propio autor como consecuencialista, pero que permitiría un armisticio entre

---

mi recensión en Ex Libris InDret 4/2017, pp. 22 ss., profundizando en algunos aspectos de su pensamiento. Vid. también el libro colectivo Kaspar, J./Walter, T. (Edits.), *Strafen "im Namen des Volkes"?*, Ed. Nomos, 2019, con el significativo subtítulo de "Sobre la relevancia jurídica y político-criminal de las necesidad de pena de la población detectables empíricamente". Walter expone su posición en pp. 49 ss.

31 Considera Walter que la diferencia con la mayoría de las teorías de la prevención general positiva es que él aboga por una concepción empírica de la "paz jurídica", de tal manera que no es irrelevante si la pena cumple los efectos positivos en la sociedad que se esperan (*Strafen „im Namen des Volkes"?*, p. 6).

32 *Vergeltung als Strafzweck*, Ed. Mohr Siebeck, 2017, pp. 86, 146 ss., 237

teorías preventivas y retributivas)[33]. ANDRISSEK destaca las coincidencias y el soporte empírico del que se sirve WALTER se basa en parte en experimentos en los que ha participado el autor estadounidense[34].

Estos planteamientos se pueden entender como una prevención general positiva de enfoque empírico o empíricamente fundamentada[35]: se trata de una teoría de la punición de conductas concretas que busca un sustento empírico en consensos sociales o intuiciones comunes que deben ser averiguadas empíricamente mediante investigaciones[36].

Dejando incluso de lado los problemas metodológicos de detalle[37], los marcos penales orientados a sentimientos o intuiciones de justicia -aunque sean permanentes o estables y no coyunturales- no garantizan, sin embargo, penas proporcionadas a la gravedad del injusto. No existe una correspondencia predefinida entre la pena proporcional al injusto culpable y la pena que una mayoría puede considerar necesaria de acuerdo con sus necesidades retributivas, intuiciones, sentimientos o apetitos de justicia[38]. Como ha reconocido honradamente ROBINSON, el principal problema de cualquier teoría demasiado condicionada por efectos de psicología social radica en lo que denomina la ceguera colectiva ante la injusticia, especialmente cuando dicha ceguera viene determinada por emociones de inseguridad, miedo, "pánicos morales", asco o repugnancia o se basa en una separación, distanciamiento o barrera emocional y psicológica tajante entre el delincuente y "nosotros"[39]. Esto se produce cuando el entrevistado sólo se ve como víctima potencial pero nunca como autor potencial del hecho. Pero también se puede producir si sobre la cuestión existen posicionamientos políticos. ROBINSON asume así un

---

33 *Principios distributivos*, pp. 123 ss. Recensión de RODRÍGUEZ HORCAJO, D., *InDret* 4/2012. Sobre la teoría de la pena de este autor FEIJOO SÁNCHEZ, B., La pena, pp. 125 ss., con ulteriores referencias.

Sobre la investigación de psicología social que tiene por objeto los sentimientos de justicia MÜLLER, M., *Vergeltungsstrafe*, pp. 83 ss., con amplias referencias a los conocimientos empíricos sobre esta materia. Sobre los experimentos de DARLEY y ROBINSON, que acreditan que los ciudadanos a la hora de imponer la pena concreta tienen como idea preferente la de merecimiento frente a otras como la inocuización e intimidación, pp. 112 ss. Dichos experimentos demuestran una tendencia a imponer una pena proporcional a la conducta defectuosa. La adecuación al hecho se muestra como el factor más relevante para satisfacer las necesidades punitivas, tanto individuales como colectivas.

34 Vid. sus contribuciones en KASPAR, J./WALTER, T. (Edits.), *Strafen „im Namen des Volkes"?*, pp. 13 ss. y 39 ss.

35 KASPAR, J., *Strafen „im Namen des Volkes"?*, pp. 70 s., entiende que se trata de una teoría que debe ser ubicada en el marco teórico de la prevención general positiva.

36 ANDRISSEK, T.R., *Vergeltung*, pp. 237 s.

37 En profundidad, MÜLLER, H.E./SCHMOLL, A., "Deliktsschwereforschung als Grundlage eines gerechteren Strafrechtssytems?", en KASPAR, J./WALTER, T. (Edits.), *Strafen „im Namen des Volkes"?*, Ed. Nomos, 2019, pp. 120 ss.

38 KASPAR, J., *Strafen „im Namen des Volkes"?*, p. 71, señalando los problemas constitucionales de una fundamentación de la punición o de su incremento en la insatisfacción de la mayoría para una intromisión en derechos fundamentales tan intensa como la pena.

39 SUNSTEIN, C.R., *Leyes de miedo*, Ed. Katz, 2009, pp. 127 ss.

déficit al que Walter no se quiere enfrentar: lo que importa es la percepción de la comunidad de que se está haciendo justicia pero no que el sistema esté efectivamente contemplando e imponiendo penas merecidas.

Si, en un sentido algo distinto, la referencia pasan a ser sentimientos o intuiciones racionales de justicia, se estará utilizando un baremo que no tiene que ver con los sentimientos o las intuiciones, sino con la racionalidad o lógica social[40].

Comparto con estas teorías del merecimiento basadas en experimentos que destaquen el valor que tiene el merecimiento de pena para determinar el marco penal abstracto, así como sus críticas a las teorías de la prevención general intimidatoria o disuasoria. Es mejor orientar los marcos penales a lo que se entiende por la generalidad como justo que a lo que hipotética y especulativamente necesitarían los autores potenciales[41]. Sin embargo, creo que las intuiciones o los sentimientos de justicia pueden servir, a lo sumo, como indicios del desvalor que intersubjetivamente se merece una conducta, pero no garantizan una proporcionalidad entre el marco penal y el desvalor que se merece una conducta como injusto, ya que tal desvalor depende de criterios normativos coherentes y sistemáticos[42]. Si, como afirma Robinson[43], *"lo que obtiene dividendos para el control del delito es la percepción de la comunidad de que se está haciendo justicia, y no que el sistema esté efectivamente haciendo justicia"* habría que asumir que en caso de conflicto lo decisivo es contemplar la pena aceptable por la generalidad aunque no manifieste una adecuada proporción con la gravedad del hecho desvalorado por la norma debido, por ejemplo, a su escasa lesividad social en relación con la indignación que genera. Sin embargo, desde una perspectiva jurídica no es asumible una pena que, si bien puede ser sentida por la mayoría como justa, no se corresponda con criterios de merecimiento y proporcionalidad del propio ordenamiento jurídico. Esto es obvio en supuestos de normas o penas inconstitucionales (por ejemplo, incrementos de la pena en caso de delitos cometidos por inmigrantes ilegales).

---

40 Un teórico de primer nivel de las ciencias sociales como Baurmann, M., "Strafen aus Spass? Experimentelle Befunde zum Sanktionsverhalten", en Prittwitz, C. y otros (Edits.), *Rationalität und Empathie. Kriminalwissenschftaliches Symposion für Klaus Lüderssen zum 80. Geburtstag*, Ed. Nomos, 2014, pp. 66 s., señala como en los experimentos de psicología social los participantes no actúan de acuerdo a una racionalidad de "reglas naturales", sino trasladando a los experimentos las condiciones de vida, instituciones y normas que corresponden a su praxis y contexto social. Las intuiciones y sentimientos son aprendidos a través de la interacción social (Hallmann, A., *Gebundene Freiheit und strafrechtliche Schuld*, Ed. Mohr Siebeck, 2017, pp. 105 ss.), por lo que son reflejo de una determinada lógica social.

41 Sobre el fin de la intimidación como no realista y sin posibilidades de procesamiento racional Frisch, W, *Schünemann-FS*, pp. 58 ss., considerando que lo máximo que se puede impedir es una parte de los delitos que se cometerían sin pena. Sobre la coacción psicológica como una teoría altamente especulativa *Feuerbachs Bayerisches Strafgesetzbuch*, pp. 197 s.

42 Silva Sánchez, J. Mª, *Malum passionis*, pp. 50 ss., 64 s.

43 *Principios distributivos*, p. 186.

IV. CONCLUSIÓN: COMUNICACIÓN EN LUGAR DE CONMINACIÓN

Tal y como se ha expuesto, ni la intimidación explica satisfactoriamente el Derecho positivo ni las intuiciones de justicia representan una alternativa válida para anclar los marcos penales al desvalor jurídico que se merece el hecho. La alternativa que ofrezco es entender la prevención en términos comunicativos distintos a la persecución de ciertos efectos positivos de psicología social[44], que no son más que un síntoma de un sistema que es aceptado en su funcionamiento por la generalidad.

En mi opinión, desde la perspectiva de una teoría comunicativa de la pena no dirigida directamente a prevenir instrumentalmente conductas concretas, sino a estabilizar la norma de conducta y prevenir la anomia como efecto de una dinámica continuada de infracciones sin respuesta, cae por su propio peso la dependencia del marco penal de la relevancia de cada norma de conducta para el correcto funcionamiento de la vida social[45]. Ello permite penas proporcionadas al injusto y la culpabilidad. Si el delito es una puesta en entredicho de una norma concreta mediante su infracción[46], el máximo de pena o la gravedad del marco penal debe venir determinado por la importancia que tenga para la sociedad el mantenimiento de la vigencia real de esa norma al margen de los motivos del autor, los impulsos delictivos que existan en la población o, incluso, las intuiciones de justicia generalizadas. Para dicha valoración no sólo cobran relevancia los valores que protege, sino también la peligrosidad objetiva y estructura típica -lesión, peligro concreto o peligro abstracto- y otros requisitos objetivos -deberes especiales- y subjetivos -intención de quedarse con la cosa y no devolverla-, etc. La funcionalidad social de la norma es lo relevante y no la lesión de los derechos o bienes de la víctima concreta (el "*harm principle*" formulado por JOHN STUART MILL). Ciertamente en los delitos contra bienes jurídicos individuales el grado de victimización puede ser relevante (el carácter degradante o vejatorio de la violencia en las agresiones sexuales), pero como demuestra el castigo con pena de multa del homicidio por imprudencia menos grave (art. 142.2 CP), existen otros factores más relevantes.

---

44 En tiempos recientes FRISCH, W., *GA* 2019, pp. 537 ss.

45 Sobre la prevención general como estabilización normativa FEIJOO SÁNCHEZ, B., *La pena*, pp. 257 ss. y "La estabilización normativa como fin de la pena: ¿Puro teatro?", en *Estudios de Derecho Penal. Homenaje al profesor Santiago Mir Puig*, Ed. Bdef, 2017, pp. 309 ss.

46 La pena concreta tiene como objeto estabilizar una norma concreta (o más de una en caso de concurso de delitos) que se ha puesto en entredicho mediante una determinada conducta. En este sentido, ROSTALSKI, F. *Der Tatbegriff im Strafrecht*, Ed. Mohr Siebeck, 2019, p. 80 y passim. En sentido contrario, MÜLLER, M., *Vergeltungsstrafe*, pp. 149 ss., entendiendo que no se trata de la estabilización de la norma de conducta quebrantada, sino de la estabilización del orden jurídico en su conjunto. Este autor (pp. pp. 3, 149 ss., 191 y passim) también busca una fundamentación empírica de la retribución como WALTER y ANDRISSEK, pero, a diferencia de éstos y en el sentido de las teorías funcionales de la retribución como la de PAWLIK entiende que el fin de la pena retributiva sería el mantenimiento de la juridicidad ("Aufrechterhaltung des Rechtszustandes").

Si la pena reaccionara frente a una erosión o puesta en entredicho general del sistema jurídico no sería posible establecer una pena proporcional al hecho concreto y todos los delitos deberían tener un marco común como lesión de la juridicidad.

La prevención estabilizadora que defiendo no tiene como fin prevenir directamente los delitos concretos o determinadas dinámicas delictivas, sino más bien ciertos efectos nocivos del delito para la sociedad y la vida en común. La gravedad de tales efectos se encuentra en proporción directa a la relevancia de la norma infringida. Ello permite un punto de encuentro de las teorías basadas en la justicia y el merecimiento (el núcleo correcto de las teorías retributivas) con las teorías basadas en las necesidades sociales (en mi opinión, de estabilización normativa) no sólo para la pena impuesta judicialmente, sino también para la pena en la ley[47].

Es cierto que la proporcionalidad depende del máximo de pena que en general se estime necesaria por razones preventivas. La proporcionalidad concreta o relativa depende de la denominada proporcionalidad general, absoluta o cardinal[48]. En este punto una teoría preventiva de la estabilización ofrece un criterio que la retribución con la idea de una pena adecuada a la culpabilidad o merecida no puede prestar, ya que no existe tal medida para la concreción de marcos penales abstractos. Si dejamos de lado la -contra-empírica- idea de la influencia directa de la magnitud de pena en las conductas y de que cuanto mayor es el castigo menores son las cifras de delincuencia y, por el contrario, ponemos el foco en que lo importante es que el delito no se quede sin respuesta[49], se puede llegar a la conclusión de que no serían necesarias para los casos más graves penas superiores a los 20 o -en una rebaja gradual- 25 años de prisión. A partir de esa cifra los efectos estabilizadores de una pena superior son insignificantes o nulos. Es decir, podríamos volver a los criterios iniciales del Código Penal de 1995. En cuanto a la criminalidad menos grave, una visión comunicativa del fenómeno punitivo abre las puertas a mayores posibilidades de atenuación o de sustitución de la pena por razones ajenas al injusto y la culpabilidad que las teorías retributivas o más instrumentales de la prevención general y permite la búsqueda de alternativas que hagan innecesario el recurso a la pena concreta. Una teoría de la prevención general alternativa a la negativa o intimidatoria permite penas no excesivamente severas sino, por el contrario, merecidas y proporcionadas a la gravedad del injusto, sin que ello vaya en detrimento de los efectos preventivos de la pena. Este fue el propósito de las teorías de la prevención general positiva desde el final del pasado siglo, si bien su defecto es que pusieron un excesivo énfasis

---

47 En sentido contrario Hörnle, T., *Straftheorien*, p. 64. Esta autora considera que una teoría de la pena convincente no puede ser desarrollada a partir de explicaciones unidimensionales. Insiste en las diferentes perspectivas temporales de la pena: proactiva en la norma o retroactiva en el momento de la imposición.

48 Sobre ello Basso, G., *Determinación judicial*, pp. 303 ss., que concluye resaltando como *"los fines del castigo ostentan una relevancia prevalentemente cardinal en la determinación de la pena individual"* (p. 344). Señala Silva Sánchez, J. Mª, *Malum passionis*, p. 60, como *"la proporcionalidad cardinal de la pena es mucho más difícil de establecer que la proporcionalidad ordinal"*.

49 De acuerdo con mis contribuciones en este sentido Basso, G., *Determinación judicial*, pp. 340 ss., resaltando como *"los efectos preventivos no dependen tanto de la severidad de las penas -legales o judiciales-, sino de la ausencia de impunidad"*.

en los efectos de psicología social o de masas, igual de especulativos que los efectos intimidatorios[50].

La vieja idea de la seriedad de la amenaza para justificar la imposición de la pena se debe sustituir por la seriedad de la comunicación. A medida que Feuerbach fue abandonando -por las críticas recibidas- el argumento de Grocio[51] del consentimiento de la pena[52] en el momento la comisión del delito, que se basaba en la presunción o ficción jurídica de que si el autor del delito, conociendo las consecuencias del delito, decide cometerlo asume dichas consecuencias y debe aceptarlas, cobró fuerza en su modelo la idea de que el fin de la imposición de la pena radica en respaldar la conminación legal y hacer creíble la amenaza ya que sin aquélla ésta sería ineficaz[53].

En este sentido el autor alemán tenía razón si, abandonando la idea de conminación, entendemos que la comunicación de la norma de conducta sería ineficaz sin imponer el mal anunciado. De nada sirve que la ley desvalore ciertos hechos con una pena si una vez cometida la infracción dichos hechos quedan sin castigo. El Estado no puede ser inconsecuente en el momento en el que se ha cometido la infracción con respecto a lo que ha dicho previamente. Eso es lo que genera déficits en la prevención general: un delito sin respuesta o con una re-acción insuficiente por parte del Estado implica una progresiva erosión o un gradual debilitamiento de la norma infringida[54]. Si la omisión continuada se convierte en sistemática y lo que promete la ley no se corresponde en absoluto con la realidad se dará una situación de anomia. Por ello lo importante no es castigar mucho de forma puntual, sino reaccionar en todas las ocasiones, incluso aunque la pena llegue a ser inferior a la del marco penal por ser preventivamente suficiente o menos necesaria para la estabilización por razones adicionales a la infracción de la norma que hacen que la puesta en entredicho sea considerada menos intensa (por ejemplo, error de prohibición difícilmente vencible o reparación muy cualificada). Si bien ya he expuesto como la pena contemplada legalmente viene determinada por la importancia social de la norma a estabilizar, la pena puede irse viendo reducida no sólo por una menor culpabilidad, sino también por la presencia de factores ajenos al injusto y la culpabilidad que reduzcan las necesidades de

---

50 Feijoo Sánchez, B., *La pena*, pp. 204 ss.

51 *De iure belli ac pacis*, Libro II, Cap. XX, II.3

52 Sobre los argumentos referidos a la demostración de la seriedad de la amenaza o al consentimiento del infractor en sentido crítico Feijoo Sánchez, B., *La pena*, pp. 78 ss., 116 ss.; Seelmann, K., *Estudios de filosofía del Derecho y Derecho penal*, Ed. Marcial Pons, 2013, pp. 91 s., 94.

53 Como ha señalado Frisch, W., *Feuerbachs Bayerisches Strafgesetzbuch*, pp. 194, 198 el fundamento de la imposición de la pena se encuentra en las condiciones de eficacia de la amenaza. Ha trabajado especialmente este aspecto de que la amenaza que no se cumple pierde su seriedad y deja de ser real Greco, L., *Feuerbachs Straftheorie*, pp. 420 ss.

54 Recientemente Frisch, W., *GA* 2019, pp. 546 ss. Robles Planas, R., *LH Luzón Peña*, p. 389, en referencia a las posiciones de Jakobs, Frisch y la mía propia, señala con respecto a la necesidad de imposición de la pena como, mientras para algunos autores la finalidad se limita a confirmar la seriedad de la prohibición penal, "*para otros, en cambio, la imposición de pena persigue, además de confirmar la norma, sobre todo evitar la erosión que sufriría en caso de que no se reaccionara, postura esta que resulta más rica que la anterior y por ello preferible*".

estabilización (por ejemplo, auxilio a la víctima que ya no puede ser definido como desistimiento, confesión bajo determinadas condiciones o mediación exitosa). La reducción de la severidad en la práctica también depende de estas posibilidades.

Una reacción continuada en el tiempo previene mejor la progresiva erosión de la norma, estabilizándola a pesar de la infracción, que una severidad ocasional basada en criterios casuales o arbitrarios. Los estudios empíricos vienen demostrando que los efectos preventivos de la pena en la población no dependen tanto de la dureza de la misma, sino de que comunique con suficiente energía la desaprobación del hecho[55]. Un exceso de energía coactiva también tiene costes desde la perspectiva de la prevención general, siempre que ésta no sea concebida en sentido intimidatorio para potenciales delincuentes, sino como comunicación dirigida a la generalidad de los ciudadanos. Acrecienta la entropía social tanto como la impunidad.

Existen una serie de experimentos de los que se puede deducir que un entorno ordenado fomenta el sentido de la responsabilidad y el comportamiento correcto[56], más condicionado por el cumplimiento generalizado que por la disuasión individual. El mantenimiento constante del orden jurídico facilita el cumplimiento normativo más que la coacción. Incluso en situaciones en las que surge una oportunidad favorable al delito, el cumplimiento depende del entorno normativo, sobre todo cuanto más nos alejamos de normas que tengan un fuerte respaldo ético o moral. Por mencionar uno de los experimentos a los que hago referencia[57], se colocó atascado en la boca de un buzón de correos un sobre mal cerrado, pero con el destinatario bien indicado, del cual sobresalía el extremo de un billete de cinco euros. Cuando el buzón y su entorno estaban impecables predominaron las conductas cívicas (cerrar el sobre y empujarlo al fondo del buzón), pero cuando estaban sucios (pintadas, suelo lleno de papeles y desechos) predominó la conducta de llevarse el dinero. En ambos casos la severidad de la pena era la misma.

Experimentos como el mencionado, que han sido desarrollados en ambientes y entornos variados, indican que existe un colectivo que incurre en conductas contrarias a la norma con independencia de que exista un cumplimiento generalizado (que oscila entre el 20 y el 30 % de la población). Por el contrario existe otro que suele observar siempre las normas, incluso aunque haya evidencias de que el resto no las respeta (que se mueve también entre el 20 y el 30 %). De tales datos se puede inferir que la mayoría de los ciudadanos (entre el 40 y el 60 %) muestra una tendencia a respetar o a saltarse las normas en función de lo que observa en su entorno. Si surge la oportunidad de infringir la norma en un entorno de cumplimiento se amoldan al mismo, pero ante un entorno de transgresión optan por conductas indebidas. Si tenemos en cuenta que la minoría antisocial está poblada por psicópatas y personas con rasgos

---

55 Feijoo Sánchez, B., *La pena*, pp. 270 ss., con ulteriores referencias.

56 Tobeña, A., *Neurología de la maldad*, Ed. Plataforma Editorial, 2017, pp. 27 ss.; Pinker, S., *Los ángeles que llevamos dentro*, Ed. Paidós, 2012, pp. 181 s., ambos con ulteriores referencias a los diversos experimentos.

57 Keizer, K., Lindenberg, S., Steg, L., "The Spreading of disorder", *Science*, vol. 322 (2008), pp. 1681 ss.

psicopáticos que les inmunizan frente al miedo y la intimidación o infractores impulsivos con escasa capacidad inhibitoria, así como en muchos casos las propias situaciones no permiten las condiciones que son necesarias para una prevención intimidatoria, lo más inteligente parece ser centrarse en que la mayoría se mantenga del lado de la ley. Para este objetivo son más eficaces penas merecidas y proporcionadas al hecho que penas que se orienten a la contención de una minoría.

Teoría de los actos neutrales y participación delictiva. Los límites de la participación criminal en los delitos económicos*

Sumario.- 1. Un caso de partida; 2. La solución del caso con base en criterios clásicos; 3. Nuevas perspectivas. El estado actual de la cuestión; 4. Clarificación conceptual de la definición de una conducta como neutral. De lo fenomenológico a la cuestión normativa esencial; 5. La situación actual: hacia una mayor restricción del ámbito de la participación; *5.1 Estado actual de la cuestión en la jurisprudencia; 5.2 El debate doctrinal actual; a) Partidarios de que la función esencial del Derecho Penal es la protección de bienes jurídicos; b) Partidarios de que la función esencial del Derecho Penal es la protección o estabilización de normas esenciales (JAKOBS, FRISCH, ROBLES, FEIJOO)*; 6. Solución al caso planteado; 7. Tendencias; *7.1. Con respecto a los delitos económicos; 7.2. Con respecto a la criminalidad de empresa.*

1. Un caso de partida

La entidad A era propietaria de una finca en las que se encontraban ubicadas las instalaciones fabriles de la empresa M.

El administrador de A vende dicha finca a la empresa B en documento privado por un precio que se fijó en 380.000.000 de euros de los que B pagó 30.000.000 posponiéndose el pago del resto a la efectiva entrega de las propiedades libres de cargas y, particularmente, libre de las instalaciones de M.

Las fincas no fueron entregadas por A conforme a lo convenido.

A la vista de que las fincas no les eran entregadas, B interpuso demanda contra el vendedor, reclamando el cumplimiento del contrato de compraventa y la consiguiente entrega de las fincas o, subsidiariamente, la resolución del mismo. Dicha demanda dio lugar a la anotación preventiva de la misma en el Registro de la Propiedad.

El administrador de A, para burlar los derechos de crédito de los trabajadores, antes de declarar el concurso, pagó los 30.000.000 más intereses a cambio de retirar la anotación preventiva, cosa que la empresa B cumple

* Se ha intentado mantener en el texto el tono informal, didáctico y expositivo de la ponencia original. Se han añadido notas a pie de página que pueden ayudar a profundizar en el tema. En todo caso, por las limitaciones del presente trabajo, para desarrollos previos me remito a mi monografía Límites de la participación criminal y a pp. 50 a 61 de mi monografía Derecho penal de la empresa e imputación objetiva, lo que me permite ser más selectivo en referencias y citas a la evolución del tema.

en cuanto cobra. De esta manera B obtenía una satisfacción patrimonial que difícilmente hubiera podido conseguir como acreedor en el procedimiento concursal al no ser su crédito privilegiado. En cuanto se retira la anotación, el administrador de A vende la finca a bajo precio y hace desaparecer el dinero frustrando los intereses económicos de trabajadores y otros deudores.

El administrador de B, que tenía un amigo en la asesoría jurídica de la empresa A, cuando aceptó la oferta de B y ordenó retirar la anotación, preveía como bastante probable que el administrador de B quisiera levantar el embargo para insolventarse fraudulentamente.

Este caso se puede formular en términos abstractos: ¿Debe responder como partícipe aquél que se encuentra en una situación que le permite dificultar o impedir un delito económico (barrera casual) y es consciente de que no se puede excluir dicha comisión? Para responder esta pregunta entiendo de partida que es indiferente si el conocimiento tiene un origen casual (comentarios de un amigo) o se puede entender que la situación presentaba por sí misma una serie de indicios que no fueron ignorados.

2. La solución del caso con base en criterios clásicos

En el marco de las teorías clásicas del delito (teorías causales, doctrina final de la acción, etc.) la posición dominante era que, si concurre cualquier modalidad de dolo (tanto como elemento de la culpabilidad como del injusto), hay participación[1]. Los límites normativos que se intentaron introducir como la clásica "teoría de la prohibición de regreso" de FRANK[2] sólo afectaban a favorecimientos imprudentes de una conducta dolosa y culpable[3]. Si la

1 LESCH, *Schiller-FS*, p. 449 recoge esta idea con la fórmula: responsabilidad = resultado + causalidad + dolo.

2 Sobre esta teoría tradicional de la prohibición de regreso, FEIJOO SÁNCHEZ, *Límites*, pp. 20 ss.; GRECO, *Complicidad*, p. 50; FRISCH, *Tatbestandsmässiges Verhalten*, pp. 233 ss.; KINDHÄUSER, *Paeffgen-FS*, pp. 129 ss.; MARAVER GÓMEZ, *Principio de confianza*, pp. 197 ss., 228 ss.; ROBLES PLANAS, *Participación*, pp. 82 ss. El problema es que, con independencia de que un Código Penal pueda establecer la atipicidad general de la participación imprudente (sin que a su vez se reconvierta en autoría), como criterio normativo general es inaceptable porque iguala el tratamiento de garantes (tenedor o proveedor legítimo de armas de fuego o explosivos) y no garantes. La exclusión de la responsabilidad sólo estaría justificada en este último caso. En sentido contrario en tiempos recientes, CUELLO CONTRERAS, CPC 2012, pp. 97 ss., recupera esta idea tradicional no sólo con respecto a actuaciones imprudentes, sino que lo extiende también a las omisivas, considerando que la participación imprudente y por omisión están excluidas en nuestro ordenamiento. El dominio del hecho propio del delito de acción doloso excluiría completamente, según este autor, la responsabilidad de los que han actuado previamente de forma imprudente u omisiva. De esta manera recupera versiones de la teoría tradicional más recientes que ponen el foco de atención en la imposibilidad de dominar o controlar el curso causal una vez que interviene posteriormente un autor que actúa dolosamente.

3 El finalismo, al no reconocer un dominio final del hecho en el delito imprudente, convirtió la participación imprudente en autoría en virtud de un concepto extensivo de autor en el delito imprudente. Cfr. por diversos lugares FEIJOO SÁNCHEZ, *Verbrechenslehre Hans Welzels*, pp. 187 ss. Dejaremos de lado esta cuestión por la escasa incidencia de la imprudencia en los delitos económicos en sentido estricto.

participación sólo queda limitada en caso de un error que excluya el "doble dolo" del partícipe[4], la respuesta que podemos denominar clásica para el caso de partida es evidente: habiendo al menos dolo eventual y una relación causal hay participación.

Sin embargo, hoy existe un amplio acuerdo doctrinal en que el dolo y la causalidad son criterios insuficientes para abordar la cuestión de la participación en el marco de una sociedad altamente compleja y justificar la existencia de un hecho merecedor de pena.

En el marco de las primeras teorías de la imputación objetiva, que todavía se circunscribían a la imputación de resultados, los criterios básicos con los que se trabajaba eran la previsibilidad objetiva del hecho principal (más que del resultado típico) y el principio de confianza[5]. Si era objetivamente previsible el hecho principal en la medida en la que resultaba reconocible la inclinación o predisposición al hecho de un autor doloso potencial[6] o estaban presentes indicios o evidencias al respecto la conclusión no era distinta: la representación del favorecimiento equivalía a participación.

---

4 No se puede desconocer que existen antecedentes aislados que se remontan a 1840 (Kitka) como v. Bar, *Gesetz und Schuld* II, p. 693 (§ 359) que excluyen la participación mediante dolo eventual (extendiendo coherentemente los mismos criterios al ámbito del encubrimiento). Sobre estos autores (Kitka, Köhler, etc.) que representaron una corriente minoritaria en la doctrina alemana, Robles Planas, *Participación*, pp. 57 ss. y, siguiéndole, Roca de Agapito, *Acciones cotidianas*, pp. 127 ss.

5 Feijoo Sánchez, *Límites*, pp. 34 ss., con ulteriores referencias.

Como señala Greco, *Complicidad*, pp. 12, 36 ss., parte de la relevancia teórica adquirida por esta cuestión radica en que "*se transporta la reciente teoría de la imputación objetiva, desarrollada principalmente en el ámbito de la autoría, también al tipo objetivo de la participación*" para evitar, como hacen las doctrinas tradicionales, que la participación "*se agote en la idea de causación dolosa de un hecho injusto principal*". Pero, evidentemente, ese traslado depende de lo que se entienda como imputación objetiva. Señala con razón con respecto a la construcción de Jakobs como "*no elabora una solución propia para los problemas de las acciones neutrales, la cual correría el riesgo serio de ser ad hoc. El problema se encuentra, simplemente, digerido por su teoría de la imputación objetiva fundada en el quiebre de un rol*" (p. 62). Lo mismo señala con respecto a la teoría de la conducta típica de Frisch (p. 103). El problema de la teoría de la imputación objetiva de Greco es que todavía se encuentra demasiado apegada a la teoría de la causalidad adecuada (modelo probabilístico de imputación) y al criterio de la "previsibilidad objetiva" (aunque se reformule como un sub-principio constitucional de idoneidad como parte integrante del principio de proporcionalidad). Lo formula así: "*El principio de proporcionalidad, principalmente su sub-principio, de idoneidad, puede ser utilizado como directriz de interpretación para restringir el alcance del tipo objetivo de la complicidad*" (p. 198). Sobre las aportaciones de Jakobs y Frisch a la teoría de la imputación objetiva me remito a Feijoo Sánchez, *Resultado lesivo*, pp. 218 ss.

6 Sobre las primeras propuestas doctrinales en este sentido, en sentido crítico, Feijoo Sánchez, *Límites*, pp. 39 ss. Roxin, PG, 26/241 sigue reconociendo a día de hoy el principio de confianza mientras no exista una "*reconocible inclinación al hecho*". Siguiéndole Schünemann, LK, 27/19, reconociendo correctamente como se trata de trasladar las reglas o los principios generales de la imputación objetiva al ámbito de la participación delictiva (*LK*, 17/20, donde señala que no se trata del dato fáctico del incremento causal del riesgo, sino de su desaprobación jurídica).

El criterio de la previsibilidad objetiva -como criterio basado en la probabilidad- presenta siempre el problema de que prácticamente todo es previsible con base en la experiencia -incluso los comportamientos delictivos ajenos- y no tiene en cuenta consideraciones o criterios normativos como la autorresponsabilidad[7]. Aunque el principio de confianza presenta un alcance más amplio y representa un importante límite a la previsibilidad objetiva (modelo de imputación meramente probabilístico o de acuerdo a reglas de experiencia) cuando se trata de comportamientos de personas responsables, sigue ofreciendo un ámbito de restricción bastante limitado[8]. Sólo excluye la responsabilidad mientras que lo que el sujeto tenga en la cabeza o en su mente sean meros indicios abstractos o generales no vinculados al hecho concreto (por ejemplo, el aspecto sospechoso). Por el contrario, queda desvirtuado el principio y ya no está permitido confiar cuando surge algún indicio en la situación concreta[9] (por ejemplo, conocimiento de las malas relaciones entre determinadas personas, de tal intensidad que puede inclinar a alguna de ellas a la comisión del delito o bien la mala situación económica en un caso como el que se ha contemplado al principio). El problema del principio de confianza como único criterio normativo en este contexto es que da por supuesto que existe una competencia o incumbencia que fundamenta la responsabilidad penal y legitima la pena y, por tanto, parte implícitamente de que todos somos responsables o competentes de cualquier comportamiento ajeno que hayamos favorecido causalmente[10]. No admite en ningún caso la posibilidad de una confianza contrafáctica. Por ello sólo un error amparado por la confianza puede excluir la imputación de lo que haga el tercero con el que se está unido causalmente (por tanto, casualmente).

7 En este sentido representativo GRECO, *Complicidad*, pp. 144 ss., aunque acaba defendiendo esta idea a través del criterio de "idoneidad" (pp. 164 ss.), con lo cual identifica imputación objetiva con causalidad adecuada sin tener en cuenta, en mi opinión, otros aspectos normativos más relevantes que la probabilidad o improbabilidad de la conducta de autoría. Sobre la crítica a los autores que utilizan criterios cuantitativos más que normativos vid. infra nota 62.

8 Sobre el recurso al principio de confianza en este ámbito BAUTISTA PIZARRO, *Das erlaubte Vertrauen*, pp. 88 ss., 278; RACKOW, *Neutrale Handlungen*, pp. 186 ss., ambos en sentido crítico.

9 BAUTISTA PIZARRO, *Das erlaubte Vertrauen*, pp. 264 ss.; FEIJOO SÁNCHEZ, *RDPC* 2000, pp. 60 ss.; MARAVER GÓMEZ, *Principio de confianza*, pp. 298 ss. Consideran, en este sentido, que este principio tiene un alcance limitado en este ámbito FRISCH, *Tatbestandsmässiges Verhalten*, pp. 237 ss.; GRECO, *Complicidad*, pp. 52 ss.; KUDLICH, *Unterstützung*, pp. 383 ss., 528; ROBLES PLANAS, *Participación*, pp. 109 ss.

10 Lo que trasladado a una imputación positiva conduce a resultados sorprendentes. Los obreros de una empresa especializada en transporte de pianos que traslada el piano a un concierto de Daniel Barenboim se merecerían los mismos elogios que el concertista por la genial interpretación ya que Barenboim por si solo no habría podido llevar el piano hasta la sala de conciertos. Ellos también deberían salir a saludar cuando el público aplaude y ver reflejados sus nombres en las reseñas de los periódicos.

3. NUEVAS PERSPECTIVAS. EL ESTADO ACTUAL DE LA CUESTIÓN

En los años ochenta (paradigmáticos primero JAKOBS y posteriormente FRISCH) la doctrina llegó a la siguiente conclusión: a la hora de afrontar casos como el propuesto, no se trata de una cuestión de imputación del resultado, sino previa, y la idea de la "previsibilidad objetiva", conocimiento o posibilidad de conocer una inclinación a realizar el hecho es insuficiente porque vivimos en una sociedad de la confianza o, al menos, no vivimos en una sociedad de la desconfianza[11]. Un amplio sector de la doctrina llegó a la conclusión de que se precisaban criterios más estrictos o restrictivos partiendo de que los otros deben ser entendidos como seres auto-responsables y, por consiguiente, nadie debería ser competente de los hechos o del injusto de otro si no existen razones normativas más sólidas que la mera relación de causalidad y un conocimiento que ya no permite confiar.

En este nuevo contexto dogmático vinculado a teorías más normativas del delito[12] y más complejas de la tipicidad es donde ha surgido con especial virulencia el debate alrededor de una "**teoría de los actos o conductas neutrales o neutros**", como construcción dogmática que interrumpe el traspaso de responsabilidades (*regressus ad infinitum*) de ámbitos ajenos a los propios aunque exista una relación de causalidad (**prohibición de regreso de la responsabilidad en sentido moderno**[13]).

4. CLARIFICACIÓN CONCEPTUAL DE LA DEFINICIÓN DE UNA CONDUCTA COMO NEUTRAL. DE LO FENOMENOLÓGICO A LA CUESTIÓN NORMATIVA ESENCIAL

La denominada teoría de los actos neutrales o neutros apareció más bien como un aspecto parcial de un problema dogmático más amplio: los límites normativos de la participación delictiva (imputación del hecho a través del autor). Si se quiere formular de otra manera, límites con base en criterios normativos que son previos o ajenos a la exclusión del dolo o, en su caso, de la imprudencia. En este sentido será tratada la cuestión en este trabajo.

---

11 En profundidad FRISCH, *Tatbestandsmässiges Verhalten*, pp. 268 ss., 295 ss., 350 s. Sobre otros autores en la misma línea como BLOY y FREUND, FEIJOO SÁNCHEZ, *Límites*, p. 46. Desde una perspectiva sistémica fundamenta esta idea LESCH, *Schiller-FS*, pp. 465 ss. Sobre la confianza como elemento esencial del funcionamiento de las sociedades complejas BAUTISTA PIZARRO, *Das erlaubte Vertrauen*, pp. 238 ss.; FEIJOO SÁNCHEZ, *RDPC* 2000, pp. 39 ss., ambos con ulteriores referencias a literatura jurídica y de las ciencias sociales.

12 Representativo FRISCH, *InDret* 3/2014, pp. 14, 17 ss. y passim, defendiendo un concepto comunicativo frente a un concepto fáctico-objetivo de delito.

13 La versión moderna de la prohibición de regreso que tiene su origen en JAKOBS, a diferencia de la clásica, ya establece una distinción esencial entre garantes y no garantes. La interrupción de la imputación ya no depende de la causalidad ni de aspectos subjetivos, sino de la existencia de deberes o del sistema de relaciones jurídicas. Una exposición detallada en BAUTISTA PIZARRO, *Das erlaubte Vertrauen*, pp. 101 ss.; FEIJOO SÁNCHEZ, *Límites*, pp. 48 ss.; MARAVER GÓMEZ, *Principio de confianza*, pp. 254 ss., 363 ss. En contra de esta concepción CUELLO CONTRERAS, CPC 2012, pp. 97 ss.

Es importante aclarar este punto de partida ya que la expresión acto neutral o neutro es **puramente descriptiva** y, en este sentido, es utilizada por parte de la doctrina[14] para referirse a prestaciones[15] que se caracterizan por ser usuales, frecuentes, cotidianas, disponibles en general o de acceso general (ubicuas[16])

---

14 Sobre la cuestión terminológica, donde reina el desacuerdo, Caro John, *Conductas neutrales*, pp. 293 s.; Kudlich, *Unterstützung*, pp. 180 ss.; Rackow, *Neutrale Handlungen*, pp. 29 ss.; Robles Planas, *Participación*, pp. 31 ss. ("*conductas en sí lícitas e intercambiables (conforme a un estándar) realizadas por un primer sujeto con el conocimiento de que un segundo sujeto (autor) les dará una aplicación delictiva, de manera que revelan al mismo tiempo una apariencia delictiva y no delictiva*"); Roca de Agapito, *Acciones cotidianas*, pp. 40 ss.

Greco, *Complicidad*, pp. 138, 197 las define como "*contribuciones al hecho ilícito ajeno no manifiestamente punibles*". No se gana mucho con esta definición si no sabemos cuáles son las características de las "*contribuciones manifiestamente punibles*". Como señala Roca de Agapito, *Acciones cotidianas*, pp. 64, 351, "*lo que se quiere decir no es que las acciones cotidianas o neutrales no puedan tener carácter delictivo, sino que dicho carácter no se manifiesta abiertamente. La cuestión es cómo descubrir tal carácter*". Cercano Rackow, *Neutrale Handlungen*, pp. 44 ss.

15 Dentro del término prestaciones caben conductas de lo más variado: entrega o devolución de objetos, de dinero o de otros intangibles, prestación de servicios, prestaciones de carácter no material, cumplimiento de deberes, información o asesoramiento técnico, jurídico, fiscal o económico (sobre esto último Feijoo Sánchez, *InDret 2/2009*, pp. 41 ss.; Luzón Peña *Revista Penal* 2012, pp. 108 ss.; Navarro Cardoso, *RP* 2019, pp. 123 ss.; Robles Planas, *La Ley* 2008, pp. 1 ss.; Silva Sánchez, *Delito fiscal*, pp. 89 ss.), etc. Las contribuciones constitutivas de participación pueden ser de lo más variado.

En este trabajo no es posible tratar cuestiones de detalle. Pero en el tratamiento de la cuestión relativa al asesoramiento se pueden apreciar claramente las diferencias que se expondrán en el texto entre posiciones más independientes de los conocimientos e intenciones como las de Feijoo, Robles y Silva y posiciones en las que tienen más peso los elementos subjetivos como la de Luzón.

16 Es erróneo en todo caso, en mi opinión, exagerar la relevancia jurídica que se puede otorgar al dato de que para el autor sea fácil acudir a otros profesionales similares que actuarían lícitamente amparados por el principio de confianza. En este sentido entiende Greco las conductas neutrales: prestaciones que pueden ser obtenidas ubicuamente (pp. 164 ss., 173 ss.). Este autor ha radicalizado la relevancia normativa de la ubicuidad y disponibilidad general de las prestaciones que siempre ha estado presente en el debate (por muchos, Puppe, *NK*, 13/173). Por esa razón entiende que puede haber "acciones neutras" constitutivas de participación si existen indicios de la resolución delictiva y, además, la prestación no es fácilmente disponible. De esta manera la responsabilidad penal se hace depender de que haya sólo una tienda (negocio) o más tiendas (negocios) del mismo tipo en el barrio o en el entorno. El problema es que habría que determinar qué negocios alternativos son relevantes. Greco utiliza el ejemplo de comprar pan para rellenarlo de veneno en una panadería cuando hay más panaderías fácilmente accesibles en la zona. Pero, ¿Si no hay una panadería pero sí una frutería y la fruta también pudiera ser envenenada? ¿Deja de ser relevante la venta de un hacha si hay otros establecimientos donde se puedan comprar cuchillos de cocina? ¿Y si hay muchos establecimientos del mismo tipo en la zona pero la mayoría tienen agotado el producto u objeto que necesita el autor? El propio autor señala como la venta de pan que se utiliza para cometer un delito puede ser una conducta atípica durante los días laborables, pero participación los domingos o por la noche por ser más difícil conseguir pan en esos momentos (*wistra* 2015, p. 5). También podría basarse la participación en que el servicio de taxi se presta en la noche de fin de año. Se podrían seguir formulando infinidad de preguntas y situaciones casuísticas, pero lo relevante es que con este criterio de la prestación ubicua incurrimos en un casuismo imposible de controlar

y estereotipadas -más obvio si son masivas- en un contexto estándar cuyo significado final depende exclusivamente por esa razón del que adquiere el producto o recibe el servicio o la información[17]. Se trata de conductas asiduas

---

(incluso dejando de lado ya los problemas de prueba) porque no plantea la cuestión de forma adecuada: la constatación fáctica de si había otros profesionales disponibles que podrían realizar la misma conducta amparados por el principio de confianza es otra forma de darle relevancia a cursos causales hipotéticos o causas sustitutivas hipotéticas o en reserva, que, en general, se entienden prescindibles, al menos para la complicidad del art. 29 (por la doctrina dominante, FRISCH, *Tatbestandsmässiges Verhalten*, pp. 562 ss.; MURMANN, *PJ* 99, pp. 159 s.; ROXIN, *PG*, 26/184, 213, 229; WOHLERS, *SchZStr* 1999, p. 427). Es cierto que GRECO no lo plantea como un problema de imputación del resultado, sino de que no tiene sentido una prohibición desde el punto de vista de protección de bienes jurídicos si una conducta sustitutiva conforme a Derecho es fácil de obtener (*wistra* 2015, p. 5). La conducta no sería idónea según este autor para poner en peligro bienes jurídicos si es posible conseguir otra prestación legal sin excesiva dificultad. Es decir, en casos de monopolio u oligopolio de la prestación delictiva. Pero la doctrina dominante también ha rechazado con buenos argumentos que la determinación de la tipicidad de la conducta dependa de que existan conductas de terceros (lícitas o ilícitas) o sucesos naturales que operen como condiciones sustitutivas (por muchos, FRISCH, *Tatbestandsmässiges Verhalten*, pp. 562 ss., con amplias referencias; RACKOW, *BeckOK StGB*, 4.4, con referencias a su propia obra). Como señala JOECKS, *MK*, 27/81, el monopolio no puede convertir en garante a quien no lo es.

En Derecho Penal español la cosa se complica al existir dos formas de participación al margen de la inducción, tanto la cooperación necesaria como la complicidad. Se plantea la duda de si se trataría más bien de una teoría para distinguir cooperaciones necesarias de no necesarias al estilo de otras teorías como la de los "bienes escasos" de GIMBERNAT ORDEIG (por muchas, SSTS de 28 de enero de 1978; 18 de junio de 1981; 27 de octubre de 1982; 26 de abril de 1989; 14 de febrero, 15 de julio, 23 de septiembre y 26 de diciembre de 1993; 7 de diciembre de 1994; 24 de febrero de 1995; 1459/98, de 24 de noviembre; 760/99, de 14 de mayo; 941/99, de 11 de junio; 1150/99, de 5 de julio; 1283/99, de 16 de septiembre; 1521/99, de 20 de octubre; 1743/99, de 9 de diciembre; 475/02, de 15 de marzo; 564/03, de 12 de mayo; 677/2003, de 7 de mayo). En el texto se trabaja con un límite general para toda forma de participación.

Realiza una crítica similar a la propuesta de WEIGEND, *RDPC* 2002, pp. 212 s., ROCA DE AGAPITO, *Acciones cotidianas*, p. 266: "*la distinción que hace entre objetos fácilmente adquiribles en el tráfico y objetos que sólo puede adquirirse con grandes esfuerzos, además de recurrir, a mi juicio indebidamente, a un curso causal alternativo, recuerda, salvando las distancias, al criterio de los bienes escasos de Gimbernat Ordeig, elaborado en nuestro país para la distinción entre cooperación necesaria y no necesaria o complicidad, pero no para trazar la frontera entre lo punible y lo no punible. Parece, por tanto, que Weigend limitaría la punibilidad únicamente a actos de cooperación necesaria, con lo que su propuesta no resulta compatible expresamente con nuestro ordenamiento jurídico*". Una crítica similar a WEIGEND por parte de RACKOW, *Neutrale Handlungen*, pp. 136 ss., 275 s., señalando como en Alemania la participación abarcaría los dos supuestos contemplados en el Código Penal español.

17 Sobre el debate dogmático BLANCO CORDERO, *Límites*, pp. 29 ss.; FRISCH, *Tatbestandsmässiges Verhalten*, pp. 295 ss.; HEINE/WEISSER, *Schönke/Schröder StGB*, 27/9 ss.; JOECKS, *MK*, 27/49 ss.; KUDLICH, *Unterstützung*, pp. 20 con nota 5, 74 ss.; LANDA GOROSTIZA, *Complicidad delictiva*, pp. 65 ss.; MANSDÖRFER, *Theorie des Wirtschafstsstrafrechts*, 354 ss. (nº margs. 677 ss.); MARTÍNEZ-BUJÁN PÉREZ, *Derecho Penal económico*, pp. 629 ss.; RACKOW, *Neutrale Handlungen*, pp. 129 ss.; SCHÜNEMANN, *LK*, 27/17 ss. Crítico con que existan "*acciones cotidianas per se*" con independencia de su finalidad ROXIN, *PG*, 26/231. De acuerdo en este punto con ROXIN, WEIGEND, *RDPC* 2002, p. 207. En contra de estas críticas ROBLES PLANAS, *Participación*, pp. 44 ss.

y generalmente disponibles que, por regla general, se entiende que carecen de significado delictivo y que son absolutamente ajustadas a Derecho, pero que excepcionalmente pueden estar vinculadas a una actividad delictiva ajena. Por ejemplo, un taxista (o conductor VTC) realiza un viaje estándar, como otros cientos que ha realizado, sospechando (con indicios como el origen y destino del viaje) que el pasajero lleva un paquete con droga en su interior. Es decir, se trata de conductas que se entiende en general que no tiene sentido que sean prohibidas por el hecho de que ocasionalmente alguien pueda aprovecharlas para poder cometer un delito[18]. En un discurso racional general se entiende que se pierde más que se gana con su restricción.

En el ámbito de los delitos económicos este tipo de situaciones son menos frecuentes. Por ello muchas veces se pone énfasis en que se trata de una actuación o del ejercicio profesional, al menos para seleccionar los casos más relevantes (asesores, operaciones realizadas por empleados de banca, etc.)[19]. La referencia a la "adecuación profesional" (HASSEMER[20]) -como concreción o depuración de la idea de "adecuación social" en sectores profesionales ampliamente regulados[21]- que ha hecho fortuna, por ejemplo, en la

---

18 Como señalé esto es evidente con las conductas usuales y masivas. Por ejemplo, si el conductor que se da cuenta de que un viajero puede estar transportando droga, en vez de conducir un coche conduce un autobús o un tranvía urbano, la solución del caso genera pocas dudas ya que es evidente que no existe adaptación al plan delictivo del autor. Cfr. KUDLICH, *Unterstützung*, p. 410. Esto nos demuestra que lo que un sector de la doctrina intenta afrontar mediante criterios subjetivos como el conocimiento o la intención depende del significado intersubjetivo de la conducta. Cuestión distinta es si el autor concreto decide realizar el hecho a pesar de representarse tal significado intersubjetivo de participar en un delito (injusto doloso de participación) o padeciendo un error (vencible con un mayor cuidado=injusto imprudente de participación; invencible=atípico). Pero en el caso del conductor de autobús, tranvía o metro que no interrumpe el servicio su representación es indiferente porque no va referida a una conducta objetivamente típica.

19 Dejando de lado artículos, basta observar el título de monografías como las de WOLFF-RESKE, KUDLICH o LANDA GOROSTIZA. En profundidad sobre esta cuestión, KUDLICH, *Unterstützung*, pp. 184 ss.; ROCA DE AGAPITO, *Acciones cotidianas*, pp. 63 ss., sobre la "*definición y caracteres de la actividad profesional cotidiana*".

20 *Wistra* 95, pp. 41 ss., 81 ss.

21 Hay que tener en cuenta que este concepto surgió para perfilar mejor la idea de adecuación social en ámbitos económicos como el de la actividad de los empleados de banca y se ha desarrollado especialmente con respecto a esta cuestión en la doctrina alemana. Sobre el criterio de la adecuación social en este ámbito en sentido crítico FRISCH, *Tatbestandsmässiges Verhalten*, pp. 237, 296; GRECO, *Complicidad*, pp. 45 ss.; RACKOW, *Neutrale Handlungen*, pp. 200 ss.; ROBLES PLANAS, *Participación*, pp. 95 ss.; ROCA DE AGAPITO, *Acciones cotidianas*, pp. 239 ss. (pp. 246 ss. sobre "adecuación profesional"); WEIGEND, *RDPC* 2002, pp. 202 s., todos con ulteriores y amplias referencias. GRECO señala como otros autores como PHILIPOWSKI o LOHMAR han recurrido a la adecuación social para resolver los mismos problemas a los que se enfrentó HASSEMER para proponer su concepto: contribución de empleados de banca en delitos fiscales mediante transferencia de capitales al extranjero. Sobre la teoría de la adecuación profesional de HASSEMER en sentido crítico, GRECO, *Complicidad*, pp. 75 ss.; RACKOW, *Neutrale Handlungen*, pp. 206 ss.; ROBLES PLANAS, *Participación*, pp. 97 ss.; ROXIN, *PG*, 26/222 ss.; WEIGEND, *RDPC* 2002, pp. 203 s.; WOHLERS, *SchZStr* 1999, pp. 430 s., todos con ulteriores referencias. Hay que tener en cuenta que el debate tuvo su origen en los años noventa, cuando no se habían expandido los deberes de prevención del delito fiscal

jurisprudencia alemana, no es más que un referente fenomenológico vago, difuso y maleable que nos puede ayudar a entender por qué una conducta adquiere realmente un significado neutral (no típico) para el Derecho Penal, aunque en realidad no ofrezca un criterio material sólido. De partida parece más fácil asumir que el profesional no quede vinculado a la conducta delictiva de su cliente si no hace nada distinto a lo que suele hacer en el desempeño de su profesión y, además, ello se corresponde con lo que suelen hacer los profesionales de su sector. Pero no ofrece un fundamento normativo que legitime la imposición o exclusión de una pena: ¿Bastaría definir una conducta que dé lugar a un delito ajeno como profesionalmente incorrecta o inadecuada para que se entienda como un hecho punible? Por ejemplo, se vende un objeto (una cuerda, una linterna, una herramienta, unas tijeras, etc.) que posteriormente el comprador utiliza para cometer un delito infringiendo la normativa de horarios de apertura comerciales o cierta normativa laboral. El ejemplo se podría aplicar a cualquier infracción de normas profesionales cuyo fin sea totalmente ajeno a los de las normas penales[22]. Si la adecuación profesional no sirve para justificar la intervención del Derecho Penal, tampoco es útil para ofrecer una solución válida para su exclusión en determinados supuestos. Puede que permita llegar a soluciones correctas en determinados supuestos, pero no sabemos cuál es la razón normativa de fondo más allá de la relación de "accesoriedad asimétrica"[23] que existe entre el Derecho Penal y el orden normativo primario, de especial relevancia en los delitos económicos. No se trataría más que del viejo problema de la relación entre las normas extra-penales y el riesgo permitido como exclusión de la tipicidad. Incluso los mismos problemas de fundamentación se plantean con normas profesionales cuyos fines coinciden con los de las normas penales en la evitación o entorpecimiento de posteriores conductas lesivas o delictivas. De cara a la participación representa un indicio que se hayan vulnerado normas que rigen la actividad profesional que tengan como fin dificultar o imposibilitar la comisión de delitos -en la línea general de que la infracción del orden primario es un indicio de una conducta no permitida-, pero, a partir de ahí, no establece una teoría general que permita delimitar los casos relevantes de los irrelevantes, a pesar de que el comportamiento no sea profesionalmente impecable[24]. Además, la utilidad de este criterio se pierde en gran medida

---

por parte de sujetos obligados por la normativa de blanqueo. Se trata de un ejemplo que demuestra como las soluciones dependen de la evolución de los deberes subyacentes en determinados ámbitos. La situación sobre lo que se entiende profesionalmente adecuado ha cambiado radicalmente 20 años después por la clara influencia de las sucesivas Directivas de blanqueo y su transposición al Derecho interno.

22 Kudlich, *Unterstützung*, pp. 225 s., 438; Rackow, *Neutrale Handlungen*, pp. 519 ss.

23 Feijoo Sánchez, *Orden socioeconómico*, pp. 37 ss. y *L-H Maza Martín*, pp. 159 ss.

24 Ricardo Robles, *Participación*, p. 101 (*"las excepciones a la impunidad de las conductas profesionales que el propio* Hassemer *establece no divergen en absoluto de las excepciones formuladas por un sector de la doctrina que se aparta de la adecuación profesional como criterio de delimitación de las conductas de intervención atípicas. Recordemos que se trata de los supuestos en los que el sujeto modifica conductas habituales en forma de prestaciones nuevas y ajenas a la actividad que sólo pueden ser vistas como condiciones para la consecución de fines criminales o supuestos en los que el sujeto crea o adapta actividades reguladas a finalidad no "neutrales" o*

cuando el orden primario no establece deberes claros o estandarizados que precisen la conducta adecuada, sino que -como es cada vez más frecuente- establece estrategias de "autorregulación regulada" conforme a las cuales los profesionales tienen autonomía para identificar los riesgos propios de su actividad y establecer, en consecuencia, los correspondientes controles o medidas. En esos casos es necesario profundizar en el procedimiento de identificación de riesgos e implantación de controles que ha llevado a cabo el profesional o la sociedad en la que desarrolla su actividad.

A partir de los referentes fenomenológicos mencionados (actos neutros o neutrales, conductas profesionalmente adecuadas, etc.) podemos iniciar un proceso inductivo que nos permita vislumbrar mejor la cuestión dogmática de fondo o esencial a tratar, lo que no dejaría de ser útil también para otro tipo de conductas que no se merezcan el calificativo de usuales, cotidianas, estereotipadas, ubicuas o típicas de una profesión.

Esto es lo que sucede con el ejemplo ofrecido al principio. Es bastante dudoso que la retirada de una anotación preventiva en el Registro de la Propiedad se corresponda con la casuística expuesta (no estamos ante una conducta cotidiana, ubicua ni estrictamente una actuación profesional). A pesar de ello, los criterios de solución no deben diferir con respecto a supuestos como los referidos y que han centrado la atención de la doctrina. La cuestión relativa a la participación en los delitos económicos precisa una visión más elevada, que permita vislumbrar un territorio dogmático más amplio, en el que las acciones cotidianas, ubicuas y estándar o las actuaciones conforme a normas o usos profesionales forman parte del paisaje.

En todo caso, no se puede negar que ni siquiera existe acuerdo en este punto de partida. Algunos ponen más énfasis para la descripción del fenómeno en el aspecto externo de la conducta y otros en los conocimientos del agente. Con independencia de ello, la referencia a conductas neutrales o neutras será tratada aquí como un supuesto específico y paradigmático a resolver mediante una teoría actualizada de la prohibición de regreso. Se trata de una institución, por tanto, que pone el foco en la posibilidad de negar una responsabilidad accesoria, es decir, a la que se accede o llega a través de otro (participación) que es el que realiza la conducta típica (en los delitos puros de resultado el que crea el riesgo típico para el sujeto u objeto de protección de la norma)[25].

---

a planes delictivos ajenos. Pues bien, dejando de lado que, como se verá, la primera excepción es una derivada de la segunda, en ambos supuestos, en realidad, se está aludiendo a una estructura de imputación general que en ningún caso viene determinada por las normas que regulan la profesión").

25 La participación supone una competencia mediata del riesgo típico frente a la competencia directa o preferente del autor. Se puede decir como metáfora o imagen que el partícipe crea un riesgo no permitido de que el autor principal cree a su vez un riesgo típico. Pero lo cierto es que no se crean dos riesgos distintos desde la única perspectiva que importa, que es la del tipo penal. Pongo un ejemplo que pretende ser clarificador. Si alguien deja un arma de fuego abandonada en la calle se incrementan las probabilidades de que suceda un evento desagradable, pero ese arma no es un riesgo típico de homicidio o asesinato hasta que alguien aprieta el gatillo. Si quien aprieta el gatillo y mata es un niño de corta edad o un enajenado mental, el resultado se imputa al que ha abandonado el arma.

Se parte aquí de que **la prohibición de regreso no es otra cosa que el reverso de la accesoriedad o un instituto elaborado por la teoría de la imputación objetiva para excluir la imputación accesoria de injustos**[26]. Su significado dogmático es que queda cortada la imputación del hecho típico desde el autor -o a través del autor- hasta otras personas que han favorecido o no han impedido o han tenido alguna relación causal con la conducta del autor. Su consecuencia dogmática es que se considera que no se forma parte de la organización conjunta del delito. Lo que hace con posterioridad el autor no es una obra común y, por ello, carece de relevancia como objeto del dolo o, en su caso, de la imprudencia de la persona que no forma parte de tal empresa común a pesar de que de alguna manera haya facilitado la preparación del delito.

Por esta razón la teoría de la prohibición de regreso es inerme frente a supuestos en los que se imputa directamente la comisión de un hecho delictivo como autor. Así, por ejemplo, la exclusión de una responsabilidad como partícipe no implica que no se responda por el delito de omisión simple del art. 450 CP. Como señala Robles Planas, "*la neutralidad de la acción (cualidad o actitud de neutral) no comporta la ausencia de desvaloración penal (p. ej., desde el punto de vista de la infracción de deberes de solidaridad mínima)*"[27]. O en casos como el blanqueo de capitales en los que se tipifica como conducta de autoría facilitar un plan delictivo de ocultar o disimular el origen delictivo de dinero o bienes para conseguir que no sean decomisados o incautados y poder disfrutar pacíficamente de ellos, la referencia a la "adecuación profesional" para excluir la tipicidad no es una cuestión estrictamente de "prohibición de regreso", sino hermenéutica. Se trata de la adecuada interpretación del alcance y sentido de tipos penales concretos[28] (por ejemplo, en el caso del abogado que cobra unos honorarios usuales por un servicio de defensa) o de falta de tipicidad por tratarse de una conducta permitida[29] (por ejemplo, empleado de banca que cumple con todos los deberes de control y prevención en una operación estándar sin especiales indicios de riesgo que exijan medidas adicionales).

El riesgo típico es suyo. Si quien aprieta el gatillo es una persona que actúa de forma auto-responsable, es ésta la que crea un riesgo típico (tipo objetivo) de forma dolosa o imprudente ya que a partir de ese momento tenemos una conducta que crea un conjunto de condiciones que permiten explicar el resultado. En este segundo contexto la conducta de dejar el arma abandonada ha hecho que la vida de la gente que pasara cerca del arma fuera más insegura, pero no ha creado el riesgo propio de los tipos de homicidio o asesinato.

26 Feijoo Sánchez, *Derecho Penal de la empresa*, p. 219; Jakobs, *Yamanaka-FS*, p. 105, en tiempos recientes, en la línea de sus trabajos anteriores. En sentido distinto, Maraver Gómez, *Principio de confianza*, pp. 366 ss.

27 *Participación*, p. 33, nota 30.

28 Por muchas, SSTS 265/2015, de 29 de abril; 408/2015, de 8 de julio; 331/2017, de 10 de mayo. Sobre la prohibición de regreso y los "actos neutrales" en la actividad de abogacía en relación al blanqueo de capitales, vid. Sánchez-Vera Gómez-Trelles, *InDret Penal* 1/2008, pp. 24 ss., 36.

29 Sobre la conducta permitida o la creación permitida de riesgos (riesgo permitido) en los delitos económicos Feijoo Sánchez, *L-H Maza Martín*, pp. 164 ss.

Desde el punto de vista teórico la teoría de prohibición de regreso en el sentido aquí expuesto no falla en relación a conductas de autoría. Lo que sucede es que ese no es su ámbito de aplicación. Se trata exclusivamente de una creación dogmática para el ámbito de la participación, con independencia de que se puedan aprender algunas cosas generales (como parte integrante de la imputación objetiva). Por ello no puede servir de criterio normativo directamente aplicable a otros ámbitos, aunque pueda tener algunos fundamentos comunes. No se puede esperar de un guía profesional de una ciudad como París que tenga la misma capacidad para enseñarnos Moscú.

Por otro lado, si sólo nos fijamos en lo fenomenológico, perdemos de vista el fundamento normativo de lo inadecuado de la imputación accesoria en ciertos supuestos. La referencia a una conducta profesionalmente adecuada o adecuada al rol o estereotipada, estándar o usual no es más que una ayuda que nos permite entender la razón normativa de fondo por la que quien causalmente haya favorecido o no entorpecido un delito debe quedar jurídicamente desvinculado o distanciado de la conducta delictiva de otra persona (por razones ajenas al aspecto subjetivo)[30]. Pero ello no obsta para que esa misma referencia fenomenológica nos pueda servir también para entender que esa modalidad de conducta profesionalmente adecuada o estereotipada, estándar o usual no se encuentra tipificada en el Código Penal o que carece de la lesividad social cualificada que exige el correspondiente tipo penal o que implícitamente quedan fuera de los tipos penales las conductas que se encuentran expresamente permitidas por el orden primario aunque formalmente se puedan subsumir en los tipos penales (riesgo permitido). Estas últimas cuestiones no serán tratadas aquí -aunque se puedan ver también afectadas por la cotidianeidad, asiduidad, ubicuidad, frecuencia, carácter estándar, adecuación a rol o profesional, etc. de la conducta a valorar[31]-, ya que nos llevarían a desarrollar una exposición de alcance mucho más amplio que en un trabajo de estas características no es posible. Como señala el título de este trabajo, aquí sólo se analizan los denominados actos neutros o neutrales en relación a conductas de participación.

Resumiendo, en el ámbito de la participación las conductas neutras o neutrales (participación neutra o neutral) describen un problema que no ha sido bien resuelto tradicionalmente por la doctrina, ofreciendo una concepción moderna y normativa de la prohibición de regreso (ajena a consideraciones puramente causales y modalidades de imputación subjetiva) la vía de solución al tratarse de un criterio de imputación objetiva o de delimitación de la conducta permitida más específico que otros como el riesgo permitido o el principio de confianza.

---

30 ROBLES PLANAS, *Participación*, p. 75 (*"en realidad, lo relevante no es si una conducta puede ser calificada como neutral o no (...), sino si la parte objetiva de los tipos de participación alcanza o no a las conductas "neutrales" o "cotidianas". Y ésta, obviamente, es una pregunta por la extensión de la participación punible en el delito"*). Señala con razón en las conclusiones de su trabajo (p. 314) como *"los supuestos de complicidad mediante acciones neutrales deben ser tratados dentro de la problemática más amplia de los límites a la intervención punible en el delito y no como un grupo de casos con determinados privilegios o excepciones"*.

31 En profundidad, con respecto a diversos tipos del Código Penal alemán, RACKOW, *Neutrale Handlungen*, pp. 367 ss., 553 ss.

5. La situación actual: hacia una mayor restricción del ámbito de la participación.

5.1. *Estado actual de la cuestión en la jurisprudencia*[32]

Sobre las posibilidades legítimas de extensión de la responsabilidad desde los autores hasta los que no realizan directamente el hecho típico, la STS 199/2012, de 15 de marzo señala que

> *"Con carácter general hemos de convenir en que la imputación de responsabilidad penal a un primer sujeto por los actos que otro segundo ejecuta en el ámbito de su autoresponsabilidad exige que, respecto del comportamiento del primero, pueda predicarse algo más que la mera condición de favorecedores del adoptado por el autor del delito. Incluso si el primero es consciente de esa eventualidad de favorecimiento. De otra suerte se extralimitaría el ámbito de mínima intervención del Derecho penal. Y ello porque actos neutrales, de los que tal favorecimiento puede predicarse sin esfuerzo, vendrían a ser sancionados de manera no justificada con intolerables restricciones de la libertad de actuación de los ciudadanos.*
>
> *Para que, desde el acto del autor material, se pueda regresar al acto de quien no lo es, hasta el punto de erigirlo en partícipe del delito de ese otro, es necesario un juicio normativo, una valoración más allá de la descripción empírica. Los criterios para tal valoración son objeto de discusión doctrinal que no nos corresponde aquí zanjar.*
>
> *La existencia de una finalidad objetiva del comportamiento del supuesto partícipe, diversa de la decisión delictiva del autor material, no ofrece sin embargo la inequivocidad suficiente para resolver cada caso. En principio, no parece que puede tenerse por justo imponer a cada ciudadano la responsabilidad de determinarse en su comportamiento en función de su previsión del comportamiento que pueda adoptar otro sujeto, en el ámbito de su autonomía. Por el contrario, cuando el primero aparece concernido por un deber específico respecto a las circunstancias del caso, habrá de valorarse si su conducta -omisiva o activa- justifica considerarle partícipe criminalmente del delito que comete el otro.*
>
> *Ahora bien, para que la infracción de ese deber lleve a imputar al partícipe por no haber impedido la comisión del delito del otro, ha de estarse al canon que establece el artículo 11 de nuestro Código Penal".*

A ello añade la referida sentencia que si, por razones diferentes de la infracción del deber de garante, se pretendiera justificar el regreso de responsabilidad, habría de acreditarse como probado que la conducta que, en la actuación de su autónoma responsabilidad, adoptó el tercero "*estaba determinada, de manera inequívoca en el caso concreto, por el designio de hacer posible el acto del otro (cooperación necesaria) o favorecer accesoriamente, con medios*

32 Sobre el tratamiento de las conductas neutrales en la jurisprudencia del Tribunal Supremo con respecto a delitos económicos, Miró Llinares, *Intervención delictiva*, pp. 343 ss.; Robles Planas, *Memento*, pp. 27 ss. (nº marg. 160 ss.). Con una perspectiva más amplia, Roca de Agapito, *Acciones cotidianas*, pp. 49 ss.

fungibles, dicho acto ajeno (complicidad)". Es decir, la conducta tiene que ser interpretada desde un principio como una adaptación, una vinculación o un acoplamiento específico al hecho delictivo (un bien de uso habitual se vende en un establecimiento comercial con recomendaciones específicas sobre su uso delictivo).

En la jurisprudencia se ha implantado la doctrina de que los denominados "actos neutrales" no pueden generar en ningún caso responsabilidad penal porque no permiten superar objetivamente el nivel mínimo de relevancia para que la conducta adquiera significado delictivo como una conducta de participación. Las SSTS 1300/2009, de 23 de diciembre[33] y 974/2012, de 5 de diciembre recuerdan los elementos básicos de esta doctrina jurisprudencial:

> "Los actos que convenimos en conocer como "neutrales" serían aquellos cotidianos de los que se puede predicar que, siendo socialmente adecuados, no cabe tenerlos por "típicos" penalmente. Y no lo son porque, con independencia del resultado, esos actos no representan un peligro socialmente inadecuado. Así dijimos en nuestra Sentencia nº 34/2007, de 1 de febrero que: una acción que no representa peligro alguno de realización del tipo carece de relevancia penal. El fundamento de esta tesis es la protección del ámbito general de libertad que garantiza la Constitución. Recordamos allí criterios para poder calificar un acto neutral como participación delictiva: se atribuye relevancia penal, que justifica la punibilidad de la cooperación, a toda realización de una acción que favorezca el hecho principal en el que el autor exteriorice un fin delictivo manifiesto, o que revele una relación de sentido delictivo, o que supere los límites del papel social profesional del cooperante, de tal forma que ya no puedan ser consideradas como profesionalmente adecuadas, o que se adapte al plan delictivo del autor, o que implique un aumento del riesgo, etc.".

Hoy en día la referencia a los actos neutrales se puede encontrar en varias sentencias de la Sala Segunda del Tribunal Supremo[34] y de las Audiencia provinciales, habiéndose convertido en una de las influencias más directas de la teoría de la imputación objetiva en la praxis forense. Los primeros pronunciamientos sobre esta doctrina aparecieron primeramente en sentencias de Audiencia Provinciales como las SSAP Madrid (secc. 15ª) 95/2002, de 19

33 Fundamento de Derecho Quinto.

34 Una amplia recopilación de los pronunciamientos de la Sala Segunda en las SSTS 597/2014, de 30 de julio; 877/2014, de 22 de diciembre; 436/2016, de 23 de mayo; 700/2016, de 9 de septiembre y 290/2018, de 14 de junio. Entre ellas se pueden encontrar sentencias con una tendencia más objetiva y otras que, de acuerdo a un criterio mixto objetivo-subjetivo, no dejan de tener en cuenta los conocimientos o intenciones para delimitar el alcance de la tipicidad de la conducta. Vid. también ATS de 28 de septiembre de 2018 (Caso Máster Universitario de Diputado del Congreso).

de abril y 45/2004, de 2 de febrero[35] y la SAP Barcelona (secc. 2ª) 728/2002, de 25 de julio de 2002[36], conteniendo esta última un estudio completo de la valoración que la jurisprudencia de otros países hacía de las conductas estándar, tomando en consideración la tesis de la neutralidad (adecuación social, cotidianeidad, carencia de sentido delictivo) de algunas conductas de participación causales del resultado para excluir su carácter punible.

Posteriormente ha pasado a consolidarse como parte de la doctrina del Tribunal Supremo y, con el paso de los años, se ha extendido como un criterio decisivo a través de multitud de resoluciones de órganos inferiores. Desde, al menos, la STS 185/2005, de 21 de febrero la doctrina de las acciones neutrales -que en este caso fue utilizada ya para absolver a la recurrente- es reconocida por la Sala Segunda y utilizada para casar sentencias condenatorias. De modo más expreso, un debate sobre el alcance de la doctrina reseñada puede advertirse en la STS 34/2007, de 1 de febrero que vino a extenderse sobre algunas ideas vertidas previamente en las SSTS 797/2006, de 20 de julio y 928/2006, de 5 de octubre del mismo ponente, el Profesor BACIGALUPO. Poco después, la STS 189/2007, de 6 de marzo, de este mismo ponente volvía a considerar la doctrina de los actos neutrales para una absolución. Esta resolución señala como

> *"en nuestra jurisprudencia se ha receptado en diversos precedentes la teoría de la imputación objetiva (entre otras STS de 23.4.1992), que requiere para la tipicidad de la acción que ésta constituya un peligro jurídicamente desaprobado. Es decir, la relación causal de la conducta con el resultado no es suficiente para la realización del tipo, es preciso que el autor haya actuado por encima del límite del riesgo permitido [...]. Tampoco es partícipe en el mismo, toda vez que, sin perjuicio del dolo [...] su conducta nada aportó a la comisión del hecho punible. Es cierto que, desde el punto de vista puramente causal, sin su actuación el delito formalmente no se hubiera cometido, pero, se trata, en todo caso de una acción neutral, toda vez que no aumenta el riesgo de comisión del delito ni favorece al delito cometido [...]. La jurisprudencia de esta Sala se ha referido a las acciones neutrales en diversos precedentes (SSTS 185/2005; 797/2006; 928/2006; 34/2007)".*

Un ejemplo concreto de las consecuencia de esta doctrina lo podemos encontrar en la STS 154/2008, de 8 de abril, que manifiesta que

> *"la constitución de una sociedad o la aparición como titulares o apoderados en algunas cuentas corrientes, junto o en relación con otros miembros de la familia, son en principio actos neutrales que no implican necesariamente participación en la actividad criminal".*

---

35 De ambas fue Ponente el actual Magistrado del Tribunal Supremo ALBERTO JORGE BARREIRO.

36 Ratificada por STS 774/2005, de 2 de junio. Sobre esta sentencia en sentido crítico, CUENCA GARCÍA, *RP* 2013, pp. 141 ss., con ulteriores referencias a otros comentarios.

En tiempos más recientes la STS 86/2018, de 19 de febrero expone de forma exhaustiva la doctrina jurisprudencial sobre los denominados "actos neutrales":

> *"Como decíamos en SSTS 1300/2009 de 23 diciembre, 974/2012 del 5 diciembre, 942/2013 de 11 diciembre, 487/2014 de 9 junio, 597/2014 de 30 julio, 877/2014 de 22 diciembre, es necesario recordar la doctrina de esta Sala, sobre los denominados actos neutrales como insuficientes para erigir el comportamiento de su autor en forma participativa criminalizada bajo el título de cooperación necesaria (o complicidad).*
>
> *En el marco de nuestra jurisprudencia, hemos abordado aspectos de esta cuestión al referirse al significado causal de acciones cotidianas respecto del hecho principal (STS 185/2005), a la del gerente de una sucursal bancaria y a la intermediación profesional de un abogado en operaciones bancarias (STS 797/2006) y a la participación de operarios que realizaron trabajos de su oficio que sirvieron para acondicionar un vehículo empleado en el transporte de droga (STS 928/2006). En estos supuestos es necesario comprobar que la acción de colaboración tenga un sentido objetivamente delictivo y que ello sea conocido por el que realiza una acción que, en principio, es socialmente adecuada.*
>
> *Por ello los actos que convenimos en conocer como "neutrales" serían aquellos cotidianos de los que se puede predicar que, siendo socialmente adecuados, no cabe tenerlos por "típicos" penalmente. Y no lo son porque, con independencia del resultado, esos actos no representan un peligro socialmente inadecuado.*
>
> *La STS 823/2012 de 30.10, considera que por actos neutrales pueden entenderse actos realizados ordinariamente en el marco de actuaciones legales, pero que luego pueden ser derivados al campo delictivo. No son actos típicos de ningún delito. Las SSTS 34/2007; 185/2005; 797/2006; 928/2006; 189/2007 ó 1300/2009, han tratado la problemática de tales actos neutrales. En general la opinión mayoritaria se inclina por el criterio objetivo para diferenciar los actos neutrales de los que no lo son, entendiendo que no son actos neutrales los que conducen inequívocamente a la consecución de un delito. Es decir se tiende a la relevancia penal que merezca tal acto por aparecer claramente favorecedor o tendente a la realización de un delito.*
>
> *Las recientes sentencias 597/2014 de 30.7, 91/2014 de 7.12, y 942/2013 de 11 diciembre, analizan la cuestión de la tipicidad de los llamados actos neutrales. Se trata de conductas causales desde un punto de vista natural, pero que, en tanto que pueden estar amparadas en su adecuación social, pueden no suponer un peligro (o un aumento del peligro) jurídicamente desaprobado para el bien jurídico, y, en esa medida, no resultar típicos.*
>
> *Se decía en la STS 34/2007, respecto de los llamados actos neutrales que "La doctrina reciente estima que estos actos son comportamientos cotidianos, socialmente adecuados, que por regla general no son típicos. Tal es el caso del que aparece como adquirente de un inmueble en un contrato*

> *de compraventa. Lo que plantea esta cuestión es la exigencia de que toda acción típica represente, con independencia de su resultado, un peligro socialmente inadecuado. Desde este punto de partida, una acción que no representa peligro alguno de realización del tipo carece de relevancia penal. El fundamento de esta tesis es la protección del ámbito general de libertad que garantiza la Constitución».*
>
> *Y se argumenta más adelante, que «(...) la teoría y algunas jurisprudencias europeas han elaborado diversos criterios para establecer las condiciones objetivas en las que un acto «neutral» puede constituir una acción de participación. En este sentido se atribuye relevancia penal, que justifica la punibilidad de la cooperación, a toda realización de una acción que favorezca el hecho principal en el que el autor exteriorice un fin delictivo manifiesto, o que revele una relación de sentido delictivo, o que supere los límites del papel social profesional del cooperante, de tal forma que ya no puedan ser consideradas como profesionalmente adecuadas, o que se adapte al plan delictivo del autor, o que implique un aumento del riesgo, etc.».*
>
> *Como señala la citada STS 942/2013 de 11 diciembre, la distinción entre los actos neutrales y las conductas delictivas de cooperación puede encontrar algunas bases ya en los aspectos objetivos, especialmente en los casos en los que la aparición de los actos, aparentemente neutrales, tiene lugar en el marco de conducta del tercero, en la que ya se ha puesto de relieve la finalidad delictiva. Dentro de estos aspectos objetivos se encuentra no solo la conducta del sujeto, aisladamente considerada, sino también el marco en el que se desarrolla. Y a ello ha de añadirse el conocimiento que el sujeto tenga de dicho marco. Pues resulta difícil disociar absolutamente aquellos aspectos objetivos de los elementos subjetivos relativos al conocimiento de que, con la conducta que se ejecuta, que es externamente similar a otras adecuadas socialmente por la profesión o actividad habitual de su autor, se coopera a la acción delictiva de un tercero".*

Más recientemente la STS 1515/2019, de 13 de marzo[37] ha vuelto a exponer de forma detallada la posición de la Sala Segunda:

> *"Con respecto a las acciones neutrales se establece en la STS 942/2013, de 11 de diciembre, que se trata de conductas causales desde un punto de vista natural, pero que, en tanto que pueden estar amparadas en su adecuación social, pueden no suponer un peligro (o un aumento del peligro) jurídicamente desaprobado para el bien jurídico, y, en esa medida, no resultar típicas. Se decía en la STS 34/2007, de 1 de febrero, respecto de los llamados actos neutrales que la "doctrina reciente estima que estos actos son comportamientos cotidianos, socialmente adecuados, que por regla general no son típicos. Tal es el caso del que aparece como adquirente de un inmueble en un contrato de compraventa. Lo que plantea esta cuestión es la exigencia de que toda acción típica represente, con independencia de su resultado, un peligro socialmente inadecuado. Desde*

37 Ponente Alberto Jorge Barreiro.

este punto de partida, una acción que no representa peligro alguno de realización del tipo carece de relevancia penal. El fundamento de esta tesis es la protección del ámbito general de libertad que garantiza la Constitución". Y se argumenta, más adelante, que "... la teoría y algunas jurisprudencias europeas han elaborado diversos criterios para establecer las condiciones objetivas en las que un acto "neutral" puede constituir una acción de participación. En este sentido se atribuye relevancia penal, que justifica la punibilidad de la cooperación, a toda realización de una acción que favorezca el hecho principal en el que el autor exteriorice un fin delictivo manifiesto, o que revele una relación de sentido delictivo, o que supere los límites del papel social profesional del cooperante, de tal forma que ya no puedan ser consideradas como profesionalmente adecuadas, o que se adapte al plan delictivo del autor, o que implique un aumento del riesgo, etc.".

La distinción entre los actos neutrales y las conductas delictivas de cooperación -afirman las sentencias 942/2013, 487/2014 y 290/2018- puede encontrar algunas bases ya en los aspectos objetivos, especialmente en los casos en los que la aparición de los actos, aparentemente neutrales, tiene lugar en un marco de conducta del tercero en el que ya se ha puesto de relieve la finalidad delictiva. Dentro de estos aspectos objetivos se encuentra no solo la conducta del sujeto, aisladamente considerada, sino también el marco en el que se desarrolla. Y a ello ha de añadirse el conocimiento que el sujeto tenga de dicho marco. Pues resulta difícil disociar absolutamente aquellos aspectos objetivos de los elementos subjetivos relativos al conocimiento de que, con la conducta que se ejecuta, que es externamente similar a otras adecuadas socialmente por la profesión o actividad habitual de su autor, se coopera a la acción delictiva de un tercero".

5.2. EL DEBATE DOCTRINAL ACTUAL

Como señala alguna de las sentencias recogidas anteriormente, los criterios normativos para valorar si "*desde el acto del autor material, se pueda regresar al acto de quien no lo es, hasta el punto de erigirlo en partícipe del delito de ese otro*" "*son objeto de discusión doctrinal que no nos corresponde aquí zanjar*". La exposición del apartado anterior demuestra que estamos ante una aportación dogmática reciente que ha llegado para quedarse y que permite a los órganos de justicia fundamentar soluciones de sentido común, excluyendo la responsabilidad por participación alegando que se trata de un acto neutral. No podemos pedir a la jurisprudencia una fundamentación y sistematización que corresponde a la doctrina.

Se puede partir de que existe hoy en día un amplio acuerdo doctrinal en la necesidad de limitar el alcance de la participación criminal. Con este punto de partida la cuestión relevante hoy en día -donde empieza el debate- pasa a ser determinar los criterios de acuerdo a los que se determina dicha adaptación o vinculación entre la conducta típica y otras conductas previas, especialmente la relevancia de los criterios subjetivos como los "conocimientos especiales"[38].

En estos momentos existe también un amplio acuerdo doctrinal en excluir la mayoría de los supuestos de dolo eventual[39], especialmente cuando la actuación del posible partícipe se realiza durante la fase de actos preparatorios o previa a la tentativa y con mayor facilidad cuanto más alejado se encuentre espacio-temporalmente de la ejecución del hecho principal. El hecho de que la conducta sea estándar, ubicua o estereotipada ayuda a llegar a la conclusión de la irrelevancia penal.

El principal punto de disenso gira alrededor de la cuestión de si los conocimientos o las intenciones pueden cambiar la valoración jurídico-penal de la conducta convirtiendo una "acción en principio neutra o de sentido neutro" desde un punto de vista objetivo en una conducta punible[40]. Es decir, si el contenido de las representaciones y decisiones del sujeto afectan exclusivamente a la imputación subjetiva o pueden ya condicionar previamente el alcance del tipo objetivo (en este sentido, por ejemplo, lo que significa cooperar a matar a otro).

En este actual contexto doctrinal se pueden reconducir -simplificando mucho- las posiciones a dos grandes bloques en lo que a la fundamentación de la restricción del alcance de la participación respecta[41]:

---

38 No es posible tratar aquí en profundidad el debate doctrinal general alrededor de los "conocimientos especiales". Para ello me remito a GOECKENJAN, *Lehre von der objektiven Zurechnung*, pp. 143 s. y 275 ss.; GRECO, ZStW 2005, pp. 519 ss.; EL MISMO, *wistra*, 2015, pp. 2 ss.; MIRÓ LLINARES, *ADPE* 2011, pp. 83 ss.; RACKOW, *Neutrale Handlungen*, pp. 102 ss., 543 ss., 552 s.; ROBLES PLANAS, *Participación*, pp. 202 ss.; ROCA DE AGAPITO, *Acciones cotidianas*, pp. 213 ss.; SACHER, *Sonderwissen*, 2006, pp. 187 ss. y passim. Recientemente JAKOBS, *Heintschel-Heinegg-FS*, pp. 235 ss., se muestra crítico con el concepto y señala con razón como "*no se trata esencialmente de conocimiento, ni siquiera de un determinado tipo ("especial"), sino de lo que una persona ha de garantizar*" (p. 235).

Por razones de espacio me remito a mis críticas en este ámbito a la monografía de BLANCO CORDERO, *Límites*, que basa la imputación al partícipe en el conocimiento (más bien previsión) del futuro uso delictivo de la prestación en *Derecho penal de la empresa*, pp. 58 ss.

39 Dejaré aquí de lado que no existe acuerdo sobre el alcance del dolo eventual, especialmente cuando se trata de las exigencias de la participación dolosa. Así, algunos ejemplos que se ofrecen como de dolo eventual (aspecto sospechoso) en mi opinión implican un conocimiento tan abstracto que no reúne los requisitos de la imputación a título de dolo.

40 Señala AMBOS, *RDPC* 2001, p. 206, intentando resumir el debate en la doctrina alemana para estudiantes, como "*la diferencia entre las dos posturas principales existentes en la doctrina se reduce a los casos en los que el que colabora con el hecho tiene un conocimiento efectivo o casi efectivo de la intención delictiva del autor principal. Sólo en estos casos conducirían dichas concepciones a resultados diferentes, esto es, la primera (Jakobs, Frisch), a la impunidad de la acción que ha favorecido al hecho principal y la segunda (Roxin, Otto, BGH), a su punición. Sin embargo, esta diferencia puede considerarse poco relevante en la práctica, si se piensa que, en el marco de las acciones cotidianas, el colaborador sólo tiene conocimiento efectivo (o casi efectivo) de la intención delictiva del autor principal en casos excepcionales*".

41 *Derecho penal de la empresa*, pp. 52 ss. Es posible una clasificación mucho más detallada diferenciando entre criterios y sub-criterios propuestos por cada autor y las correspondientes matizaciones. Pero creo que la exposición del texto ayuda a clarificar el debate, atendiendo a los aspectos dogmáticos fundamentales.

a) Partidarios de que la función esencial del Derecho Penal es la protección de bienes jurídicos

Se trata de una posición ecléctica que mezcla criterios objetivos y subjetivos sin una delimitación precisa[42].

Este sector doctrinal, muy influenciado por la idea de protección y seguridad de bienes, no admiten la exclusión en casos en los que concurra dolo directo (de primer o segundo grado). Es decir, la relación de sentido delictivo entre conductas como criterio objetivo deja de operar como requisito o se presupone cuando concurre dolo directo. Este sector doctrinal, en el que ocupa un lugar protagonista Roxin (influyendo en el Tribunal Supremo alemán[43]), considera que el conocimiento seguro, casi seguro o altamente

---

42 Sobre las denominadas tesis mixtas me remito a la exposición de Landa Gorostiza, *Complicidad delictiva*, pp. 69 s., 152, 171 ss.; Roca de Agapito, *Acciones cotidianas*, pp. 237 ss. Como señala Landa (pp. 135, 230 s.), los límites entre las denominadas posiciones mixto-objetivas y mixto-subjetivas son difusos, si bien todas las tesis mixtas se caracterizan por aceptar la ubicación del tratamiento dogmático en sede del tipo objetivo, sin relegar al análisis del dolo todo dato subjetivo (conocimientos especiales en la línea de la teoría de la causalidad adecuada).

Frente a las teoría mixtas, las teorías más subjetivas -como las de algunos finalistas (Rueda Martín, *RP* 2002, pp. 122 ss., que defiende la prioridad del tipo subjetivo sobre el tipo objetivo, no siendo el tipo objetivo más que el objeto de la voluntad final del autor y no siendo posible saber cuál es el tipo objetivo sin atender a la voluntad finalista del autor concreto) son, en realidad, teorías que no otorgan relevancia alguna a un filtro objetivo o normativo en la participación (sea a través de la referencia a la neutralidad o a la prohibición de regreso). En este sentido, aquellos autores que, como Niedermair, *ZStW* 1995, pp. 507 ss.; Weigend, *RDPC* 2002, pp. 206 ss. (vinculando expresamente su posición a la de Niedermair) o Beckemper, *Jura* 2001, pp. 163 ss., extreman la eficacia de la protección de bienes jurídicos o absolutizan la necesidad de protección de bienes jurídicos, acaban desembocando en teorías subjetivas en las que desaparece cualquier posibilidad de filtro objetivo o normativo alegando que no está justificado un trato privilegiado. Crítico Roxin, *PG*, 26/240, si bien señala como "*en los resultados apenas existen diferencias entre la teoría aquí defendida y los autores que en caso de conocimiento seguro de la voluntad delictiva del autor no quieren reconocer peculiaridades para la punibilidad de la cooperación de las acciones cotidianas*" (26/240). Crítico con estos autores y Roxin, Robles Planas, *Participación*, pp. 44 ss., 52 ss.

43 Schünemann, *LK*, 27/17 ss., con amplias referencias al apoyo o rechazo que las tesis de Roxin han recibido en la doctrina alemana. Expresamente a favor de la tesis de Roxin -que él mismo denomina "solución diferenciadora"-, que sostiene criterios de imputación diversos en función del nivel subjetivo (dolo eventual o dolo directo) con que actúa el sujeto Ambos, *RDPC* 2001, p. 205; Amelung, *Grünwald-FS*, pp. 20 ss., con ciertos matices; cercano Kudlich, *Unterstützung*, pp. 460 ss., 466, 532 ss. y passim, si bien insistiendo correctamente en que el dolo eventual debe abarcar indicios concretos no sólo de los planes del autor, sino específicamente con respecto a la inminente utilización delictiva de la prestación profesional, reconociendo que su tesis es muy cercana a una exclusión general de la punibilidad en casos de dolo eventual (p. 463); el mismo, *Cuestiones fundamentales de la aplicación del Derecho penal*, pp. 91 ss., haciendo una interpretación constitucional del debate sobre las "acciones neutrales de complicidad" (p. 98:"*la actitud subjetiva hacia el resultado también es importante: la punibilidad en caso de conocimiento efectivo del fin delictivo del destino de la prestación, que concurre de manera relativamente infrecuente y, por regla general, sólo se refiere a un negocio concreto, afecta al libre ejercicio profesional en menor medida que la punibilidad en casos de dolo eventual o imprudencia, que posiblemente concurren más frecuentemente y abarcan también muchos supuestos en los que no se produce ningún resultado*

probable o la intencionalidad convierten en incorrecto lo que objetivamente es correcto en caso de dolo eventual, estableciendo un tratamiento diferenciado entre las diversas modalidades de dolo que carece de anclaje en el Derecho positivo[44].

Roxin distingue en el manual, tras varias contribuciones sobre este tema, más que entre dolo directo y dolo eventual, entre supuestos en los que se conoce la resolución delictiva del autor[45] y aquellos en los que, sin conocimiento especial de dicha resolución, se cuenta meramente con intenciones delictivas por parte del autor[46]. Los planes del tercero pasan a convertirse de esta manera en el objeto esencial del dolo del posible partícipe. La diferencia de la propuesta de Roxin con otros planteamientos más clásicos como los de v. Bar[47] u Otto[48], es que no limita la participación a los casos de dolo directo por parte del propio partícipe cuando la adaptación al delito no es manifiesta, sino que se utilizan

---

delictivo"); Landa Gorostiza, *Complicidad delictiva*, pp. 211 ss., 234 ss.; Luzón Peña *Revista Penal* 2012, pp. 109 ss.; Ransiek, *wistra* 97, pp. 44 s., 47, aunque con ciertos matices, que hacen que su tesis sea más objetiva que la de Roxin; Roca de Agapito, *Acciones cotidianas*, p. 361 y passim; Wohlleben, *Beihilfe*, pp. 162 ss.

Sobre la doctrina del TS alemán Greco, *Complicidad*, pp. 109 s. y *wistra* 2015, pp. 1 ss.; Putzke, *ZJS* 2014, pp. 635 ss.; Heine/Weisser, *Schönke/Schröder StGB*, 27/10 s.; Joecks, *MK*, 27/54 ss.; Lesch, *Schiller-FS*, pp. 458 ss.; Rackow, *Neutrale Handlungen*, pp. 281 ss.; el mismo, *BeckOK StGB*, 4.4; Roxin, *PG*, 26/247 ss.; Roca de Agapito, *Acciones cotidianas*, pp. 130 ss.; Schünemann, *LK*, 27/21 s., todos ellos con amplias referencias jurisprudenciales.

44 Se trata de una crítica que se ha generalizado: Bautista Pizarro, *Das erlaubte Vertrauen*, p. 98; Feijoo Sánchez, *Límites*, p. 55; Greco, *Complicidad*, pp. 92 s., 97 s., 112 (en contra de las tesis de Otto, Schild-Trappe y Roxin); Hartmann, *ZStW* 2004, p. 595 (en relación a los mismos autores); Lesch *JR* 2001, p. 386; el mismo, *Schiller-FS*, p. 459; Robles Planas, *Participación*, pp. 64 s.; el mismo, *Imputación en la empresa y conductas neutrales*, p. 441; Roca de Agapito, *Acciones cotidianas*, pp. 152, 355, con ulteriores referencias; Rackow, *BeckOK StGB*, 4.7; Schall, *Meurer-GS*, pp. 108 ss.; Silva Sánchez, *Delito fiscal*, p. 89; Tag, *JR* 97, p. 51; Weigend, *RDPC* 2002, p. 201.

Responde a los críticos Roxin, *PG*, 26/244 ss. Intenta defender tesis mixtas como las de Roxin incidiendo en las diferencias con las teorías puramente subjetivas Roca de Agapito, *Acciones cotidianas*, pp. 345, 366 s. Pero lo cierto es que estas tesis mixtas tienen que asumir que habrá casos en los que la misma conducta o interacción en las mismas condiciones y el mismo contexto es impune con dolo eventual y punible con dolo directo. El hecho de que una conducta que adquiere el significado objetivo o social de participación debe ser punible si el autor no se encuentra en una situación de error de tipo que excluya el dolo -eventual o directo- no es algo que sea discutido desde otras perspectivas.

Otras críticas, además de la recogida en el texto, en Feijoo Sánchez, *Derecho penal de la empresa*, pp. 56 s.; Kindhäuser, *Otto-FS*, pp. 358 ss.; Rackow, *BeckOK StGB*, 5 ss., con ulteriores referencias; Robles Planas, *Participación*, pp. 64 ss.; Wohlers, *SchZStr* 99, pp. 434 s.

45 PG, 26/221 ss.

46 PG, 26/241 ss.

47 *Gesetz und Schuld* II, p. 693 (§ 359).

48 Por diversos lugares, *Lenckner-FS*, pp. 210 ss. y *JZ* 2001, p. 444.

En general, sobre las teorías que se basan en "*el dolo directo como criterio delimitador*" o "*el dolo eventual como factor delimitador*", Rackow, *Neutrale Handlungen*, pp. 269 ss.; Robles Planas, *Participación*, pp. 58 ss.; Roca de Agapito, *Acciones cotidianas*, pp. 126 ss.

criterios de imputación diferenciados en función de que el partícipe actúe con dolo directo[49] (mejor dicho, con conocimiento de la resolución delictiva del autor) o bien con dolo eventual[50] (contando únicamente con una conducta delictiva del autor). Las exigencias objetivas son mayores en caso de que no concurra dolo directo (no se sabe seguro que el autor está resuelto a cometer el delito o no se actúa con la intención de apoyar o ayudar al autor resuelto a cometer el delito). La diferencia con propuestas más normativas, como las que se expondrán más abajo, es que hace depender el sentido delictivo de la conducta del partícipe de la finalidad o modalidad de dolo, entendiendo de forma un tanto casuística que en los casos en los que el partícipe conoce la resolución delictiva del autor no existiría participación cuando *"falta una referencia de sentido delictiva si la aportación favorecedora se refiere a una acción legal, que tomada en sí misma ya es útil y con sentido para el autor, pero éste la convierte además en presupuesto de una conducta delictiva independiente de ella y basada en una resolución autónoma"*[51]. Como ya se ha dicho, con independencia del debate dogmático transnacional, esta solución diferenciada carece de anclaje en el Derecho positivo español. Lo que significa "cooperar a la ejecución del hecho" no debería tener contenidos distintos en función de que se coopere intencionadamente o con conocimiento seguro o altamente probable o se coopere con dudas o en una situación de incertidumbre (no de error).

La teoría de los actos neutrales o neutros ha sido una palanca para relativizar el peso de los criterios puramente psicológicos en la delimitación del alcance de la participación criminal. En la práctica forense española, como ya se ha expuesto, está permitiendo limitar objetivamente el alcance de la responsabilidad accesoria por dolo eventual, restringiendo de esta manera un alcance de la responsabilidad penal que se pudiera entender como excesivo. Los defensores de utilizar una mezcla de criterios objetivos y subjetivos -poniendo mayor o menor énfasis en cada uno de ambos- están de acuerdo en dejar fuera del ámbito penal los supuestos en los que alguien cuenta abstractamente con que otro(s) va(n) a realizar un hecho delictivo (por su aspecto sospechoso, por ejemplo), pero sin que ello se derive de motivos o indicios objetivos concretos derivados del contexto en el que se está actuando ni de un conocimiento seguro o altamente probable de la resolución delictiva de ese o esos terceros[52]. Consideran –con razón- que no existe un interés general en llevar la protección de bienes jurídicos tan lejos o que hacerlo resulta poco razonable e, incluso, socialmente contraproducente[53].

---

49 PG, 26/221 ss.

50 PG 26/241 ss.

51 PG, 26/224.

52 En profundidad, Rackow, *Neutrale Handlungen*, pp. 94 ss.

53 Representativo de esta idea Greco, Presentación del libro *Complicidad*, pp. 8 s., 147 ss., que ofrece como síntesis de su solución la siguiente: *"el Derecho penal, protector de bienes jurídicos, no prohíbe por prohibir; sino que solo veda aquellas conductas cuya abstención beneficia, de alguna manera la existencia de bienes jurídicos. Las prohibiciones que en nada mejoran la situación de dichos bienes jurídicos, resultan ser prohibiciones injustificadas"*. Que esta idea no es incorrecta, pero es insuficiente y está desenfocada lo demuestra el ejemplo que propone a continuación: *"la negativa del panadero de vender no redunda en ningún beneficio en favor de la víctima de envenenamiento, toda vez que el envenenador podría, por ejemplo, conseguir otro pan,*

b) Partidarios de que la función esencial del Derecho Penal es la protección o estabilización de normas esenciales[54] *(Jakobs*[55]*, Frisch*[56]*, Robles*[57]*, Feijoo*[58]*)*

Jakobs fue el pionero del debate actual al señalar que una conducta no puede ser calificada como de participación cuando pasa a ser lesiva exclusivamente por la transformación que un tercero hace de sus consecuencias. Especialmente cuando uno tiene que cumplir con sus deberes contractuales o de Derecho público (son muy conocidos los ejemplos del deudor que paga su deuda sabiendo que otro va a utilizar ese dinero para comprar un arma con el fin de cometer un delito o pagar un soborno o del juez que dicta la sentencia jurídicamente correcta, a pesar de que ha sido amenazado de que si lo hace morirá un compañero secuestrado).

Frente a la idea de que más allá de este punto de consenso mínimo (falta de un conocimiento seguro o altamente probable en el caso concreto), los aspectos subjetivos relativos a conocimientos e intenciones sean suficientes, un sector doctrinal que atiende a criterios normativos relativos a la delimitación de ámbitos de responsabilidad y no exclusivamente a la necesidad de protección de bienes jurídicos, considera que lo decisivo es que la conducta adquiera por sí misma y en su contexto el sentido o significado objetivo de facilitar la futura

---

teniendo que caminar, para ello, poco más de una cuadra. La solución sería diversa si se trata de la única panadería de la región". Desarrolla estas ideas en pp. 164 ss. Confiesa que en el año 2016 sigue sin saber cómo resolver de forma adecuada el ejemplo propuesto por Jakobs (*PG*, 24/13): A paga una deuda a B, sabiendo que este usará el dinero para comprar un arma y matar a C, lo que efectivamente ocurre (pp. 192 s.). Con la tesis sostenida en el texto, la solución es obvia: A tiene que cumplir con su deber (a lo que le obligaría un juez si no pagara y B le demandara por incumplimiento).

La solución propuesta por Greco le otorga, sin embargo, un peso excesivo a la protección o seguridad de bienes en detrimento de la libertad, considerando prohibido todo comportamiento que empeora la situación de un bien jurídico: "*Contribuciones que pueden ser obtenidas en cualquier otro lugar, de cualquier otra persona que actúa lícitamente, sin cualquier ulterior dificultad para el autor principal, no pueden considerarse prohibidas, porque tal prohibición sería inidónea para proteger el bien jurídico concreto. Ocurre que, si la prohibición mejorara de modo relevante la situación del bien jurídico, dificultando de alguna forma su lesión, ya será legítima, y el riesgo creado jurídicamente desaprobado*" (p. 198). Destaco la posición de Greco porque se trata de una monografía reciente en la que se vuelve de nuevo a tesis más extensivas de la responsabilidad que las propuestas por Roxin por atender exclusivamente a criterios cuantitativos o probabilísticos, desatendiendo otros de carácter más normativo.

54 Sobre este sector doctrinal Ambos, *RDPC 2001*, pp. 200 ss.; Feijoo Sánchez, *Derecho Penal de la empresa*, pp. 50 ss., con ulteriores referencias; Roca de Agapito, *Acciones cotidianas*, pp. 159 ss., en sentido crítico (que aquí, evidentemente, no se comparte).

55 Por diversos lugares, *Lampe-FS*, pp. 565 s. (*CPC 2005*, pp. 69 ss.); *System*, pp. 29 ss.; *Heintschel-Heinegg-FS*, pp. 237 s.; *El lado comunicativo*, pp. 102 ss., con referencias a todos sus trabajos previos sobre la materia en pp. 125 ss. Siguiéndole Lesch, *Schiller-FS*, pp. 448 ss.

56 *Tatbestandsmässiges Verhalten*, pp. 240 ss. (con respecto a la afirmación del texto, pp. 281, 283 ss.); *Lüderssen-FS*, pp. 539 ss. Siguiéndole Murmann, *PJ* 99, pp. 164 ss.; Schall, *Meurer-GS*, pp. 113 ss.

57 *Participación*, pp. 290 ss.; *Imputación en la empresa y conductas neutrales*, pp. 439 ss.

58 *Límites de la participación criminal*, pp. 59 ss.; *Derecho penal de la empresa*, pp. 50 ss.

comisión del delito[59][60]. Los argumentos normativos a favor de esta idea tienen

59 En principio, es irrelevante si con la prestación se favorecen varias conductas, si una de ellas adquiere un sentido delictivo o si se favorece delictivamente una conducta típica y, además, otras conductas lícitas. Por ejemplo, alguien le deja un mechero a otra persona después de que ésta ha rociado un sótano con gasolina a altas horas de la noche al tiempo que sostiene un cigarrillo apagado en la boca. O un abogado tiene una reunión con un cliente donde le asesora sobre cómo realizar tanto operaciones legales como ilegales. Para simplificar la exposición, en el texto nos referimos a supuestos relacionados con una única conducta y no con varias a la vez (unas legales y otras típicas).

60 En algunos trabajos estas tesis son definidas como objetivas para diferenciarlas de las subjetivas y las mixtas (en sus respectivas variantes mixtas-objetivas y mixtas-subjetivas). Es decir, se trata de perspectivas que ponen el foco de la restricción de la participación en criterios ajenos al conocimiento o las intenciones del partícipe. Esto es correcto siempre que sean entendidas como teorías que desarrollan un tipo objetivo de la participación al margen de la mera causalidad y probabilidad de lesión (idoneidad) como objeto de referencia de la infracción de deberes personales, entendidos como concreciones en una determinada situación de lo prescrito por la norma. Que se trate de teorías objetivas no significa que se renuncie a la responsabilidad subjetiva (art. 5 CP). Es evidente que para el (doble) dolo del partícipe es preciso que éste conozca el contexto en el que realiza su acción, ya que de ello depende que su conducta adquiera el significado delictivo como participación dolosa en un delito. Pero ello no significa que la conducta quede esencialmente definida como injusto penal por el "conocimiento especial" del partícipe. Esto tiene que ver con el fundamento general del injusto desde una perspectiva normativa y comunicativa: no son los conocimientos (ni las intenciones o finalidades) del autor los que determinan el injusto ni los límites del uso legítimo de la libertad. Es evidente que toda modalidad de responsabilidad penal exige dolo o imprudencia (art. 5 CP), pero si la conducta no reúne los requisitos de la participación, los conocimientos, intenciones o finalidades del que tiene una relación causal con un delito son indiferentes. Ni la peor de las intenciones puede convertir en participación lo que no lo es (*rectius*, lo que no tiene ese significado jurídico). Como ya se ha expuesto, un sector destacado de la doctrina que mantiene una posición diversa a la del texto sostiene que los "conocimientos especiales" configuran ya el tipo objetivo. Pero esa es una solución que rompe la lógica del Código Penal (art. 14). Los propios conocimientos del partícipe pasarían a ser objeto de su dolo (la participación dolosa exigiría representación de los propios conocimientos especiales como elemento del tipo objetivo). Y, ¿Cómo sería el error sobre el hecho constitutivo de la infracción penal "conocimientos especiales"? La mejor prueba de que esta situación es insostenible es que nunca se hace un análisis de los "conocimientos especiales" como objeto de referencia del dolo. Esto ha sido destacado también -aunque no se comparta su solución- por MIRÓ LLINARES, *Conocimiento*, p. 78, señalando como los partidarios de estas posiciones no explican qué es lo que "*quedaría en el juicio de valoración de la tipicidad subjetiva, esto es, en la comprobación del dolo*". El proceso social de imputación tiene que ir necesariamente de la configuración externa a la interna (error vencible o evitable; decisión de seguir adelante a pesar de la representación del hecho típico) ya que, de lo contrario, sería imposible saber cuál es el objeto del dolo o de la imprudencia (es decir, cuál es el hecho que debería ser evitado de acuerdo a deber y del que el sujeto va a ser hecho culpable y castigado). Creo que nadie propondría seriamente que requisitos típicos que son el objeto del dolo como "medicamento", "cosa mueble" o "morada" dependieran de lo que el sujeto conoce o adquirieran un significado distinto en función de lo que el sujeto se represente. Lo relevante es el conocimiento que abarca los factores o elementos constitutivos de la responsabilidad. Por el contrario, los conocimientos o intenciones referidos a una conducta permitida carecen de relevancia. En un sentido parecido, ROBLES PLANAS, *Participación*, pp. 204 ss., que siguiendo a FRISCH, argumenta como "*el tipo subjetivo tiene como referente el tipo objetivo y ello significa que: tan sólo cuando un riesgo se llega a*

que ver con la necesidad de otorgar relevancia a efectos de valoración jurídico-penal a criterios normativos como el principio de autorresponsabilidad, la delimitación de esferas de responsabilidad en el marco de un sistema de libertades y la constatación de que vivimos en una sociedad que parte de la confianza como principio organizativo y no de la desconfianza[61]. En una sociedad basada en la confianza como principio orientador la prohibición de regreso de la responsabilidad desde el infractor hacia terceros que han estado relacionados con él de alguna manera constituye la regla y no la excepción cuando no existe posición de garante y la conducta no presenta un sentido manifiestamente delictivo. Por esta razón este sector doctrinal está dispuesto a excluir la imputación incluso en supuestos donde pueda existir un conocimiento altamente probable o la intención de que un tercero delinca, siempre que la acción tenga en su totalidad un sentido ajeno a lo delictivo, sentido que no tenía inicialmente y que finalmente sólo es proporcionado *ex post* por un tercero que se aprovecha de una conducta previa para cometer un hecho tipificado como delito. Por ejemplo, se facilitan materias primas (sean o no de fácil acceso a través de otros proveedores) a un cliente que se sabe que no respeta las normas medioambientales. La perspectiva cambia, evidentemente, si se pone por delante la idea de seguridad de bienes y el principio de referencia pasa a ser la necesidad de protección *ad hoc*.

Al igual que la creación de un riesgo no permitido equivale normativamente a la no creación de un riesgo (conducta permitida), el favorecimiento de un delito dentro de los márgenes de lo permitido no puede ser tratada como participación en el delito[62], por lo que para el ordenamiento penal es de exclusiva responsabilidad del que se aprovecha de una aportación de sentido neutral integrada en unas dinámicas sociales que se basan en la auto-responsabilidad, la delimitación de esferas de responsabilidad (no todo es incumbencia de todos, en conocida expresión de JAKOBS) y la confianza. Ello suele ser más obvio cuando un tercero se aprovecha del cumplimiento de deberes de otra persona (el que tiene una deuda u obligación de contraprestación tiene que

---

calificar como no permitido puede ser relevante el dolo o la imprudencia (que en sí pueden existir y normalmente existirán con anterioridad a lo objetivo) De este modo, el tipo objetivo se ocupa de la forma externa de la acción, de las propiedades objetivas generales de la conducta que luego será subjetivamente imputada al sujeto. Sólo cuando una conducta se manifiesta como no aceptable en su forma de aparición, puede plantearse la pregunta sobre su atribución subjetiva".

61 A diferencia de otro sector doctrinal que traslada a este ámbito de forma automática los criterios desarrollados para la causación directa como autor ("previsibilidad objetiva", causalidad adecuada, grado de tendencia, creación de un riesgo, cuantificación del riesgo) sin tener en cuenta que la consumación no se imputa directamente al partícipe, sino a través de otro(s) que actúa(n) de forma libre y responsable. La imputación de un hecho delictivo cometido por una persona auto-responsable ha de tener una fundamentación normativa distinta a la causación directa de un resultado. No se trata de grados de tendencia, sino de grados de incumbencia o de competencia con respecto al hecho principal. De acuerdo en las críticas ROBLES PLANAS, *Participación*, p. 107 ("*la inconcreción de la que adolecen los criterios cuantitativos de imputación es el resultado de no introducir en el juicio de desaprobación valoraciones cualitativas*"), con referencias a FRISCH y WOHLERS.

62 WOHLERS, *SchZStr* 1999, p. 428 y *NStZ* 2000, pp. 173 s.

pagarla, aunque sea consciente de que ese ingreso no va a ser debidamente declarado[63]).

Mi tesis -englobado en este segundo grupo- es que **no puede existir una conducta de participación en un delito económico mientras el comportamiento, teniendo en cuenta el contexto en el que se realiza[64], tenga un sentido o significado económico propio desvinculado de la comisión de un delito**[65].

6. SOLUCIÓN AL CASO PLANTEADO

Si una persona levanta una anotación preventiva en el Registro de la propiedad porque ha cobrado finalmente su deuda, es indiferente si dispone de datos o tiene el convencimiento de que ello permitirá al dueño del inmueble sobre el que ya no pesa la anotación alzarse con sus bienes en perjuicio de otros acreedores. La conducta carece del significado de participación en la posterior frustración de la ejecución o insolvencia y es atípica (permitida).

---

63 En todo caso, aunque aquí se trata de una cuestión que no puede ser desarrollada, en el debate se olvida muchas veces que el injusto doloso del partícipe es algo más que un cálculo o previsión de lo que va a hacer el otro. Así, entiende LANDA GOROSTIZA, *Complicidad delictiva*, pp. 255 s., que sería delictiva la conducta del cliente de un dentista que sabe que éste defrauda al fisco sistemáticamente. Pero el que cierra un negocio con otra persona generando un hecho imponible que genera obligaciones tributarias para la otra parte no está participando en un delito de defraudación tributaria. Sólo ha generado una situación a partir de la que la otra parte tiene que tomar una decisión con relevancia jurídica (cumplir con sus deberes tributarios). Aunque prevea que la contraparte no va a cumplir sus obligaciones, está simplemente contribuyendo a que surja un hecho imponible del que derivan obligaciones fiscales. Cuestión distinta es que desde el principio se esté participando en la simulación total o parcial del hecho imponible que se va a declarar. Si sobre este aspecto hay un error la conducta será impune (ya que no es punible el delito fiscal en su modalidad imprudente) y sin tal error la conducta supondrá una participación en el fraude fiscal de la contraparte. En profundidad, con ulteriores diferenciaciones, KUDLICH, *Unterstützung*, pp. 450 s., 511 ss.; RACKOW, *Neutrale Handlungen*, pp. 508 ss.

64 Esta sería la diferencia esencial de mi posición con la de ROBLES PLANAS (*Participación*, pp. 307 ss., *Garantes y cómplices*, pp. 79 ss. y *GA 2008*, pp. 28 ss. y passim), que valora la conducta con absoluta independencia del contexto. Su postura viene motivada por una concepción muy rígida del principio de autorresponsabilidad (absolutamente contrafáctica), conforme al cual el sentido delictivo de la conducta se entiende totalmente independiente del contexto de actuación. De esta manera se aleja de posiciones como las de JAKOBS, FRISCH o la defendida por mí previamente (*Límites*, pp. 72 s.). Sobre la importancia del contexto para la determinación de deberes, FEIJOO SÁNCHEZ, *Resultado lesivo*, pp. 245 ss.

65 Específicamente para el ámbito de los delitos económicos MARTÍNEZ-BUJÁN PÉREZ, *Derecho penal económico*, p. 632 ("*lo más adecuado es descartar la idea de tratar de delimitar el riesgo permitido sobre la base del conocimiento que el partícipe tenga del comportamiento futuro del autor y acoger la vía de delimitarlo sobre la base del sentido de la propia conducta de favorecimiento, un sentido que no depende ya del conocimiento que posea el partícipe de determinadas circunstancias (entre ellas, el conocimiento de las intenciones futuras del autor), sino de criterios normativos*").

7. Tendencias

7.1. *Con respecto a los delitos económicos*

La doctrina tradicionalmente ha puesto el foco o énfasis más en la conducta prohibida (u obligada) y menos en la conducta permitida, a pesar de que se trate de dos caras de la misma moneda. Esta última perspectiva puede ser enormemente fructífera si se tienen en cuenta supuestos específicos tradicionales como el riesgo permitido (la conducta, a pesar de tener un grado de tendencia lesiva es tolerada o asumida por el ordenamiento jurídico) o la confianza permitida (a pesar de que pueda ser objetivamente previsible una conducta incorrecta ajena existe un margen mayor que dicha previsibilidad para la confianza en un comportamiento conforme a Derecho de otros). Pero también existe un nivel de **indiferencia, insolidaridad o neutralidad permitida como consecuencia del reparto social de ámbitos de competencia**. Es decir, no siempre tenemos que bloquear u obstaculizar comportamientos delictivos o autolesivos de terceros que actúan de forma libre y responsable. Más bien todo lo contrario: se trata de algo excepcional salvo que el ordenamiento imponga un deber específico.

No cabe duda de que doctrina y jurisprudencia tienen una mayor propensión a admitir un alto nivel de indiferencia o insolidaridad y, por consiguiente, una tendencia a ser más generosas con la limitación de la responsabilidad accesoria que caracteriza la participación cuando sólo están en juego intereses económicos[66]. Se admite en general que los particulares no tienen un deber de modificar su conducta para prevenir u obstaculizar fraudes contra intereses económicos de terceros o contra la Administración. Por ejemplo, la detección y prevención del fraude fiscal o de cualquier otro fraude contra la Administración es competencia de ésta, que no puede pretender que los sujetos privados sean penalmente responsables por no protegerla frente a conductas delictivas de terceros. La idea de que no existe un deber general de boicotear los comportamientos antijurídicos que se sepa que van a ser favorecidos de alguna manera por la propia conducta parece más asumible en el ámbito de la delincuencia económica.

En este sentido hay que destacar que el art. 450 CP sólo establece el deber de los no-garantes de impedir delitos con respecto a delitos contra bienes jurídicos personalísimos como la vida, la integridad física, la salud, la libertad o la libertad sexual[67]. Incluso tesis que introducen matices con el fin de evitar una limitación excesiva del alcance de la participación como la de Frisch, que

---

66 Frisch, *Tatbestandsmässiges Verhalten*, p. 311; Rackow, *Neutrale Handlungen*, pp. 538 ss.; Silva Sánchez, *Teoría del delito*, p. 48. En este sentido objeta Sánchez-Vera Gómez-Trelles, *InDret Penal* 1/2008, p. 27, nota 34, a Rueda Martín como su *"argumentación parece más bien orientada a la llamada "justicia material": se niega la imputación si lo único que corre es la tinta (un adjunto ayuda a su Catedrático a la elaboración de sus manuales y sabe que éste oculta sus honorarios a Hacienda: no imputación del delito de blanqueo [p. 132]), pero se afirma si lo que corre es la sangre (un taxista lleva en su vehículo a quien sabe que en el lugar de destino va a poner una bomba: imputación del resultado también al taxista [p. 126]), aunque en ambos casos existe el mismo conocimiento y la solución debiera ser unitaria"*.

67 SSTS 579/2010, de 14 de junio; 682/2017, de 18 de octubre.

pretende fundamentar, con base en la idea de necesidad de protección (caso de estado de necesidad), la existencia de una participación en ciertos supuestos en los que incumpliendo los deberes de solidaridad se favorece causalmente la inminente comisión de un hecho delictivo a) de forma activa, b) con una contribución esencial y c) que no sea de realización jurídicamente obligatoria, tendrían que admitir que dicha tesis sólo tendría sentido con respecto a los delitos recogidos en el listado del art. 450 CP[68].

Esto nos indica la razón por la que las consecuencias de la "prohibición de regreso de la responsabilidad" como reverso de la accesoriedad son mucho más aceptables para la doctrina en el ámbito de los delitos económicos. Por la misma razón las posiciones de garante de protección basadas en la idea de solidaridad cualificada tienen un alcance muy limitado fuera del alcance de los delitos del art. 450. La relevancia de la delimitación de esferas para la limitación de la imputación es mucho más evidente cuando salimos del ámbito de delitos contra bienes jurídicos personalísimos (*"vida, integridad o salud, libertad o libertad sexual"*) que en ocasiones ciegan tal delimitación.

La existencia de una relación real -y no hipotética- de causalidad (condición conforme a leyes de naturaleza o empíricas) parece hacer inclinar la balanza a un sector de la doctrina hacia la protección de bienes jurídicos con base en la idea de que las exigencias de solidaridad son mayores cuando se trata de evitar delitos contra bienes jurídicos básicos irrecuperables como la vida o menoscabos graves de la salud. Un sector de la doctrina admite mucho mejor que alguien no responda por participación si simplemente no cierra la

---

68 FRISCH, *Tatbestandsmässiges Verhalten*, pp. 312 ss. y *Lüderssen-FS*, pp. 549 ss. En un sentido similar SCHALL, *Meurer-GS*, pp. 118 s. y TAG, *JR* 97, p. 56. En todo caso no está bien fundamentado cómo la violación activa de deberes genéricos (no cualificados) de solidaridad puede hacer que alguien sea incumbente del hecho de un tercero o pase a formar parte de la organización de un delito ejecutado por un tercero. Un no evitar sólo se puede convertir en un ayudar si existe un deber cualificado como garante. Señala con razón GRECO, *Complicidad*, pp. 105 s., pensando en el homicidio, que *"normas de solidaridad y normas subyacentes a los delitos de resultado son orientadas por diferentes principios (...) no resulta claro que una violación de un deber menor, a través de una forma más grave de comportamiento (activo, en vez de pasivo) implique automáticamente una violación de un deber mayor que, hasta entonces, inclusive no existía"*. En profundidad sobre estas tesis de FRISCH, también en sentido crítico, KUDLICH, *Unterstützung*, pp. 417 ss., 438 ss., que considera que los deberes generales de solidaridad no establecen incumbencia especial alguna con respecto a la lesión de bienes jurídicos; RACKOW, *Neutrale Handlungen*, pp. 180 ss., 228 ss.; ROBLES PLANAS, *Garantes y cómplices*, pp. 93 ss. y *GA* 2008, pp. 26 ss.

ROBLES PLANAS, *Participación*, pp. 312 ss., *Garantes y cómplices*, pp. 83 ss. y *GA* 2008, pp. 28 ss., si bien considera más graves los supuestos de las infracciones causales y conscientes de deberes de solidaridad que favorecen la producción de un resultado, no llega a las conclusiones de FRISCH. Considera que ello sólo justificaría un subtipo agravado de un delito de omisión simple, lo cual le lleva a una propuesta de *lege ferenda* en este sentido. Previamente FEIJOO SÁNCHEZ, *Límites*, pp. 75 s., con nota 39. Ya he señalado *supra* nota 64 las diferencias entre la posición de ROBLES y la que yo defiendo en función de la importancia del contexto para definir el contenido de los deberes. En lo que estamos de acuerdo, frente a la posición de FRISCH, es en que no existe en nuestro ordenamiento un *"deber, estatalmente garantizado y delegado, de no favorecer hechos delictivos ajenos en situaciones de inminente lesión de un bien fundamental de la víctima"*. Esta idea tiene una eficacia especial en el ámbito de los delitos económicos: ser insolidario no es lo mismo que participar en un delito.

ventana por la que alguien se cuela para acceder a la casa del vecino y matarle que cuando abre la ventana para que entre el fresco sabiendo que hay un asesino esperando tal oportunidad para poder acceder a la casa del vecino y matarle[69]. La referencia genérica a la necesidad de protección de bienes jurídicos es, sin embargo, normativamente insuficiente.

La doctrina suele recurrir a la idea de solidaridad[70] cuando no tiene otra manera de establecer un deber excepcional de actuación o soporte de costes en un caso concreto en beneficio de un tercero o de otras personas[71]. Pero esta idea tiene que ser considerada errónea para los que pensamos que la solidaridad no sirve como fundamento para una responsabilidad accesoria, sino para una imputación directa como autoría (si alguien tiene la obligación de proteger a otro frente a cualquier tipo de riesgo, es indiferente si el riesgo tiene un origen natural o humano)[72]. En el supuesto de relaciones de solidaridad especial que claramente fundamentan posiciones de garantía es evidente. La madre que proporciona a un tercero el arma para que mate a su bebé, no responde como partícipe en el delito (aunque también puede

---

69 Feijoo Sánchez, *Límites*, pp. 75 s.; Frisch, *Tatbestandsmässiges Verhalten*, pp. 245 ss.; Kudlich, *Unterstützung*, pp. 408 ss., todos con amplias referencias a favor y en contra de la idea del texto.

Representativo en el sentido contrario que se critica en el texto Roca de Agapito, *Acciones cotidianas*, pp. 223 ss., 358 s. Este autor trata como supuestos de comisión por omisión casos que son, en realidad, de omisión por comisión (no obstaculizar delitos ajenos sin tener una obligación al respecto, pero sin estar absolutamente quieto). No es casualidad que este autor termine sus críticas a la posición que se sostiene aquí alegando a la "*desatención de la protección de bienes jurídicos*". Pero la cuestión es cómo está determinada esa protección de bienes jurídicos por el ordenamiento jurídico por parte de unas normas que regulan las relaciones jurídicas y la libertad general de personas que son concebidas por el ordenamiento jurídico como libres, responsables y razonables. El Derecho -también el penal- tiene la función de ordenar y coordinar la vida de una pluralidad de seres humanos, con independencia de sus mejores o peores instintos (ángeles o demonios en sentido kantiano), de tal manera que la valoración de su comportamiento público o intersubjetivo ha de ser como si no tuvieran malos instintos o no se vieran inclinados a infringir las normas. Esta es la única manera de garantizar la libertad de todos, siendo la protección de bienes jurídicos un mero derivado de la configuración del sistema como de libertades. Si no es así el bien jurídico como argumento dogmático se convierte en un "elemento corrosivo" del sistema de libertades y acaba destruyendo más libertad que la que colabora a crear, alejándose de un Derecho Penal de la culpabilidad por el hecho y transformándose en un Derecho Penal de la culpabilidad por la actitud interna. Con mayor detalle, Feijoo Sánchez, *Límites*, pp. 75 s.

70 Feijoo Sánchez, *Límites*, p. 75 ("*desde un punto de vista de los deberes infringidos, la tipicidad de la conducta en estos supuestos en los que están en peligro bienes jurídicos muy importantes no estaría más bien en lo que el sujeto emprende, sino en no tener un grado mínimo de solidaridad para modificar una actuación en beneficio de la víctima*"). La solidaridad podría también definirse, como hace un sector de la doctrina por influencia de Jakobs, como un deber positivo (de actuar en beneficio) que no estaría basado en las consecuencias de la propia libertad. Se trata de términos distintos para un mismo problema dogmático.

71 Paradigmático Frisch, *InDret* 4/2016, pp. 5, 17 ("*exigibilidad de la renuncia a una conducta en sí normal, cuando esta puede ser aprovechada por otros para la comisión de delitos graves*").

72 No trato de sortear que la afirmación del texto no es una opinión generalizada en la doctrina, pero aquí no son posibles mayores detalles.

que lo sea), sino que directamente es autora por infracción de sus deberes de protección. Trasladando esta idea a los delitos económicos, el que tiene como administrador un deber de salvaguarda patrimonial y facilita un acto en perjuicio de dicho patrimonio de un tercero no responde como partícipe en el delito del tercero (aunque también lo sea), sino como autor de un delito de administración desleal[73]. No está dogmáticamente bien fundada en el contexto del ordenamiento jurídico vigente la idea de una solidaridad intermedia -entre la simple de las omisiones simples y la especial o cualificada de las posiciones de garante- que permita fundamentar una responsabilidad por participación. Sobre todo si tenemos en cuenta que la solidaridad como fundamento para la imputación de un hecho tiene que estar vinculada a una institución de carácter muy especial (como la relación paterno-filial o el desempeño de funciones estatales) o a una asunción específica (gestor de un patrimonio ajeno) y la referencia a un deber genérico de solidaridad como ciudadano resulta normativamente insuficiente.

Por otro lado, retomando la idea de FRISCH, que es el autor que mejor ha planteado esta cuestión en un sentido distinto al que se defiende en este trabajo, si se excluyen situaciones de realización jurídicamente obligatoria es porque en estos casos en los que hay deberes específicos contractuales o de Derecho Público es más evidente que el sujeto que favorece o facilita actúa amparado por el ordenamiento jurídico. Pero ello puede suceder también aludiendo al principio general de libertad: ¿Si una conducta no está prohibida en general, por qué pasa a estarlo puntualmente con base en una idea de solidaridad? Sólo en una sociedad hiperregulada donde estuvieran intensamente reguladas por el Estado todas las interacciones se podría partir de que sólo el que cumple con deberes u obligaciones se mantiene dentro del margen de libertad concedido por el ordenamiento jurídico. Sin embargo, en el contexto normativo vigente existe un nivel de indiferencia o insolidaridad permitido aunque no existan obligaciones o deberes jurídicos con respecto al que referenciarlo. La referencia a la existencia previa de un deber de realizar la prestación sólo hace más evidente la conformidad a Derecho, pero no significa que la inexistencia convierta toda conducta favorecedora en antijurídica.

Volviendo a nuestro caso original, es evidente que no existe un deber solidario de proteger a otros acreedores frente a un deudor común y no se puede obligar a mantener una anotación preventiva cuando ésta, como mecanismo de protección del demandante, ya ha cumplido su objetivo y ha perdido su sentido, incluso aunque pueda ser útil para proteger a otros acreedores.

En el ámbito de los delitos económicos contra intereses económicos públicos se plantea un fenómeno nuevo en los últimos años que consiste en la proliferación de deberes o incumbencias o responsabilidades por no colaborar con el Estado en labores policiales o cuasi-policiales. Existe una creciente tendencia a que el Estado moderno cree deberes en los que exige a los particulares una colaboración cuasi-policial con el Estado. No debemos

73 Recordemos que anteriormente el delito de malversación del art. 432 CP se refería al agente público que sustrajera o consintiera que otro sustrajera. En la actualidad se define en términos idénticos al delito de administración desleal.

olvidar que los deberes de solidaridad se pueden entender como deberes de colaborar con el Estado o la administración en situaciones de necesidad en las que resulta imposible ofrecer protección directamente. En el mundo de la economía el Estado impone otros deberes de colaboración allí donde no llega para proteger el correcto ejercicio de sus funciones (recaudatoria, decomisoria, etc.).

Si bien el cumplimiento de esos deberes es un indicio para excluir una responsabilidad por participación, su infracción no supone, en sentido contrario, siempre una participación delictiva. **Es dogmáticamente ilegítima la pretensión de extender la lógica del blanqueo a otros ámbitos delictivos** (conoce a tu cliente o a tu contraparte y asegúrate de que cumple sus deberes; por ejemplo, sus obligaciones fiscales). No prevenir un delito de un tercero sin tener una posición de garante no puede entenderse como una conducta de participación[74]. No se pueden tratar como equivalentes a una posición de garante ciertos deberes -no penales- menos intensos o más suaves, débiles o blandos de prevención y control[75]. Una conducta puede ser antijurídica y ser sancionada administrativamente ya que el Estado puede estar legitimado a implantar mayores exigencias para proteger intereses públicos, generales o estatales, pero las posiciones de garante garantizadas mediante pena con el fin de evitar infracciones de sujetos libres y responsables son absolutamente excepcionales en nuestro ordenamiento.

La globalización está provocando una expansión de la "lógica del blanqueo". En los años ochenta del pasado siglo, cuando se vio la necesidad de perseguir la dimensión económica de las grandes organizaciones criminales (especialmente las dedicadas al narcotráfico), los países occidentales adoptaron la siguiente decisión: como era enormemente costoso crear una policía financiera especializada se cargó a determinados particulares con

---

74 En sentido contrario, LASCURAÍN SÁNCHEZ, *Derecho penal económico*, pp. 101 s., 106, 110, que entiende que puede existir una "*participación omisiva por la infracción de deberes de impedimento u obstaculización*" en supuestos "*consistentes en que un sujeto que no sea garante incumpla un deber específico de actuación -que no lo sea de garantía- cuya observancia hubiera impedido o dificultado la comisión de un delito por parte de un tercero*". Entiende que deberes que no derivan de posiciones de garantía no son relevantes "*para asociar "autorías" a su quiebra en función del resultado acaecido, sino, en su caso, a lo sumo, contribuciones al mismo a título de partícipe*". Por ello considera que "*un sujeto participa por omisión en un delito cuando, sin ser garante, incumple un deber específico de actuación cuya observancia hubiera impedido o dificultado la comisión de un delito por parte de un tercero. Y debo recordar que el presupuesto de esta afirmación es el de que no todo deber es un deber con las mayúsculas que supone el deber de garantía, a cuya infracción asociamos la imputación del resultado no evitado*". Pero al partícipe también le imputamos el resultado o hecho principal, sólo que accesoriamente. No basta con no evitar o no impedir el delito de otro si no se tiene previamente una posición jurídica específica al respecto que definimos como posición de garante.

75 No se puede olvidar que en nuestro ordenamiento jurídico el partícipe puede recibir la misma pena que el autor. Por tanto, no sólo se estaría imputando -accesoriamente- un hecho sin que forme parte de su ámbito de libertad ni tenga una posición de garantía que fundamente tal imputación, sino que se permitiría tratar de forma equivalente dos injustos de gravedad e intensidad totalmente distinta.

Sobre este debate en el ámbito paralelo del fundamento de la responsabilidad penal de las personas jurídicas, FEIJOO SÁNCHEZ, *Orden socioeconómico*, pp. 177 ss. ("*No toda omisión*

deberes cuasi-policiales de prevención o colaboración con el Estado. Así surgió la legislación de prevención del blanqueo de capitales y, posteriormente, de financiación del terrorismo y conductas afines. En los últimos treinta años los sujetos especialmente obligados se han incrementado exponencialmente (prácticamente cualquier actividad empresarial importante es afectada por los deberes de la legislación de prevención del blanqueo y financiación de terrorismo[76]) y los deberes de diligencia y prevención se encuentran en un proceso continuo de transformación y ampliación que parece no tener fin. La cuestión se complica con el recurso a estrategias de autorregulación regulada. El ordenamiento jurídico ya no concreta los deberes de los operadores económicos, sino que les obliga a identificar riesgos y adoptar las correspondientes medidas preventivas. Esto se ha potenciado con la responsabilidad penal de las personas jurídicas (vinculada a una visión más institucional y menos iusprivatista de dichas entidades), si bien no se puede olvidar que dicha responsabilidad llega siempre a través de la conducta de una persona física, por lo que existe una interrelación entre ambos tipos de responsabilidad. En este trabajo no es posible profundizar en estas cuestiones, pero estas modificaciones del sistema jurídico han provocado que tengamos aquí una trinchera donde nos jugamos ciertos límites legítimos del Derecho Penal en lo que se ha denominado la era del *Compliance*[77]. Estamos ante un rompeolas entre una tradición anglosajona con tendencia a criminalizar conductas si ello ayuda a estimular la colaboración con el Estado en la prevención (utilidad) y una tradición continental o germana donde una responsabilidad penal no basada en la propia libertad de actuación siempre ha necesitado una especial fundamentación (merecimiento). En este segundo contexto es donde tiene todavía sentido hablar de prohibición de regreso para afrontar la casuística relacionada con acciones neutrales, estándar o profesionalmente adecuadas. La denominada "americanización del Derecho Penal"[78] es un fenómeno que va en sentido contrario. Ciertas tendencias globales capitaneadas por Estados Unidos ponen en peligro la idea de prohibición de regreso como un criterio normativo para identificar un injusto propio -imputación de un hecho antijurídico como propio- incluso en los casos de participación.

7.2. CON RESPECTO A LA CRIMINALIDAD DE EMPRESA

No se puede identificar delito económico con delito cometido en una estructura empresarial, pero no cabe duda que los criterios de imputación

de estrategias o políticas que resulten funcionales para la prevención, detección y persecución de delitos ajenos constituye sin más un injusto penal").

76 También la actividad de otros operadores jurídicos en el tráfico como los notarios o los registradores.

77 SILVA SÁNCHEZ, *Delito y empresa*, pp. 51 ss., concluyendo como *"la introducción de la responsabilidad penal de las personas jurídicas en los diversos ordenamientos jurídicos y la cultura del compliance están actuando, en este punto, a modo de catalizador de tendencias preexistentes"*.

78 Acojo la expresión del artículo de NIETO MARTÍN, "¿Americanización o europeización del Derecho Penal económico?".

en estructuras empresariales condicionan el contenido y alcance de la delincuencia económica.

No es este el lugar para desarrollar esta cuestión[79], pero en el ámbito de la empresa aparece una diferencia fenomenológica importante a tener en cuenta. Mientras la teoría de la prohibición de regreso fue pensada originalmente para una realidad en la que hay que plantearse cómo retrocede y se extiende la responsabilidad del autor hacia otras personas que han ayudado o auxiliado a su conducta (de ahí la primigenia versión que distinguía entre causas directas y condiciones previas antes de que triunfara la teoría de la equivalencia de condiciones), en estructuras empresariales complejas los partícipes suelen actuar con posterioridad a quienes protagonizan el hecho debido a que son los que adoptan las decisiones más importantes[80]. Mientras los administradores suelen tener una competencia general con respecto a los riesgos propios de la actividad empresarial y sólo pueden recurrir normalmente al principio de confianza[81], los trabajadores que realizan el trabajo menos cualificado tienen competencias muy limitadas[82]. En este último caso, más que delegación de funciones como en los niveles superiores, sería más propio hacer referencia a una delegación o encargo de tareas concretas para las que el trabajador ha sido contratado o que forman parte de su contrato laboral.

Sin embargo, la prohibición de regreso, como reverso normativo de la responsabilidad accesoria, no sólo sirve para responder a la pregunta de por qué -o por qué no- queda vinculada una persona que no actúa en último lugar o actúa en fase de actos preparatorios a la conducta del último que actúa o que

79 Me remito a mi monografía *Derecho Penal de la empresa*, pp. 121 ss. En la jurisprudencia: SSTS 374/2017, de 24 de mayo; 86/2017, de 16 de febrero; 825/2015, de 30 de octubre; 338/2015, de 3 de junio; 714/2014, de 12 de noviembre; ATS de 14 de enero de 2013.

80 Así, por ejemplo, la STS 825/2015, de 30 de octubre o el ATS de 14 de enero de 2013 parten de la "*prevalencia del dominio de la decisión sobre el dominio de la acción*".

81 Dentro de una estructura empresarial al superior jerárquico no se le imputa accesoriamente el delito a través de sus subordinados, sino que ciertos riesgos de la empresa no dejan de ser de su competencia aunque haya delegado funciones de gestión del negocio o de la organización. Cfr. Feijoo Sánchez, *Derecho penal de la empresa*, pp. 212 ss., con ulteriores referencias. El principio de confianza, que sirve para delimitar el alcance de los deberes pero no ámbitos de competencia, no es contrafáctico. La existencia de indicios concretos de que los otros (en este caso subordinados) no están cumpliendo sus deberes hace que la confianza deje de estar permitida y exista el deber de adaptarse a la situación. En cambio, cuando no existe competencia en relación con los riesgos empresariales, el conocimiento de una situación de riesgo concreta sólo tiene relevancia a efectos de delitos de omisión simple como los arts. 195 ó 450 CP. Incluso aunque se tenga un dominio fáctico sobre la evitación del resultado o con poco esfuerzo y relativa facilidad se podría evitar la situación de riesgo. Como ya se ha dicho anteriormente, una idea de solidaridad no cualificada basada exclusivamente en la necesidad de protección de bienes jurídicos no puede convertir puntualmente en garante a quien no ha sido establecido previamente como tal en el marco de las relaciones jurídicas. Cfr. Jakobs, *Heintschel-Heinegg-FS*, p. 241.

82 Feijoo Sánchez, *Derecho penal de la empresa*, pp. 201 ss.; Robles Planas, *Principios de imputación en la empresa*, p. 24, ambos con ulteriores referencias.

SSTS 86/2017, de 16 de febrero; 338/2015, de 3 de junio; 714/2014, de 12 de noviembre: "*deberían considerarse responsables, en primera línea a los directivos de la empresa afectada y a los subordinados solo en casos excepcionales*".

realiza actos ejecutivos. También sirve para responder a la pregunta opuesta, como suele suceder en el ámbito de estructuras empresariales: por qué y cómo queda vinculada o acoplada una persona con su comportamiento a la conducta de los que adoptaron las decisiones delictivas iniciales (por ejemplo, un Consejo de Administración que decide ahorrar costes no contratando a una empresa habilitada para la gestión de residuos altamente contaminantes, encarga a través de un directivo a varios trabajadores que carguen los residuos en un camión y busquen un lugar donde dejarlos sin que nadie los vea).

La delimitación objetiva de ámbitos de competencia con un reparto de tareas y funciones en la organización empresarial (departamentalización) ayuda a que las ideas que se han defendido en este trabajo sean especialmente fructíferas dentro de ese microcosmos que son las organizaciones empresariales (es evidente que dentro de una organización no todo es cosa de todos, con excepción de administradores y -quizás- el Director General)[83]. De esta manera la prohibición de regreso puede aportar también en este ámbito un importante soporte teórico a la exclusión de la imputación con base en criterios normativos ajenos a las causas de justificación, la imputación subjetiva (dolo/imprudencia) o a la culpabilidad (inexigibilidad/error de prohibición) en los escalones inferiores de la estructura empresarial[84], en la línea de la práctica forense. Dicho en forma de eslogan, para que se entienda lo que quiero decir, aquí quizás habrá que hacer referencia, en lugar de a una "prohibición de regreso", más bien a una "prohibición de descenso" de la responsabilidad.

Esta última perspectiva demuestra que de lo que ha tratado este trabajo -bajo la denominación que se quiera- es de la ineludible existencia de criterios normativos (ajenos a la causalidad, la probabilidad, los conocimientos, las intenciones, la capacidades de control, etc.) para delimitar adecuada y razonablemente la expansión de la responsabilidad penal a partir de la imputación inicial del injusto al competente o competentes preferentes (autor o autores). Es indiferente si éstos han actuado dolosa o imprudentemente, activa u omisivamente o, incluso, antes o después.

---

83 STS 374/2017, de 24 de mayo: "*En el marco de una organización jerarquizada y compleja en lo económico y en lo jurídico (actividad de una empresa de la que derivan daños ambientales) (…) la creación del riesgo por la empresa, con pluralidad de sujetos, generalmente relacionados entre si jerárquicamente, obliga a la búsqueda de criterios de imputación para determinar quién de aquellos es criminalmente responsable. Algún sector doctrinal propone el de «competencia», prescindiendo de criterios meramente formales, y partiendo de la delimitación de ámbitos de organización dentro de la empresa. Se operaría así con criterios como el de «confianza» que justifica que la ineludible «delegación», de quienes están en un escalón a favor de subordinados, se traduzca en que queden excluidos de responsabilidad penal, si aquella confianza resulta legítima*".

84 MARTÍNEZ-BUJÁN PÉREZ, *Derecho penal económico*, p. 640; ROBLES PLANAS, *Imputación en la empresa y conductas neutrales*, p. 449.

Bibliografía

Ambos, Kai: "La complicidad a través de acciones cotidianas o externamente neutrales", *Revista de Derecho Penal y Criminología* 2° época n° 8, 2001 (="Beihilfe durch Alltagshandlungen", *Juristische Arbeitsblätter* 2000).

Amelung, Knut: "Die „Neutralisierung´´geschäftsmässiger Beiträge zu fremden Straftaten im Rahmen des Beihilfetatbestands", *Festschrift für Gerald Grünwald*, Baden-Baden, 1999.

v. Bar, Karl Ludwig: *Gesetz und Schuld im Strafrecht, Tomo II: Die Schuld nach dem Strafgesetze*, Berlín, 1907.

Bautista Pizarro, Nathalia: *Das erlaubte Vertrauen im Strafrecht*, Baden-Baden, 2017.

Beckemper, Katharina: "Strafbare Beihilfe durch alltägliche Geschäftsvorgänge", *Jura* 2001.

Blanco Cordero, Isidoro: *Límites a la participación delictiva. Las acciones neutrales y la cooperación en el delito*, Granada, 2001.

Caro John, José Antonio: "Conductas neutrales no punibles en virtud de la prohibición de regreso", Montealegre Lynnett/Caro John (Edits.), *El sistema penal normativista en el mundo contemporáneo. Libro Homenaje al Profesor Günther Jakobs en su 70 aniversario*, Universidad Externado de Colombia, 2008.

Cuello Contreras, Joaquín: "¿Participación imprudente y por omisión o prohibición de regreso?", *Cuadernos de Política Criminal* 106 (2012).

Cuenca García, María José: "Reflexiones sobre los actos neutrales y la cooperación delictiva desde los criterios de la imputación objetiva (comentario a la SAP Barcelona, Sección 2ª, 728/2002, de 25 de julio), *Revista Penal* n° 32 (Julio 2013).

Feijoo Sánchez, Bernardo: *Límites de la participación criminal. ¿Existe una "prohibición de regreso" como límite general del tipo en derecho penal?*, Granada, 1999.

- "El principio de confianza como criterio normativo de imputación en el derecho penal: Fundamento y consecuencias dogmáticas, *Revista de Derecho Penal y Criminología* 2000 (n° extraordinario 1).

- *Resultado lesivo e imprudencia*, Barcelona, 2001.

- *Derecho penal de la empresa e imputación objetiva*, Madrid, 2007.

- "Imputación objetiva en el Derecho penal económico y empresarial", *InDret 2/2009*,

- "Welzels Einfluss auf die spanischsprachige Strafrechtsdogmatik", Frisch y otros (Edits), *Lebendiges und Totes in der Verbrechenslehre Hans Welzels*, Tubinga, 2015 (="La influencia de Welzel en la dogmática penal de lengua española", *Anuario de Derecho penal y Ciencias Penales*, Tomo LXVII (2014)).

- *Orden socioeconómico y delito. Cuestiones actuales de los delitos económicos*, Madrid, 2016.

- "Límites del tipo objetivo en los delitos económicos", *Persuadir y razonar: Estudios Jurídicos en Homenaje a José Manuel Maza Martín*, Tomo II, Navarra, 2018.

Frisch, Wolfgang: "Tatbestandsmässiges Verhalten und Zurechnung des Erfolgs", Heidelberg, 1988.

- "Beihilfe durch neutrale Handlungen. Bemerkungen zum Strafgrund (der Unrechtskonstitution) der Beihilfe", *Festschrift für Klaus Luderssen*, Baden-Baden, 2002.

- "Pena, delito y sistema del delito en transformación", *InDret* 3/2014.

- "Derecho penal y solidaridad", *InDret Penal* 4/2016.

Goeckenjan, Ingke: *Revision der Lehre von der objektiven Zurechnung. Eine Analyse zurechnungsausschliessender Topoi beim vorsätzlichen Erfolgsdelikt*, Tubinga, 2017.

- Greco, Luis: "Das Subjektive an der objektiven Zurechnung: Zum „Problem'' des Sonderwissens", *Zeitschrift für die gesamte Strafrechtswissenschaft* 117 (2005).

- "Strafbarkeit der berufsbedingten bzw. neutralen Beihilfe erst bei hoher Wahrscheinlichkeit der Haupttat?", *wistra*, 1/2015.

- *Complicidad a través de acciones neutrales: la imputación objetiva en la participación*, Buenos Aires, 2017.

Günther Heine/Weisser, Bettina: "Comentario al § 27", *Schönke/Schröder Strafgesetzbuch Kommentar*, 30° ed., Múnich, 2019.

Hartmann, Arthur: "Sonderregeln für die Beihilfe durch „neutrales" Verhalten", *Zeitschrift für die gesamte Strafrechtswissenschaft* 116 (2004).

Hassemer, Winfried: "Professionelle Adäquanz. Bankentypisches Verhalten und Beihilfe zur Steuerhinterziehung", *wistra* 95.

Jakobs, Günther: "Beteiligung", *Ius humanum. Grundlagen des Rechts und Strafrecht. Festschrift für Ernst-Joachim Lampe*, Berlín 2003 (existe una traducción en Cuadernos de Política Criminal 2005 n° 85).

- *System der strafrechtlichen Zurechnung*, Fráncfort, 2012.

- "Zuständigkeit durch Wissen?", *Festschrift für Bernd von Heintschel-Heinegg*, Munich, 2015.

- *El lado comunicativo y el lado silencioso del Derecho Penal*, Lima 2015.

- "Akzessorietät", *Rechtsstaatliches Strafen. Festschrift für Keiichi Yamanaka*, Berlín, 2017.

Joecks, Wolfgang: "Comentario al § 27", *Münchener Kommentar zum Strafgesetzbuch*, 3ª ed., 2017.

Kindhäuser, Urs: "Zum Begriff der Beihilfe", *Festschrift für Harro Otto*, Munich, 2007.

- "Verursachen und Bedingen. Zur Regressverbotslehre Reinhard Franks", *Strafe und Prozess im freiheitlichen Rechtsstaat. Festschrift für Hans-Ullrich Paeffgen*, Berlín, 2015.

Kudlich, Hans: *Die Unterstützung fremder Straftaten durch berufsbedingtes Verhalten*, Berlín, 2004.

- *Cuestiones fundamentales de la aplicación del Derecho penal. Contribuciones a la teoría del método y a la imputación en el Derecho penal*, Madrid y otras, 2018.

Landa Gorostiza, Jon Mirena: *La complicidad delictiva en la actividad laboral "cotidiana". Contribución al "límite mínimo" de la participación frente a los "actos neutros"*, Granada, 2002.

Lascuraín Sánchez, Juan Antonio en De la Mata, Barranco, Norberto J./ Dopico Gómez-Aller, Jacobo/Lascuraín Sánchez, Juan Antonio/Nieto Martín, Adán: *Derecho Penal económico y de la empresa*, Madrid, 2018.

Lesch, Heiko: "Recensión a BGH 1.8.2000-5 StR 624/99 (BGHSt. 46, 107)", *Juristische Rundschau*, 2001.

- "Beihilfe durch „rollenadäquates" Verhalten?", *Festschrift für Wolf Schiller*, Baden-Baden, 2014.

Luzón Peña, D. M.: "Responsabilidad penal del asesor jurídico", *Revista Penal* 29 (2012) (=*Un Derecho penal comprometido. L-H Gerardo Landrove Díaz*, Valencia, 2011).

Mansdörfer, Marco: *Zur Theorie des Wirtschaftsstrafrechts*, Heildeberg, 2011.

Martínez-Buján Pérez, Carlos: *Derecho Penal económico y de la empresa, Parte General*, 5ª ed., Valencia, 2016.

Maraver Gómez, Mario: *El principio de confianza en Derecho penal*, Navarra, 2009.

Miró Llinares, Fernando: *Conocimiento e imputación en la participación delictiva*, Barcelona, 2009.

- "Intervención en actividades económicas ilícitas y conductas ¿neutrales?", *Anuario de Derecho Penal Económico y de la Empresa* 1 (2011) (consultado en www.adpeonline.com).

- "Derecho Penal económico-empresarial y evolución de la teoría del delito en la jurisprudencia del Tribunal Supremo (III). Intervención delictiva", Silva Sánchez, J. Mª y Miró Llinares, Fernando, *La teoría del delito en la práctica penal económica*, Madrid, La Ley, 2013.

Murmann, Uwe: "Sobre el tipo de la complicidad en Derecho penal", *Revista del Poder Judicial* nº 53 (1999).

Navarro Cardoso, Fernando: "La participación del asesor fiscal en el delito de defraudación tributaria", *Revista Penal* nº 43 (Enero 2019).

Niedermair, Harold: "Straflose Beteiligung durch neutrale Handlungen?", *ZStW* 107 (1995).

Nieto Martín, Adán: "¿Americanización o europeización del Derecho Penal económico?", *Revista Penal* nº 19 (2007).

Otto, Harro: "„Vorgeleistete Strafvereistelung" durch berufstypische oder alltägliche Verhaltensweisen als Beihilfe", *Festschrift für Theodor Lenckner*, Munich, 1998.

- "Das Strafbarkeitsrisiko berufstypischen, geschäftsmässigen Verhaltens", *Juristenzeitung* 2001.

Puppe, Ingeborg: "Comentario a §§ 13 ss.", *Kindhäuser/Neumann/Paeffgen Strafgesetzbuch*, 5ª ed., Baden-Baden, 2017.

Putzke, Holm: "Gefahrgeneigte Tätigkeiten-oder: Zur Strafbarkeit berufstypischen Verhaltens", *Zeitschrift für das juristische Studium* (www.zjs-online.com) 2014.

Rackow, Peter: *Neutrale Handlungen als Problem des Strafrechts*, Fráncfort, 2007.

- "Neutrale Handlungen im Strafrecht", *Beck´scher Online Kommentar*, 42ª ed., (version online de 01.05.2019).

Ransiek, Andreas: "Pflichtwidrigkeit und Beihilfeunrecht -Der Dresdner Bank-Fall und andere Beispiele-", *wistra* 97.

Robles Planas, Ricardo: *La participación en el delito: fundamento y límites*, Madrid, 2003.

- *Garantes y cómplices. La intervención por omisión y en los delitos especiales*, Barcelona, 2007.

- "Zwischen Beihilfe zur Tat und unterlassener Hilfeleistung. Zugleich ein Beitrag über die Verletzung der Solidaritätsplichten im Strafrecht", *Goltdammer´s Archiv für Strafrecht*, 2008.

- "Riesgos penales del asesoramiento jurídico", *La Ley* 7015 (2008).

- "Imputación en la empresa y conductas neutrales", Silva Sánchez, J. Mª y Miró Llinares, Fernando, *La teoría del delito en la práctica penal económica*, Madrid, 2013.

- *Memento Práctico Penal Económico y de la Empresa*, Madrid, Francis Lefebvre, 2016.

- "Principios de imputación en la empresa", Ragués i Vallés, Ramón/ Robles Planas, Ricardo, *Delito y empresa. Estudios sobre la teoría del delito aplicada al Derecho penal económico-empresarial*, Barcelona, 2018.

Roca de Agapito, Luis: *Las acciones cotidianas como problema de la participación criminal*, Valencia, 2013.

Roxin, Claus: *Strafrecht. Allgemeiner Teil. Tomo II: Besonderere Erscheinungsformen der Straftat*, Munich, 2003 (Existe una traducción: *Derecho Penal. Parte General*, Navarra, 2014).

Rueda Martín, Mª Ángeles: "Consideraciones acerca de la relevancia penal de las acciones cotidianas en la comisión de un hecho doloso", *Revista Penal* 9 (2002).

Sacher, Mariana: *Sonderwissen und Sonderfähigkeiten in der Lehre vom Straftatbestand*, Berlín, 2006

Sánchez-Vera Gómez-Trelles, Javier: "Blanqueo de capitales y abogacía. Un necesario análisis crítico desde la teoría de la imputación objetiva", *InDret Penal* 1/2008.

SCHALL, HERO: "Strafloses Alltagsverhalten und strafbares Beihilfeunrecht", *Gedächtnisschrift für Dieter Meurer*, Berlín, 2002.

SCHÜNEMANN, BERND: "Comentario al § 27". En: *Leipziger Kommentar zum Strafgesetzbuch*, 12ª ed., Tomo 1, Berlín 2007.

SILVA SÁNCHEZ, JESÚS MARÍA: *El nuevo escenario del delito fiscal en España*, Barcelona, 2005.

- "Teoría del delito y Derecho Penal económico-empresarial", SILVA SÁNCHEZ, JESÚS Mª y MIRÓ LLINARES, FERNANDO, *La teoría del delito en la práctica penal económica*, Madrid, La Ley, 2013.

- "La evolución de la posición del deber del Consejo de Administración. Una observación desde la cultura del *compliance*", RAGUÉS I VALLÉS, RAMÓN/ROBLES PLANAS, RICARDO, *Delito y empresa. Estudios sobre la teoría del delito aplicada al Derecho penal económico-empresarial*, Barcelona, 2018.

TAG, BRIGITTE: "Beihilfe durch neutrales Verhalten", *Juristische Rundschau* 1997.

WEIGEND, THOMAS: "Los límites de la complicidad punible", *Revista de Derecho Penal y Criminología* 2ª Época nº 10, 2002 (="Grenzen strafbarer Beihilfe", *Haruo Nishihara-FS*, 1998).

WOHLERS, WOLFGANG: "Gehilfenschaft durch 'neutrale Handlungen'- Ausschluss strafrechtlicher Verantwortlichkeit bei alltäglichem bzw. berufstypischem Verhalten?", *Schweizerische Zeitschrift für Strafrecht* 117 (1999).

- "Hilfleistung und erlaubtes Risiko-zur Einschränkung der Strafbarkeit gemäss § 27 StGB-", *Neue Zeitschrift für Strafrecht* 2000.

WOHLLEBEN, MARCUS: *Beihilfe durch äusserlich neutral Handlungen*, Munich, 1996.

WOLFF-RESKE, MONIKA: *Berufsbedingstes Verhalten al Problem mittelbarer Erfolgsverursachung. Ein Beitrag zu den Grenzen der Beihilfestrafbarkeit*, Baden-Baden, 1995.

Fortalezas, debilidades y perspectivas de la responsabilidad penal de las sociedades mercantiles

I. Planteamiento

Existe una indiscutible tendencia global a que los ordenamientos contemplen sanciones específicas para personas jurídicas, especialmente para sociedades mercantiles, que no prevengan adecuadamente la comisión de hechos delictivos que, de una u otra manera, se encuentren vinculados a su actividad negocial. Esta tendencia es especialmente llamativa en los últimos tiempos en los países Latinoamericanos, incluyendo el Código Penal español desde el año 2010. Las regulaciones son extremadamente variadas, oscilando en la definición de la naturaleza de esa responsabilidad como penal o administrativa. El objetivo de este trabajo es hacer una reflexión general sobre el posible **fundamento de la responsabilidad penal de las personas jurídicas, entendida ésta no como algo meramente nominal.** Con esta pretensión se valorará si puede existir un modelo de responsabilidad coherente y compatible con la lógica propia de lo que definimos como imputación jurídico-penal que se ocupe de sujetos de imputación distintos a los seres humanos. Una visión de Derecho comparado y de diversos textos internacionales (incluyendo normas de la Unión Europea) impide partir a estas alturas de una posición de extrañeza o perplejidad cuando se trata de analizar la responsabilidad penal de entes distintos a los seres humanos. Sin embargo, también es cierto que cada vez tenemos más experiencia práctica sobre lo que puede aportar una decisión legislativa en este sentido, sus limitaciones y los problemas que conlleva. Algunas objeciones de partida se han mostrado exageradas, mientras por otro lado han surgido dificultades que nadie había previsto.

Con este punto de partida se pretenden analizar los **puntos fuertes y débiles de ciertos modelos de responsabilidad penal para organizaciones empresariales**. No se trata tanto de analizar ordenamientos concretos, sino más bien parámetros generales de legitimación. La reflexión no pretende hacer una interpretación de un concreto ordenamiento positivo, sino hacer un planteamiento más de peticiones de principio que clarifique qué es realmente de lo que estamos hablando, con independencia de cómo canalice cada ordenamiento dicha responsabilidad. De hecho no todos los ordenamientos disponen de modelos puros, sino que dentro de un mismo ordenamiento se pueden encontrar trazas de diversas líneas político-criminales. Este análisis pretende no sólo ofrecer orientación para una aplicación más razonable y satisfactoria de las normas relativas a este tipo de responsabilidad en los ordenamientos que ya disponen de ella (perspectiva o reto dogmático), sino también ayudar a tener en cuenta la mayor experiencia de la que disponemos en estos momentos de cara a la introducción de reacciones jurídico-penales contra sociedades mercantiles en los ordenamientos que todavía no disponen de este tipo de instrumentos (perspectiva o reto político-criminal) y que están pensando en introducirla (por la propia presión del entorno, recomendaciones de textos internacionales, etc.). Me referiré, más que a la responsabilidad penal en general de personas jurídicas, a la responsabilidad penal de sociedades mercantiles, empresas o corporaciones ya que son las organizaciones que ocupan un papel central en la discusión dogmática y político-criminal con independencia de los requisitos formales que se exija en cada ordenamiento para dicha responsabilidad. Lo lógico es que la introducción de la responsabilidad de personas jurídicas no se limite a empresas, sino que alcance también a otras entidades como fundaciones o partidos políticos, pero la presión político-criminal inicial tiene su punto de mira en las empresas.

En este trabajo no se pretende discutir cierta necesidad político-criminal de que el Derecho Penal intervenga en determinadas ocasiones imponiendo sanciones (restricciones de derechos) a entes distintos a los humanos ni negar que un ordenamiento pueda actuar de forma complementaria a la responsabilidad individual frente a sociedades mercantiles. Parece que el debate se limitaría en estos momentos sencillamente a señalar si tales necesidades político-criminales[1] sólo se ven resueltas imponiendo sanciones caracterizadas como penas a personas jurídicas. No existen evidencias empíricas contundentes sobre que los ordenamientos que disponen de penas contra personas jurídicas sean más eficaces preventivamente que aquellos que utilizan otro tipo de sanciones, sean estas penales o no penales. Tampoco que el uso de la pena estimule mejor la ética empresarial o el cumplimiento de la legalidad en el mundo empresarial. La experiencia indica más bien que hay países con unos niveles de cumplimiento del Derecho y unos estándares éticos y de responsabilidad social en sus empresas que no tienen nada que envidiar a otros sin que hayan tenido que contemplar una responsabilidad genuinamente penal de personas jurídicas. En países como Alemania las multas contravencionales superan a las que se imponen en otros países como penas de multa (pueden llegar a los 10 millones de euros). Nadie puede afirmar a día de hoy con rotundidad que todo resulta mejor cuando se hace a las personas jurídicas responsables de la comisión de hechos delictivos y, en correspondencia se imponen penas[2]. Por ello lo que se va a tratar es más bien una cuestión deontológica: ¿Merecen las sociedades mercantiles ser castigadas? Frente a la tradición anglosajona, nuestra tradición jurídica parte del punto de partida kantiano de que la pena, antes que necesaria, tiene que ser merecida (**merecimiento de pena**). Ello tiene que ver con la idea asentada de que una pena implica culpabilidad por un hecho. El debate está tanto o más impregnado de consideraciones normativas como estrictamente preventivas. Sería un error no atender en este debate a la propia evolución de

1 Artaza Varela, *La empresa como sujeto de imputación de responsabilidad penal*, Madrid, 2013, pp. 43 ss.; Feijoo Sánchez, *Sanciones para empresas por delitos contra el medio ambiente*, Madrid, 2002, pp. 34 ss.; Martínez-Buján Pérez, *Derecho Penal económico y de la empresa, Parte General*, 5ª ed., Valencia, 2016, pp. 568 ss.; Nieto Martín, *La responsabilidad penal de las personas jurídicas: Un modelo legislativo*, Madrid, 2008, pp. 37 ss., sobre por qué es útil y necesario sancionar penalmente a las personas jurídicas. Una gran exposición -inteligentemente escéptica y relativizadora- de los argumentos que se han proporcionado para que el Derecho Penal estimule programas de cumplimiento penal, especialmente en el ámbito del Derecho Penal económico, en Bock, *Criminal Compliance*, Baden-Baden, 2011, pp. 27 ss.

2 Bock, (nota 1), pp. 27 ss.; Frisch, "Strafbarkeit juristischer Personen und Zurechnung", *Gesamte Strafrechtswissenschaft in internationaler Dimension. Festschrift für Jürgen Wolter*, Berlín, 2013, pp. 371 ss.; Ortiz de Urbina Gimeno, "Sanciones penales contra empresas en España (*hispanica societas delinquere potest*)", en Kuhlen/Montiel/ Ortiz de Urbina (edits.), *Compliance y teoría del Derecho penal*, Madrid y otras, 2013, pp. 263 ss. (*"la relación entre compliance y responsabilidad penal de las personas jurídicas es contingente y, en cualquier caso, no es decisiva"*). En todo caso es significativo el debate que se está desarrollando en la doctrina alemana en los últimos tiempos (vid. Günther, *Die Bedeutung von Criminal-Compliance-Massnahmen für die strafrechtliche und ordnungswidrigkeitenrechliche Ahndung*, Berlín, 2019, pp. 16 s., con amplias referencias sobre las posiciones a favor y en contra de contemplar penas para personas jurídicas en el ordenamiento alemán. El debate se ha reavivado con el denominado Proyecto de Colonia elaborado por Henssler, Hoven, Kubiciel y Weigend (*Kölner Entwurf eines Verbandssanktionengestezes*) recogido en *Neue Zeitschrift für Wirtschafts-, Steuer- und Unternehmensstrafrecht* 2018, pp. 1 ss. y que está inspirado esencialmente en los modelos austríaco y estadounidense. El proyecto comienza su justificación haciendo referencia a los déficits del Derecho alemán vigente con respecto a delitos vinculados a empresas y otras entidades (pp. 5 ss.).

los sistemas jurídicos y de ciertos principios y valores del Estado de Derecho como el principio de culpabilidad por el hecho.

Es cierto que lo que podemos denominar el Derecho Penal global empuja a una mayor responsabilización de las empresas. En este sentido no es causalidad que, aunque los diversos ordenamientos estén adoptando decisiones variadas sobre el alcance específico de la responsabilidad penal de personas jurídicas (*numerus apertus* o *numerus clausus* con una mayor o menor amplitud), dicha responsabilidad suele estar contemplada para figuras delictivas como la corrupción en los negocios, el blanqueo de capitales o la financiación del terrorismo. Pero también es cierto que la necesidad político-criminal no se puede desvincular de las soluciones ya existentes en cada ordenamiento jurídico. Hace tiempo que señalé que las deficiencias de la responsabilidad individual no son un fundamento dogmático suficiente para optar por una responsabilidad corporativa[3]. Mucho menos si lo único que se pretende es resolver problemas de prueba que se pueden presentar en casos concretos o coyunturalmente. Pero si se utiliza como argumento político-criminal la referencia a los déficits preventivos en relación a estructuras complejas, tendría que quedar bien determinado en qué medida las instituciones dogmáticas clásicas desarrolladas para la responsabilidad individual todavía pueden afrontar estos problemas y cuáles serían, por el contrario, las cuestiones que necesitan nuevas perspectivas para una solución satisfactoria. Las necesidades político-criminales no son independientes de las soluciones existentes en cada ordenamiento jurídico y no basta con importar soluciones de ordenamientos jurídicos que tradicionalmente han buscado soluciones jurídicas diferentes a las propias.

En el contexto dogmático actual no se puede desvincular la teoría del delito de la teoría de la pena. Es decir, el debate a favor o en contra de la punición de personas jurídicas no puede quedar desvinculado de la determinación de los presupuestos que permitirían imponer legítima o merecidamente una pena. Ambas cuestiones, que son dos caras de la misma moneda, deben ser afrontadas sistemáticamente. En el ámbito empresarial quise representar hace unos años estas ideas en el marco del ordenamiento español con el concepto de **"delito corporativo"**. Con ello pretendía dejar claro que no es lo mismo un delito individual en favor de la empresa que un delito de empresa o corporativo que tiene un componente estructural, no sólo en lo que respecta a los fallos de control, sino también al cumplimiento normativo[4]. Utilicé la referencia al delito corporativo para excluir ciertos modelos que, en mi opinión, no eran compatibles con el modelo español y -en lo que interesa en este trabajo- me parecían dogmáticamente endebles: la transferencia de

3 *Derecho Penal de la empresa e imputación objetiva*, Madrid, 2007, pp. 152 ss. Sobre los límites del Derecho Penal individual, SEELMANN, *Estudios de filosofía del Derecho y Derecho penal*, Madrid y Barcelona, 2013, pp. 172 ss.

4 Con cierta influencia en la jurisprudencia a través de la STS 221/2016, de 16 de marzo (Ponente Manuel Marchena Gómez). Cfr. GÓMEZ-JARA DÍEZ, "Delito corporativo y responsabilidad penal de las personas jurídicas: un desarrollo coherente de la Jurisprudencia del Tribunal Supremo", *Diario La Ley*, Nº 8830, Sección Doctrina, 23 de Septiembre de 2016 y *El Tribunal Supremo ante la Responsabilidad Penal de las Personas Jurídicas*, Navarra, 2017, pp. 114 y 115. Vid. el prólogo de MANUEL MARCHENA GÓMEZ a esta obra, p. 19.

los elementos del delito individual a la persona jurídica y la fundamentación de la responsabilidad de la persona jurídica en un delito individual no debidamente controlado por la organización (responsabilidad por defecto de organización). Con esta idea no se pretende defender una especie de figura de la parte especial, sino dejar claro que si la pena es una "pena corporativa", es decir, quien la sufre es la corporación, los presupuestos de dicha pena tienen que encontrarse en la propia corporación. Si no es así, no podremos hablar de una genuina responsabilidad penal. Aunque ciertos críticos de la responsabilidad de la persona jurídica quieran hacer ver que quien sufre la pena son los socios, ello no es jurídicamente correcto. Éstos no son ejecutados o embargados personalmente. No es el patrimonio personal de los socios, sino el patrimonio social el que sufre la multa. Otra cosa es que indirectamente una reducción del patrimonio social afecte al patrimonio individual de los socios, pero eso tiene que ver con los efectos indirectos y no buscados de cualquier sanción. Esto es más evidente si pensamos en otras sanciones. Si la persona jurídica queda inhabilitada para realizar ciertas actividades o se prohíbe la posibilidad de contratar con la administración durante un tiempo, ello no afecta a las actividades propias de los socios que podrán seguir realizando esas actividades o contratando con la administración. Otra cosa, evidentemente, es que la sanción a la empresa afecte indirectamente a los intereses económicos de aquéllos que dependen de sus beneficios o rendimientos.

El Tribunal Constitucional español ya diferenció hace tiempo "*entre los efectos propios -por directos e inmediatos- de la pena sobre los derechos cuya privación o restricción implica la medida en la que se concreta, de los efectos externos -que, por contraste con los anteriores, podrían calificarse como indirectos o mediatos- que esa misma medida pueda tener sobre otros derechos o intereses legítimos, tanto del responsable del hecho punible como de terceros, y que, por más que deban tomarse en consideración, según se comprobará posteriormente, en el análisis de la proporcionalidad de la norma cuestionada, no constituyen por sí mismos el objeto de una sanción en sentido estricto*" (STC 60/2010, de 13 de octubre).

II. Modelos orientados a la prevención especial

II.1. La prevención especial como punto de partida tradicional

En el contexto de la tradición dogmática española y sudamericana, muy influida por los planteamientos de la doctrina alemana e italiana, no plantea especiales problemas la idea de que, como complemento a la responsabilidad individual, se puedan imponer sanciones orientadas a la prevención especial a todo tipo de organizaciones. El fundamento de la sanción reside en este contexto de legitimación en la peligrosidad, que puede ser entendida tanto como una **peligrosidad instrumental** (la probabilidad de que la entidad pueda volver a ser utilizada para cometer hechos delictivos) o una **peligrosidad organizativa** (la entidad presenta tales defectos organizativos o estructurales que se encuentra en un estado en el que es probable que vuelva a suceder lo mismo o algo similar). La doctrina suele hacer referencia a una **peligrosidad objetiva**, para diferenciarla de la peligrosidad criminal como presupuesto de las medidas de seguridad y corrección para inimputables y semiimputables.

En un modelo de estas características cabe tanto la **prevención especial negativa** (inocuización) como la **positiva**. La primera opción se plantea básicamente en situaciones equivalentes al tradicional **comiso de instrumentos** en los que la persona jurídica no es otra cosa que un instrumento más del delito (por ejemplo, sociedades mercantiles dedicadas a la importación que, en realidad, se utilizan para contrabando de drogas y que materialmente no tienen que ser tratadas de forma distinta que los barcos en los que se transporta el alijo; sociedades creadas para actuar como testaferros) o en las que materialmente nos encontramos ante una **organización criminal con personalidad jurídica**. Utilizando una expresión del Código Penal español (art. 66 bis), supuestos en los que *"la actividad legal de la persona jurídica sea menos relevante que su actividad ilegal"*. Bajo esta perspectiva se deben entender sanciones como la disolución o la extinción, las clausuras o el cese o la suspensión de actividades que sólo tienen sentido con respecto a entidades en las que concurre peligrosidad objetiva entendida como que existe una gran probabilidad de que sigan siendo utilizadas o se encuentren vinculadas a actividades delictivas. Aprovechándome de una clasificación propuesta por NIETO MARTÍN[5] este sistema estaría pensado para tres situaciones muy delimitadas: a) empresas criminales pertenecientes al crimen organizado o a grupos terroristas, b) empresas de fachada, creadas *ad hoc* para la realización de hechos delictivos y c) empresas peligrosas, cuya actividad genera un importante peligro para bienes jurídicos. Permítaseme aquí estas grandes líneas con brochazos ya que en estos casos el diablo está en los detalles (por ejemplo, empresas que se dedican a actividades legales, pero tienen un porcentaje importante pero no dominante de actividad ilegal), pero en lo que interesa en este trabajo la intervención del Derecho Penal en estos casos no plantea grandes controversias teóricas o de legitimación.

En cuanto a la **prevención especial positiva**, ésta tiene que ver básicamente con empresas con problemas organizativos o estructurales, tanto a nivel técnico (gestión medioambiental) como de cumplimiento de la legalidad (empresa como factor criminógeno en relación a conductas de corrupción) que hacen probable que algún empleado vuelva a cometer un hecho delictivo. Bajo esta perspectiva priman opciones de **reestructuración o reorganización** y sólo entran en juego medidas preventivo-especiales de carácter negativo si, por la situación de la empresa, no fuera posible llevar a cabo con éxito procesos de ese tipo. No se puede negar, de todos modos, que esta opción atractiva teóricamente tiene grandes dificultades para ser llevada adelante en la práctica de forma exitosa mediante una intervención, administración o una curatela bajo control judicial[6]. La experiencia parece demostrar que lo mejor en estos casos no sería tanto sustituir a los administradores o al órgano de gobierno de la persona jurídica (al estilo de administradores concursales o síndicos de la quiebra o de una administración judicial), sino que su actividad se encuentre sometida al control e intervención de una especie de delegado,

---

5 (Nota 1), p. 33.

6 BOCK, (nota 1), pp. 427 ss., destacando las dificultades de este tipo de medidas; MULCH, *Strafe und andere Massnahmen gegenüber juritischen Personen. Zu den Legitimationsbedingungen entsprechender Rechtseingriffe*, Berlín, 2017, pp. 140 ss.; TIEDEMANN, *Wirtschaftsstrafrecht*, 5ª ed., 2017, p. 181 (nº marg. 449 *in fine*).

encargado u oficial de cumplimiento de la legalidad nombrado judicialmente, al estilo de lo sucedido en Siemens por infracción de la *FCPA* al que las autoridades estadounidenses obligaron a nombrar un *Compliance-Monitor* para evaluar externamente las medidas adoptadas por la empresa[7]. Como se puede apreciar, ésta sería una solución adecuada sólo para un número reducido de casos y, por tanto, con un alcance político-criminal bastante limitado.

Un buen ejemplo con respecto a un modelo de actuación prospectivo de este tenor se puede encontrar en la obra de Heine[8]. Sin embargo, si esta modalidad de re-estructuración o re-organización consiste en un sistema orientado primordialmente a la prevención especial individualizada (en el que la prevención general no es más que un efecto latente o un "reflejo preventivo" del mero hecho de que exista una intervención judicial) a partir del que la sanción no viene determinada por lo que ha sucedido en el pasado, sino por lo que se pretende prevenir de cara al futuro, dicha sanción es materialmente una **medida de seguridad**, pero no se trata de una pena[9]. Lo

---

7 Kuhlen, "Cuestiones fundamentales de *Compliance* y Derecho Penal", en Kuhlen/Montiel/Ortiz de Urbina (edits.), *Compliance y teoría del Derecho penal*, Madrid y otras, 2013, p. 60. En general sobre el uso de esta figura para controlar el cumplimiento de los acuerdos de suspensión del procedimiento en la práctica estadounidense Ortiz de Urbina Gimeno/Chiesa, "Compliance y responsabilidad penal de entes colectivos en los EEUU", Gómez Colomer (Dir.), *Tratado sobre Compliance penal, Responsabilidad Penal de las Personas Jurídicas y Modelos de Organización y Gestión*, Valencia, 2019, pp. 1528 s. En el texto se hace referencia a esta figura para el cumplimiento de acuerdos procesales pensando en términos de una sanción en el mismo sentido como una intervención más amplia y de contenido más completo que la que suele estar contemplada en los ordenamientos jurídico-penales.

Sobre este tipo de medidas de seguridad: Kirch-Heim, *Sanktionen gegen Unternehmen. Rechtsinstrumente zur Bekämpfung unternehmensbezogener Straftaten*, Berlín, 2007, pp. 46 ss., 200 ss., 234; Mulch, (nota 6), pp. 167 ss.; Napp, *Unternehmensstrafbarkeit und Unternehmenskuratel*, Berlín, 2006, exponiendo diversos modelos en pp. 177 ss.; Schünemann, "Plädoyer zur Einführung einer Unternehmenkuratel", en Schünemann (edit.), *Unternehmenskriminalität. Deutsche Wiedervereinigung III*, Colonia, 1996; el mismo, "Placing the Entreprise Under Supervision («Guardianship») as a Model Sanction Against Legal and Collective Entites", en Eser/Heine/Huber (edits.), *Criminal Responsability of Legal and Collective Entities, International Colloquium Berlín* 1998, Friburgo, 1999; el mismo, "Die aktuelle Forderung eines Verandsstrafrechts-Ein kriminalpolitischer Zombie", *Zeitschrift für Internationale Strafrechtsdogmatik* 1/2014, pp. 515 s.; el mismo en la primera edición de esta obra, p. 7, con ulteriores referencias. El Prof. Schünemann considera que la publicidad de la curatela posee, en todo caso, elementos preventivo-generales adicionales (crítico con esta idea Günther, -nota 2-, p. 32).

8 *Die strafrechtliche Verantwortlichkeit von Unternehmen*, Baden-Baden, 1995, pp. 248 ss., 271 ss., 310 ss.; "Plädoyer für ein Verbandsstrafrecht als "zweite Spur"", en Alwart (ed.), *Verantwortung und Steuerung von Unternehmen in der Mrrktwirtschaft*, Múnich, 1998, pp. 100 ss, Me remito a mis estudios críticos previos sobre el modelo teórico de este autor en (nota 1), pp. 119 ss., 210 ss., 226 y (nota 3), pp. 136 ss.

9 Feijoo Sánchez, *Retribución y prevención general*, Buenos Aires, pp. 203 ss.

La naturaleza de una sanción como medida no depende de a quién se le impone la sanción (sujeto imputable o inimputable, individuo u organización, etc.), sino de sus presupuestos, los criterios de determinación y su finalidad exclusivamente preventivo-especial. Las medidas sólo permiten imponer una sanción cuando sea necesario por razones de prevención especial y en la medida que ello sea necesario

que creo que demuestran los trabajos de HEINE es que, en muchas ocasiones, se denomina autorresponsabilidad y culpabilidad de organizaciones o personas jurídicas, lo que, en realidad, no es más que un fenómeno que acompaña a las organizaciones complejas: el hecho delictivo es consecuencia también de un conjunto de decisiones individuales a lo largo del tiempo que han dado lugar a un determinado estado peligroso de la persona jurídica. Eso es lo que HEINE denomina "culpabilidad por el carácter" y que no está tan alejado de lo que otros, como SCHÜNEMANN, denominan "actitud o espíritu criminógeno de la corporación o de grupo"[10] para insistir en la necesidad de medidas preventivas individualizadas contra un determinado estado de cosas. La sanción que HEINE denomina pena no está, en realidad, relacionada con la culpabilidad de la persona jurídica por el hecho delictivo (por ello éste en su modelo queda convertido en una mera condición objetiva de punibilidad), sino con el estado al que han llevado un conjunto de decisiones individuales difusas a la empresa o entidad con respecto a la gestión de riesgos dentro de los niveles de riesgo permitido. Precisamente por esa razón la pena en el modelo de este autor no ha de ser proporcional a la gravedad del hecho delictivo, sino a las necesidades para re-estructurar la empresa: un hecho muy grave puede dar lugar a una intervención judicial por un corto espacio de tiempo si la re-estructuración se lleva a cabo de forma rápida. Si esto es así, nos encontramos en realidad ante lo que toda la vida hemos llamado medidas de seguridad que tienen como presupuesto la peligrosidad manifestada en el hecho delictivo, no interesando éste más que como síntoma de la peligrosidad, que es la que materialmente determina el "si" y el "cómo" de la sanción. En conclusión, no ganamos nada denominando como penas lo que no son más que medidas específicas para corporaciones u organizaciones que cumplen esencialmente fines preventivo-especiales con respecto a sociedades mercantiles con una gestión compleja de riesgos.

El modelo de HEINE presenta, además, el problema adicional de que se centra en exceso en la gestión cuidadosa de macro-riesgos técnicos, especialmente los vinculados al medio ambiente y a la responsabilidad por el producto, por lo que una modernización de los deberes de cuidado de los administradores y dirigentes de empresas que encierran una gran complejidad técnica podría resolver de forma dogmáticamente satisfactoria al menos parte de las cuestiones planteadas por este autor. Es decir, que en el fondo de lo que se trata es de trabajar mejor estructuras de responsabilidad corporativa en relación a riesgos característicos de organizaciones peligrosas y complejas. Por ejemplo, que los riesgos derivados de la desorganización sean imputados a quien detentaba la competencia original para haber organizado correctamente la gestión de esos riesgos. Que en realidad se trata de esto lo demuestra la escasa aplicabilidad del modelo de HEINE a delitos económicos o donde no están en juego cuestiones técnicas relativas a gestión de riesgos, sino más de "carácter ético"

10 Un referente clásico SCHÜNEMANN, *Unternehmenskriminalität und Strafrecht,* Colonia y otras, 1979. pp. 19 ss., 30 ss., 149 ss. Sobre este fundamento de las sanciones y el desarrollo posterior de esta idea FEIJOO SÁNCHEZ, (nota 1), pp. 36 ss. y 146 ss.; KÖLBEL, "Corporate Crime, Unternehmenssanktion und kriminelle Verbandsattitüde", *Zeitschrift für Internationale Strafrechtsdogmatik* 11/2014, pp. 552 ss., con amplias referencias; SCHMITT-LEONARDY, *Unternehmenskriminalität ohne Strafrecht?,* Heidelberg, 2013, pp. 118 ss.

(por ejemplo, corrupción o blanqueo)[11]. Sin embargo, a nivel internacional la expansión de normas que contemplan penas para empresas de economía legal tiene más que ver con fenómenos delictivos como la delincuencia económica o los delitos de corrupción que con los homicidios y lesiones imprudentes. Para los casos de delincuencia no dolosa la responsabilidad individual parece ofrecer soluciones satisfactorias en la mayoría de los supuestos[12]. Como ya se ha expuesto, la responsabilidad penal de personas jurídicas es una consecuencia derivada de la expansión y globalización del Derecho Penal y está muy vinculada a fenómenos de criminalización como la corrupción, el blanqueo de capitales y la financiación del terrorismo, más que al homicidio o las lesiones. Si nos fijamos en la experiencia española, que contempla un amplio catálogo de delitos que pueden generar responsabilidad para las personas jurídicas, son figuras delictivas como la estafa o el delito fiscal las que protagonizan la praxis condenatoria.

II.2. Debilidades de los modelos orientados a la prevención especial

Se puede objetar frente a los modelos preventivo-especiales que la sanción, por su propia naturaleza, carece de efectos en personas jurídicas distintas a la que sufre la sanción, descuidando de esta manera la prevención general. La renuncia a un castigo proporcional a la lesividad social del hecho delictivo puede afectar negativamente a la función de estabilización normativa. Si sólo importan los peligros o la seguridad cognitiva que ofrezca la organización concreta, se descuida el **cumplimiento generalizado de las normas en organizaciones**. En este sentido, un modelo exclusivamente orientado a la prevención especial no tiene suficientemente en cuenta que, si bien la sociedad mercantil puede no presentar una especial peligrosidad objetiva o actitud criminógena, con una mejor organización se podría haber hecho realmente más para evitar o prevenir el hecho delictivo.

No se puede olvidar que, a día de hoy, la responsabilidad de las personas jurídicas está vinculada al interés por estimular una mayor responsabilidad de las empresas hacia el cumplimiento de la legalidad y la prevención de los delitos cometidos en su beneficio o en su provecho, entendiendo que es insuficiente la mera expectativa jurídica de que la empresa no sea un factor criminógeno. La reacción del Estado centrada exclusivamente en la peligrosidad o en el combate de factores criminógenos no comunica la exigencia pública a las corporaciones con una actividad económica normal de un mayor esfuerzo porque en su ámbito de organización prime el cumplimiento de la legalidad. Si bien las medidas preventivo-especiales eluden la cuestión relativa al merecimiento de pena, lo cierto es que el objetivo esencial de la tendencia actual de implantar la responsabilidad penal de personas jurídicas es **estimular políticas o programas de cumplimiento de**

---

11 Feijoo Sánchez, (nota 1), p. 215; el mismo, (nota 3), pp. 141 s.; Gómez-Jara Díez, *La culpabilidad penal de la empresa*, Madrid, 2005, pp. 270 ss.

12 Nieto Martín, "La autorregulación preventiva de la empresa como objeto de la política criminal", *Estudios de Derecho Penal homenaje al profesor Santiago Mir Puig*, Madrid y otras, 2017, pp. 174 ss.

la legalidad penal (*Compliance Programs, Criminal Compliance*)[13]. No se puede desvincular la tendencia político-criminal actual en pro de la implantación de la responsabilidad penal de las personas jurídicas de este objetivo. Como este aspecto ha sido desatendido por los tradicionales modelos preventivo-especiales (no está en su ADN), se está generando un giro político-criminal. Es decir, el actual fenómeno político-criminal con respecto a la responsabilidad de las personas jurídicas pretende desbordar los tradicionales planteamientos preventivo-especiales, que eran los que permitía tradicionalmente la teoría jurídica del delito contra entidades y personas jurídicas.

Más que objeciones se trata, sin embargo, de peticiones de principio. Estas objeciones parten del presupuesto de que la persona jurídica tiene una responsabilidad por el hecho delictivo cometido en el pasado y por la erosión de la norma penal diverso a la responsabilidad individual. Sin embargo, esa es la cuestión decisiva a dilucidar dogmáticamente: si se puede predicar una responsabilidad de las personas jurídicas diferenciada de la responsabilidad de las personas físicas que se merezca el calificativo de penal. Los defensores de modelos exclusivamente preventivo-especiales parten de la negación de esta premisa. Como se ha expuesto con respecto al modelo de Heine, se entiende que una adecuada modernización de la responsabilidad penal por imprudencia en la gestión de organizaciones peligrosas puede ser suficiente para que el Derecho Penal mantenga sus efectos preventivo-generales. Es decir, no son las necesidades preventivo-generales las que fundamentan la culpabilidad por el hecho de las personas jurídicas, sino que sólo si se puede

13 En la línea del Decreto legislativo italiano de 8 de junio de 2001, n. 231, que utiliza la denominación "*modelos de organización y de gestión para la prevención de delitos*" (art. 6), la Ley chilena nº 20.393 (2.XII.2009) habla de "*modelos de organización, administración y supervisión para prevenir delitos*" y el Código Penal español utiliza expresiones como "*modelos de organización y gestión*" o "*modelos de organización y de prevención*". La Ley argentina 27.401 se refiere a "*Programas de integridad*". Cercano el último documento que conozco sobre la introducción de la responsabilidad penal de las personas jurídicas en el Código Penal colombiano (a 21 de noviembre de 2018), archivado por el momento, donde se denominan "*programas de ética empresarial*" (sobre este proyecto de modificación del Código Penal colombiano Velásquez Velásquez/Vargas Lozano, "Compliance y responsabilidad de las personas jurídicas en el Derecho Colombiano", Gómez Colomer (Dir.), *Tratado sobre Compliance penal, Responsabilidad Penal de las Personas Jurídicas y Modelos de Organización y Gestión*, Valencia, 2019, pp. 1627 ss. Sobre la compleja situación en el ordenamiento mexicano Ontiveros Alonso, "*Criminal Compliance* en México", Gómez Colomer (Dir.), *Tratado sobre Compliance penal, Responsabilidad Penal de las Personas Jurídicas y Modelos de Organización y Gestión*, Valencia, 2019, pp. 1477 ss. Para una visión de conjunto, Coca Vila/Uribe Manríquez/Atahuaman Paucar/Reyna Alfaro (Coords.), *Compliance y responsabilidad penal de las personas jurídicas*, México, 2017.

Existe una creciente tendencia a que la eficacia de estos modelos no sólo conlleve una atenuación, sino incluso una exención de la pena excluyendo la responsabilidad penal (o administrativa por la comisión de delitos) de las personas jurídicas. Esta tendencia político-criminal es lo que explica el lugar central en el debate que están ocupando estas cuestiones.

Me parece ciertamente exagerada la crítica a esta tendencia político-criminal por parte de Schünemann (ZIS nota 6), pp. 17 s., considerándolo una estrategia preventiva anticonstitucional y contraria al Estado de Derecho.

predicar de una persona jurídica su "culpabilidad" por el hecho delictivo y por la desestabilización de la norma tiene sentido que hablemos de una sanción proporcional al hecho y no a la peligrosidad, con carácter retrospectivo y no prospectivo y que cumpla fines preventivo-generales. No existe una relación necesaria entre penas para entidades supraindividuales y estabilización normativa. El cambio de enfoque hacia la prevención general positiva no es una solución sino, en todo caso, un contexto general de legitimación de la pena[14]. La prevención general estabilizadora exige hacer un acto demostrativo simbólico a través del responsable de la vulneración de la norma, por lo que hay que poder hacer previamente a la persona jurídica responsable de la erosión de la norma con un fundamento independiente de la responsabilidad individual y sin identificaciones prematuras entre responsabilidad individual y supraindividual inasumibles en Derecho Penal[15]. La pena sólo es necesaria para estabilizar normas de conducta si no existe una explicación alternativa a la responsabilidad por la infracción de la norma y sólo se puede castigar legítimamente al responsable de la erosión de la norma cuya vigencia se debe restañar. Es decir, la pena a las personas jurídicas sólo puede desempeñar una función de estabilización normativa **si se puede fundamentar una responsabilidad de las mismas por el hecho delictivo y por poner en**

---

14 Bacigalupo Saggese, *La responsabilidad penal de las personas jurídicas*, Barcelona, 1998, pp. 365 ss. (p. 398: "*habría que afirmar la existencia de culpabilidad y, por lo tanto, la necesidad de imponer una pena cuando así lo exija el restablecimiento de la vigencia de la norma*"). Para ello hay que explicar cómo la persona jurídica -y no la persona física- pone en entredicho la vigencia de la norma (Kohlhof, *Die Legitimation einer originäre Verbandsstrafe. Eine strafteoretische Untersuchung*, Berlín, 2019, pp. 88 ss. y passim).

En todo caso, es evidente que la prevención general intimidatoria es un instrumento poco idóneo para construir la responsabilidad penal de las personas jurídicas. O bien tiene que negar que las normas se puedan dirigir a personas jurídicas o bien sus efectos sólo pueden lograrse indirectamente incidiendo en el comportamiento de personas físicas (Kohlhof, -nota 14- pp. 64 ss., 68 ss.). La prevención general basada en la disuasión de conductas nunca ha supuesto un fundamento normativamente válido para una pena corporativa. Incluso aunque se parta de los incentivos que tal pena puede tener para decisiones de gestores y socios de las empresas, se trataría de una pena impuesta a la corporación por decisiones individuales. Sin embargo, la prevención general positiva o estabilizadora sólo puede representar una alternativa válida si puede ofrecer una explicación de cómo y por qué la persona jurídica contribuye a la desestabilización o puesta en entredicho de la norma penal correspondiente (prohibición de estafa, fraude fiscal, contaminación, etc.).

15 Jakobs, "Strafbarkeit juristischer Personen?", *Festschrift für Klaus Lüderssen*, Baden-Baden, 2002, pp. 565 s., 570 s. y passim, que cambió en este trabajo su posición original esbozada en su manual por no poder encontrar una responsabilidad de la persona jurídica con una fundamentación de su culpabilidad independiente de la individual siempre que no se quiera renunciar a ésta. La crítica es decisiva para los modelos de transferencia de la responsabilidad o de identificación. De acuerdo v. Freier, "Zurück hinter die Aufklärung: Zur Wiedereinführung von Verbandsstrafen", *Goltdammer´s Archiv für Strafrecht* 2009, p. 109; Mulch, (nota 6), pp. 68 s.; van Weezel, "Contra la responsabilidad penal de las personas jurídicas", Ontiveros Alonso (Coord.), *La responsabilidad penal de las personas jurídicas*, Valencia, 2014, pp. 622, 642. Una revisión crítica de esta posición de Jakobs en Mañalich, "Organización delictiva. Bases para su elaboración dogmática en Derecho penal chileno", *Revista Chilena de Derecho*, vol. 38 nº 2, 2011, apartado 6.2 (versión On-line consultada 6.11.2019).

entredicho la norma adicional a la culpabilidad de las personas físicas. De no ser así basta con la responsabilidad individual y la pena a la persona jurídica no añade nada desde un punto de vista preventivo-general. Sólo serían necesarias en su caso medidas específicas orientadas a la prevención especial.

El Derecho Penal de la culpabilidad, como elemento estructural del Estado de Derecho, siempre ha tenido como problema esencial de la responsabilidad -a través del tratamiento de temas clásicos heredados de la filosofía moral como el "libre albedrío" o el "determinismo/indeterminismo"- la decisión de si del hecho delictivo responde el individuo o la naturaleza. Si queremos hablar de un Derecho Penal de personas jurídicas la decisión normativa que hay que adoptar de partida es si los crímenes corporativos son responsabilidad exclusiva de las personas físicas que lo cometen o también, en determinados casos, de la persona jurídica por razones normativas adicionales.

Los modelos preventivo-especiales son insuficientes desde la perspectiva de aquellos que entiendan que en determinados casos el delito no se puede entender exclusivamente como un hecho individual o de un conjunto de personas, sino que alcanza una dimensión distinta como hecho corporativo (creación de un sistema internacional de sobornos para conseguir contratos, comercialización masiva de productos financieros fraudulentos, etc.). Si existen casos en los que la persona jurídica ha contribuido de forma relevante a desestabilizar la norma, la reacción del Estado no se debería limitar a la responsabilidad individual y la prevención basada sólo en necesidades específicas (prevención especial) de la entidad resulta insuficiente. Pero este punto de partida, que incluye la persona jurídica en las necesidades de estabilización de la norma, precisa una mejor fundamentación. Al menos, hay que explicar por qué lo que no ha sido necesario durante mucho tiempo, de repente se ha tornado en una necesidad político-criminal.

III. Los modelos preventivo-generales con una fundamentación ajena a la responsabilización por el hecho propio

En el ámbito anglosajón y en aquellos ordenamiento donde tiene menos arraigo un Derecho Penal de la culpabilidad se ha asentado la idea de que las sociedades mercantiles (en general, todas las personas jurídicas) deberían responsabilizarse penalmente de los delitos cometidos en su beneficio o en su provecho. La pena no se basaría tanto en la responsabilidad por un hecho que encierra una gran lesividad social o por desestabilizar la norma penal, sino en la ventaja indebida o injustificada que para la corporación (no para los individuos) representa el hecho delictivo. Todo ello nos lleva a una fundamentación de la responsabilidad basada primordialmente en la **equidad, es decir, en la distribución equitativa de costes o en un reparto equitativo de costes y beneficios** (una lógica de justicia distributiva en lugar de justicia retributiva). La idea esencial sería, a grandes rasgos, que la persona jurídica debe sufrir una pena para compensar ciertas ventajas indebidas que ha tenido previamente con el delito o, al menos, por omisión de políticas que han dado lugar a la comisión del hecho delictivo[16].

III.1. La extrema debilidad teórica y práctica de los sistemas vicariales

Una primera derivación de la equidad sería que quien se beneficia de una actividad debería cargar con las consecuencias derivadas de los perjuicios o daños que causa dicha actividad. Es decir, el principal que se beneficia o saca provecho del delito de sus empleados o representantes debería asumir ciertos costes para compensar una situación injusta.

Esta idea ha conducido históricamente a sistemas vicariales en los que se puede hablar de una responsabilidad de la persona jurídica "por reflejo" o "por rebote" de la responsabilidad de la persona física: el representante como *alter ego* con su acción genera la responsabilidad de su principal. Trasladado al tema que nos ocupa, lo que hace la persona física es como si lo hiciera la persona jurídica y ésta responde como consecuencia de la acción u omisión, dolo o imprudencia y culpabilidad de los individuos. Estos sistemas tienen como consecuencia que, siempre que una persona física comete un hecho delictivo vinculado a la actividad de una persona jurídica, ésta también responde. Este modelo que se basa en la identificación lleva marcado a hierro candente su impronta civilista (paradigmático el principio del *respondeat superior* sobre el que se construyó en Estados Unidos su modelo inicial de responsabilidad penal de personas jurídicas que tiene su origen en el derecho de daños o de responsabilidad civil extracontractual[17]). Si bien no existen grandes reparos a estas ideas de cara al fundamento de una responsabilidad civil vinculada a la reparación del daño (basada en el viejo axioma latino «cuius commoda, eius incommoda» o «qui sentit commodum sentire debet et onus»), representa un punto de partida endeble para poder hablar de la pena como mal proporcional a la lesividad del hecho que estabiliza la norma incumplida. No cabe duda de que en caso de que la persona jurídica no haya causado daños o perjuicios, sino que simplemente haya tenido un enriquecimiento ilícito, este fundamento también puede entenderse suficiente para fundamentar consecuencias de tipo económico como el comiso de ganancias, pero sigue siendo insuficiente para la imposición de una pena autónoma. Materialmente no estamos hablando de consecuencias que se puedan equiparar a una pena, sino simplemente de compensación o reparación de perjuicios o de evitar el enriquecimiento injusto.

Lo decisivo en el modelo vicarial son los criterios, conexiones o vínculos con base en los que es posible **transferir o trasladar la responsabilidad por las consecuencias, es decir, los costes** del que comete el hecho (persona

16 Fisse, "Reconstructing Corporate Criminal Law: Deterrence, Retribution, Fault, and Sanctions", *Southern California Law Review*, Vol. 56 (1982-83), pp. 1167 ss.

17 Es de sobra conocido en este sentido el fallo de 23 de febrero de 1909 de la Corte Suprema de Estados Unidos "*New York Central & Hudson River Railroad v. United States*". Sobre este modelo estadounidense Ortiz de Urbina Gimeno/Chiesa, (nota 7), pp. 1504 ss., con ulteriores referencias, incluyendo las abundantes críticas a esta práctica en la literatura estadounidense.

física) al que sufre la sanción (persona jurídica o sociedad). Por ello se viene etiquetando correctamente estos modelos como de **heterorresponsabilidad**. Como se puede apreciar, en este esquema de imputación la única cuestión jurídicamente relevante es el "hecho de conexión", es decir, bajo qué criterios se entiende que el delito se encuentra vinculado a la empresa para trasladar a ésta ciertos costes económicos (responsabilidad por las consecuencias sin responsabilidad propia por el hecho). En Derecho comparado, además de los criterios de relación funcional (la infracción de deberes derivados de las responsabilidades de la corporación), se suele hacer referencia a que la empresa se haya visto beneficiada de alguna manera con la actividad delictiva (o, al menos, que el sujeto haya actuado con ese propósito o intención). Pero ninguno de estos requisitos se puede entender como suficiente para fundamentar el traslado de la pena del sujeto infractor a la sociedad mercantil para la que trabaja.

La responsabilidad basada en la transferencia crea más problemas que los que resuelve cuando nos movemos en el ámbito del Derecho Penal. Es cierto que en Derecho Civil o en Derecho Administrativo las personas jurídicas responden de infracciones cometidas por sus integrantes y lo decisivo son los criterios de transferencia de la responsabilidad por el hecho al sujeto que tiene que sufrir la sanción de acuerdo con las funciones de cada uno de estos sectores del ordenamiento jurídico (reparar o indemnizar el daño o multar para ordenar un determinado sistema social). El problema es que si hablamos de imputación jurídico-penal no es posible transferir la responsabilidad en estos términos. En Derecho Penal el principio de personalidad de las penas obliga a que sufra el mal en que consiste la pena exclusivamente la persona que puede ser hecha responsable del injusto. Los costes para restablecer la norma erosionada sólo pueden ser sufridos por quien con su infracción ha puesto en entredicho la norma.

Con base en lo expuesto es fácil entender la razón por la que los modelos englobados bajo esta idea de la heterorresponsabilidad no tienen gran apoyo en el ámbito de nuestra tradición jurídica. Básicamente presentan dos inconvenientes[18]:

a) El primero tiene que ver con sus problemas de **legitimación**. En este modelo la persona jurídica **no es responsable por un hecho propio** (autorresponsabilidad), sino exclusivamente en relación con base en un hecho ajeno (heterorresponsabilidad). Es decir, aunque el injusto lo comete otro (una persona física) es la sociedad mercantil la que sufre las consecuencias respondiendo como si lo hubiera cometido ella misma. En consecuencia, la persona jurídica sufre consecuencias derivadas de la comisión del hecho sin ser realmente responsable del mismo. Las corporaciones han de asumir en este sistema que "si sucede algo" como consecuencia de su actividad social responden de las consecuencias para restablecer la situación. La cuestión no cambia si, en vez de responder por el hecho de una única persona, se responde por un "comportamiento colectivo". En vez de responsabilidad por el hecho de otro se trata de

18 Artaza Varela, (nota 1), pp. 83 ss.; Mittelsdorf, *Unternehmensstrafrecht im Kontext*, Heidelberg, 2010, pp. 97 ss.; Nieto Martín, (nota 1), pp. 102 ss., especialmente 120 ss.

responsabilidad por el hecho de otros. Normativamente el cambio es anecdótico.

b) El segundo es de índole político-criminal o de **eficiencia**. En este modelo, la persona jurídica responde siempre, con independencia de su "comportamiento" correcto o incorrecto, por lo que el Derecho Penal no sirve de estímulo para que se adopten determinadas medidas. Siendo imposible una prevención absoluta, las personas jurídicas tienen que asumir una especie de "lotería penal". Ello lleva a asumir resignadamente la desgracia, pero no estimula el cumplimiento de las normas. Por ello, si se entiende que sería deseable el estímulo a las sociedades mercantiles para que se adopten medidas eficaces de cara al cumplimiento de la legalidad, sería mejor un sistema que separe el trigo de la paja, es decir, las personas jurídicas que se comportan de acuerdo a expectativas normativas de las que no. No tiene sentido un modelo que no estimule, sino todo lo contrario, la implantación de programas o sistemas de cumplimiento de la legalidad penal.

Ambos inconvenientes obedecen a una misma debilidad conceptual de este tipo de modelos: **se mantiene en clave estrictamente individualista y parte de una identificación entre individuo y organización. Por esta razón no se diferencia adecuadamente a efectos de imputación jurídico-penal entre individuo (infracción o responsabilidad individual) y organización (defecto organizativo o responsabilidad supraindividual)**. De esta manera el modelo no deja margen a que pueda declararse responsabilidad individual sin responsabilidad corporativa. Ésta puede llegar hasta donde no es merecida ni necesaria, generando una ilegítima inflación de la responsabilidad penal. Pero en sentido contrario, también se plantea el problema de que no es posible una responsabilidad corporativa sin responsabilidad individual (lo que algún autor ha denominado el "problema de la infrainclusión"[19]). En los modelos vicariales o de hetero-responsabilidad la responsabilidad de la persona jurídica llega a los mismos lugares a los que llega la responsabilidad individual. Por tanto, si no hay culpabilidad individual no se puede castigar en ningún caso y, existiendo responsabilidad individual, la consecuencia automática es que a la sanción individual se suma sin más la de la persona jurídica, sin que ésta pueda alegar nada o tenga opciones (salvo en los sistemas vicariales imperfectos buscar, en todo caso, una atenuación de esa responsabilidad). Se trata de inconvenientes lógicos derivados del punto de partida. No es extraño, por ello, que el Derecho comparado demuestre como los modelos vicariales suelen ir evolucionando o sufriendo correcciones con base en sus propias

---

19 Gómez-Jara Díez, en Bajo Fernández/Feijoo Sánchez/Gómez-Jara Díez, *Tratado de responsabilidad penal de las personas jurídicas*, 2ª ed., Navarra, 2016, pp. 99 ss. Sobre este problema en la aplicación de la responsabilidad vicarial en Inglaterra, Madrid Boquín, "La responsabilidad penal de las personas jurídicas en Inglaterra: Consideraciones sustantivas y procesales sobre el papel del *criminal compliance*", Gómez Colomer (Dir.), *Tratado sobre Compliance penal, Responsabilidad Penal de las Personas Jurídicas y Modelos de Organización y Gestión*, Valencia, 2019, p. 1439. Con respecto a Estados Unidos, Selvaggi, "Responsabilidad penal de las corporaciones y programas de cumplimiento (Compliance Programs) en el sistema de los Estados Unidos de América", *Compliance y responsabilidad penal de las personas jurídicas*, México, 2017, p. 61.

experiencias sobre las consecuencias de un modelo vicarial puro hacia otro tipo de modelos más complejos y menos individualistas, al menos en lo que respecta a la determinación de la pena. Los modelos como el estadounidense que comenzaron con un modelo vicarial puro han ido evolucionando por la constatación práctica de las debilidades conceptuales del modelo[20]. En este sentido señala un buen conocedor de estas cuestiones como Gómez-Jara Díez[21]: "*en líneas generales se puede afirmar que los fundamentos se han ido alejando de actuaciones concretas de personas físicas y la consiguiente conexión entre persona física y jurídica sobre la base de la representación y se han ido aproximando a defectos organizativos de la propia persona jurídica (...) si a principios del siglo pasado dicha responsabilidad se basaba principalmente en teorías de la representación imperantes en la época y se importaban modelos propios de derecho civil para hacer a las personas jurídicas responsables penalmente, a principio de este siglo los fundamentos pasan por los dictados de las teorías organizativas y la constatación de elementos característicos del derecho penal que se alejan de la impronta jurídico-civil*".

Si bien estas evoluciones son más eficaces para el fin de que los administradores estén atentos al cumplimiento de la ley en la organización y de estimular una cultura corporativa de cumplimiento normativo, e, incluso, se puede asumir que permiten sanciones menos injustas, la pena seguiría teniendo su fundamento en razones de equidad, pero no de merecimiento de la propia empresa. Sólo con correcciones no se resuelve el problema normativo de fondo: no se trata de responsabilidad propia del que sufre la pena, sino de asumir consecuencias que derivan de la responsabilidad de otros.

III.2. El cambio de enfoque hacia las teorías organizativas: la reformulación de la equidad a través de la idea de "ahorro de costes" como fundamento de la responsabilidad penal

Un sector de la doctrina ha considerado que la primera objeción expuesta de los modelos vicariales no sería relevante, en la medida en la que las sociedades, como entidades jurídicas que no son de "carne y hueso", no tendrían que disfrutar de las mismas garantías que los seres humanos[22]. Sin embargo, la segunda objeción apuntada resulta inasumible desde una perspectiva puramente pragmática en la medida en la que la intervención del Derecho Penal acaba siendo disfuncional. Sin abandonar un punto de vista económico de distribución equitativa de costes y beneficios, ha cobrado gran peso teórico y práctico para superar los inconvenientes del sistema vicarial la idea de que la sanción penal se podría fundamentar en el "ahorro de costes", por lo que la sociedad mercantil que haya soportado esfuerzos o inversiones suficientes para prevenir, detectar y reaccionar frente a hechos delictivos no

---

20 Ortiz de Urbina Gimeno/Chiesa, (nota 7), pp. 1504 ss., con ulteriores referencias.

21 Tratado (nota 3), p. 110.

22 Paradigmático Nieto Martín, (nota 1), p. 26 con respecto a las diferencias entre responsabilidad individual y de las personas jurídicas ("*no creo posible que el principio de culpabilidad pueda tener un igual juego en ambos sectores. Si, según la opinión más extendida, la culpabilidad deriva de la dignidad de la persona, no creo posible que en relación a las personas jurídicas pueda tener iguales contenidos*"). Esta idea es desarrollada en pp. 115 ss.

debería sufrir la pena como un coste, mientras aquellas corporaciones que no hayan hecho una inversión suficiente antes de la comisión del hecho delictivo tendrán que sufrir una sanción para compensar su ventaja indebida o injustificada y demostrar de esta manera a la generalidad que ese tipo de políticas resultan rentables. El juez queda convertido mediante esta visión economicista en un ponderador de costes y beneficios, por lo cual se le debe conceder gran libertad para determinar la sanción aplicable (aunque existan principios orientadores como las *Organizational Sentencing Guidelines* o *Federal Sentencing Guidelines for Organizations* del ordenamiento estadounidense) e, incluso, dejar un margen amplio al principio de oportunidad[23].

Sin poder entrar en el detalle de las diversas estrategias que se pueden encontrar en Derecho comparado[24], la idea esencial es que la propia entidad debe desarrollar un programa de cumplimiento normativo con base en el análisis de su propia realidad. Este tipo de modelos persigue complementar las prescripciones penales dirigidas directamente a los administradores u órganos de gobierno de la entidad con incentivos a la "propiedad" para que presionen a los administradores a llevar una gestión conforme a la legalidad. La idea es que la "propiedad" (individual o los socios de la persona jurídica), en virtud de dichos incentivos (sanciones económicas o que perturben el funcionamiento de las personas jurídicas, costes procesales, costes reputacionales, etc.), se vea influenciada a promover una gestión con vocación de cumplimiento de la legalidad[25]. Si no lo hace deberá asumir los costes -económicos, reputacionales, etc.- mediante la reacción del ordenamiento jurídico-penal contra la persona jurídica (imputación en un procedimiento penal, eventual condena, etc.). Como se puede apreciar, se trata de ideas extrañas a las bases y estructuras de responsabilidad penal que han caracterizado los ordenamientos europeos continentales y sudamericanos. En todo caso, no es extraño que dé lugar a soluciones negociadas basadas en el principio de oportunidad. Forma parte de la esencia del modelo.

---

23 Nieto Martín, "Problemas fundamentales del cumplimiento normativo en el Derecho penal, en Kuhlen/Montiel/Ortiz de Urbina (edits.), *Compliance y teoría del Derecho penal*, Madrid y otras, 2013, pp. 30 ss.

24 Sobre ello Nieto Martín, (nota 23), pp. 41 ss.

25 Gruner, *Corporate Criminal Liability and Prevention*, Nueva York, 2001, pp. 36 ss. En España Nieto Martín, (nota 1) pp. 43 ss. Siguiendo a este autor, González Cussac, "El plano político criminal en la responsabilidad penal de las personas jurídicas", Matallín Evangelio (Dir.), *Compliance y prevención de delitos de corrupción* (versión electrónica), Valencia, 2018, p. 109; Ortiz de Urbina Gimeno, "La responsabilidad penal de las personas jurídicas y su impacto en el Derecho Penal económico", en Silva Sánchez/Miró Llinares, *La teoría del delito en la práctica penal económica*, Madrid, 2013, p. 472; Pérez Machío, *La responsabilidad penal de las personas jurídicas en el Código Penal español. A propósito de los programas de cumplimiento normativo como instrumentos idóneos para un sistema de justicia penal preventiva*, Granada, 2017, p. 12.

III.3. Las debilidades de la idea de "ahorro de costes" como fundamento de la responsabilidad penal

Cabe objetar a este segundo modelo más complejo de distribución equitativa de costes que encierra el peligro de diluir la existencia de un injusto específicamente penal como presupuesto de la responsabilidad penal, desapareciendo de esta manera una distinción jurídicamente básica y necesaria entre deberes extra-penales (administrativos, policiales, etc.) y deberes penales. No toda omisión de estrategias o políticas que resulten funcionales para la prevención, detección y persecución de delitos ajenos constituye sin más un injusto penal[26]. Si no hablamos más que de responsabilidad por no evitar delitos de personas físicas, puede que no estemos hablando realmente de un "comportamiento corporativo" normativamente equivalente a la comisión de un delito, por lo tanto de un hecho propio merecedor de una pena corporativa (**delito corporativo**).

Una perspectiva puramente económica acaba con los criterios básicos de imputación jurídico-penal que la doctrina ha ido elaborando en los últimos siglos desde el iusnaturalismo racionalista y la Ilustración y conduce a una expansión de la responsabilidad penal sin un horizonte normativo claro exclusivamente orientado por contingentes modelos criminológicos. Por ejemplo, el fundamento de la imputación de hechos por omisión (comisión por omisión) que se viene trabajando desde hace tiempo a nivel doctrinal y jurisprudencial queda borrado de un plumazo en un modelo de equidad basado exclusivamente en el ahorro de costes para el Estado. Si lo que prima exclusivamente es el interés instrumental del Estado en que las empresas colaboren en labores policiales y asuman costes, es evidente que ello generará una política expansiva de establecimiento de deberes en este sentido, pero ello no significa que se trate de deberes penales (posición de garante) o que se merezcan tal calificativo como injusto cualificado. De esta manera se estaría calificando como injusto penal lo que no son más que meras infracciones del Derecho administrativo o de policía orientadas a la prevención de la delincuencia. El mantenimiento de un adecuado nivel de comportamiento de empleados, directivos y administradores conforme a las normas penales no tiene que ser tildado como un fin jurídicamente ilegítimo, pero existe un salto lógico entre la legitimidad del fin y la calificación como delito de todo lo que perturbe dicho fin. Que sea menos costoso o más fácil para el Estado que las empresas asuman labores policiales de prevención, detección y persecución de delitos no representa un fundamento normativo suficiente para afirmar que defraudar las expectativas al respecto deba ser tratado como la comisión directa del hecho delictivo o bien para que se impute directamente el delito a la organización empresarial. La promoción de estrategias para prevenir, detectar y perseguir hechos delictivos o de mecanismos o modelos para definir, crear y ejecutar o implantar mecanismos empresariales de cumplimiento de la legalidad representa un punto de referencia insuficiente para fundamentar la responsabilidad penal de una sociedad mercantil. Un modelo basado en la equidad tan querido en el ámbito anglosajón no permite hacer este tipo de distinciones normativamente relevantes y peca de vaguedad en lo que respecta

---

26 Frisch, (nota 2), pp. 365 ss.

al fundamento de la responsabilidad. En realidad, desde la perspectiva de una distribución equitativa de costes y beneficios, lo único relevante es si se detecta o no un ahorro de costes que deba ser gravado para hacer que no sea rentable. Por esa razón este tipo de modelos debería conducir a un sistema de sanciones ajenas a la gravedad del delito que se debería limitar a compensar ventajas indebidas.

El denominado *Compliance,* como gestión del cumplimiento o conformidad con un orden normativo, tiene muchas dimensiones y ni siquiera todas ellas tienen que ser jurídicas en sentido estricto. Aquí interesa en exclusiva una dimensión concreta: aquélla que tiene que ver con la responsabilidad penal de las personas jurídicas. Pero ni siquiera mediante la referencia a la necesidad de un "*Criminal Compliance*"[27] como conjunto sistemático de medidas destinadas a la observancia o cumplimiento cotidiano de las leyes penales en organizaciones se resuelve la cuestión jurídica esencial del fundamento de la responsabilidad. No queda contestada la pregunta de por qué la sociedad mercantil tiene que responder de los delitos de las personas físicas que trabajan para ella y, si nadie los evita, responde como si los hubiera cometido ella misma. Si no queremos volver a los inconvenientes del modelo vicarial y tomarnos realmente en serio una perspectiva organizativa parece que la introducción de algún tipo de responsabilidad que se merezca el calificativo de penal para las personas jurídicas ha de partir de que, no sólo los individuos deben preocuparse de la observancia de las prescripciones penales, sino también las propias organizaciones. La cuestión es si el Derecho Penal está legitimado para exigir que las organizaciones se preocupen de que sus actividades mercantiles o económicas sean conformes a la legalidad penal. Bajo esta perspectiva las entidades ya no serían garantes del cumplimiento de la legalidad de otros, sino de la adecuación de la propia organización a lo prescrito por el ordenamiento jurídico-penal. Exclusivamente en este contexto de legitimación sería posible hablar de un hecho o de un injusto propio de la entidad sobre el que construir la responsabilidad por poner en entredicho la norma que fundamenta el recurso a la pena.

Sin embargo, aunque se llegue a asumir esta perspectiva y se entienda que los ordenamientos están dirigiendo nuevas expectativas a las organizaciones empresariales, sigue sin quedar resuelta la cuestión esencial desde el punto de vista jurídico-penal: quién debe ser hecho responsable de la infracción de dichos nuevos deberes organizativos. Con el surgimiento de nuevos deberes y mayores exigencias jurídicas que tienen como objetivo la correcta organización de las empresas queda pendiente de resolver la cuestión de si el responsable de la organización no permitida o contraria a la legalidad penal

---

27 Bock, (nota 1), pp. 19 ss.; Feijoo Sánchez, *El delito corporativo en el Código Penal español. Cumplimiento normativo y fundamento de la responsabilidad penal de las empresas,* 2ª ed., Navarra, 2016, pp. 26 ss., con ulteriores referencias; Gómez Colomer (Dir.), *Tratado sobre Compliance Penal, Responsabilidad Penal de las Personas Jurídicas y Modelos de Organización y Gestión,* Valencia, 2019; Günther, (nota 2), pp. 101 ss.; Kudlich, "¿Compliance mediante la punibilidad de asociaciones?", en Kuhlen/Montiel/Ortiz de Urbina Gimeno (edits.), *Compliance y teoría del Derecho penal,* Madrid y otras, 2013, p. 283; Kuhlen, (nota 7), pp. 51 ss.; Rotsch, "Sobre las preguntas científicas y prácticas del Criminal Compliance", *Anuario de Derecho Penal Económico y de la Empresa* nº 3 (2015), pp. 13 ss.

debe ser alguna persona física (por ejemplo, los administradores) o la persona jurídica titular de la organización. Podemos observar como ordenamientos como el alemán sin un sistema de responsabilidad penal de personas jurídicas (estas responden vía ley de contravenciones -OWiG-) han conseguido un eficaz establecimiento de políticas de cumplimiento de la legalidad sin variar los mecanismos tradicionales de responsabilidad penal. Que las exigencias jurídicas cambien con respecto a las organizaciones, no conlleva necesariamente la responsabilidad penal de las sociedades mercantiles que no han adoptado medidas suficientes para velar por el cumplimiento de la legalidad en sus actividades[28].

La principal fortaleza de este tipo de modelos debe buscarse en el dato de que en determinados supuestos **el delito de empresa es un delito estructural**. Eso es evidente cuando el delito "pasa" o "fluye" por diversos niveles de responsabilidad dentro de la empresa: los administradores o altos directivos establecen políticas criminales o criminógenas que ejecutan los inferiores jerárquicos o los empleados cometen delitos con tolerancia o falta de vigilancia o control debido por parte de los superiores. Siendo eso cierto, y debiendo compartirse esta apreciación, todavía queda sin resolver la cuestión normativa esencial: quién debe ser hecho penalmente responsable de ese "fallo estructural" que ha tenido como consecuencia la comisión de un hecho delictivo.

III.4. Perspectiva: Es posible una responsabilidad por la prevención de delitos de naturaleza no penal

Es difícil discutir la legitimidad de los Estados para establecer nuevos deberes o implantar mayores exigencias con el fin de prevenir la delincuencia, sobre todo en ámbitos sensibles como la corrupción pública y privada, el blanqueo de capitales, la financiación del terrorismo y conductas afines. El Estado puede recurrir a la ayuda de la sociedad para crear nuevos deberes de colaboración. De hecho existe una creciente tendencia desde los años ochenta del pasado siglo a que el Estado moderno cree deberes en los que exige a los particulares una colaboración cuasi-policial con el Estado, especialmente donde al Estado le resulta más difícil llegar o conseguir información[29] para proteger intereses públicos, generales o estatales. No es este el lugar para desarrollar dónde se encuentra el límite para el establecimiento de dichos deberes y exigencias en un Estado de Derecho. Pero en una sociedad que no es sólo de individuos, sino de organizaciones y donde éstas tienen el protagonismo en el subsistema social economía o mercado, tiene lógica que los Estados establezcan deberes para las organizaciones (que se convierten en "sujetos obligados"), con un sistema de sanciones más pensado para organizaciones que para los individuos que las componen (aunque puedan convivir ambas). El cumplimiento de dichos deberes obstaculiza la exigencia

---

28 FRISCH, (nota 2), pp. 368 s. y passim.

29 SILVA SÁNCHEZ, *Delito y empresa*, pp. 51 ss. ("*la introducción de la responsabilidad penal de las personas jurídicas en los diversos ordenamientos jurídicos y la cultura del compliance están actuando, en este punto, a modo de catalizador de tendencias preexistentes*").

de responsabilidad penal, pero ello no significa, en sentido contrario, que su incumplimiento se deba equiparar a responsabilidad penal y, mucho menos, a una acción antijurídica y culpable[30]. La inobservancia de tales deberes puede ofrecer una base suficiente para una responsabilidad de tipo administrativo -basada, por ejemplo, en la infracción de deberes de vigilancia o supervisión-, pero no penal.

Es evidente que la globalización está provocando una expansión de la "lógica del blanqueo". En los años ochenta del pasado siglo, cuando se vio la necesidad de perseguir la dimensión económica de las grandes organizaciones criminales (especialmente las dedicadas al narcotráfico), los países occidentales adoptaron la siguiente decisión: como era enormemente costoso crear una policía financiera especializada se cargó a determinados particulares con deberes cuasi-policiales de prevención o colaboración con el Estado. Así surgió la legislación de prevención del blanqueo de capitales y, posteriormente, de financiación del terrorismo y conductas afines. Se globalizó la decisión de que para el Estado era más rentable crear un cuerpo legislativo para convertir a determinados operadores en sujetos obligados que crear un cuerpo de policía financiera. Tras esta decisión inicial, en los últimos treinta años los sujetos especialmente obligados se han incrementado exponencialmente (prácticamente cualquier actividad empresarial importante es afectada por los deberes de la legislación de prevención del blanqueo y financiación de terrorismo) y los deberes de diligencia y prevención se encuentran en un proceso continuo de transformación y ampliación que parece no tener fin. Este fenómeno expansivo ya no se explica exclusivamente por la finalidad de proteger la integridad del sistema financiero y de otros sectores de la actividad económica, sino por su eficacia en la lucha y persecución de la criminalidad (especialmente la organizada). No cabe duda de que una estrategia que ha tenido éxito en el ámbito del blanqueo, también puede tenerlo en otros ámbitos en los que se apliquen controles similares como los delitos de cohecho, de corrupción en los negocios o de financiación ilegal de partidos políticos.

Todas estas consideraciones no se ven esencialmente modificadas por el recurso a estrategias de "**autorregulación regulada**"[31], donde el ordenamiento

---

30 En sentido contrario, representativo, Galán Muñoz, "Acción, tipicidad y culpabilidad penal de la persona jurídica en tiempos del compliance: Una propuesta interpretativa", Gómez Colomer (Dir.), *Tratado sobre Compliance penal, Responsabilidad Penal de las Personas Jurídicas y Modelos de Organización y Gestión*, Valencia, 2019, p. 255 ("*Las personas jurídicas pueden responder y responderán de los hechos delictivos cometidos por determinados individuos que actúan en su estructura o colaboran con ella, porque el Estado ha decidido obligarlas a involucrarse y a colaborar en la prevención de tales hechos, para lo cual, ha establecido el deber legal de que los prevengan y ha previsto la posibilidad de que se las pueda penar por la producción de tales delitos, si no cumplen con dicho deber*").

31 Referencias a esta cuestión, con ulteriores referencias en Arocena, "¿De qué hablamos cuando hablamos de *Criminal compliance*?", *Compliance y responsabilidad penal de las personas jurídicas*, México, 2017, pp. 6 s.; Coca Vila, "Los modelos de prevención de delitos como eximente de la responsabilidad "penal" empresarial en el ordenamiento jurídico español", *Compliance y responsabilidad penal de las personas jurídicas*, México, 2017, pp. 128 ss.; Gómez-Jara Díez, en Bajo Fernández/Feijoo Sánchez/Gómez-Jara Díez, (nota 19), pp.

jurídico ya no concreta los deberes de los operadores económicos, sino que les obliga a adoptar una aproximación o un enfoque basado en el riesgo u orientado al riesgo, identificando los riesgos propios, adoptando las correspondientes medidas preventivas, de mitigación o control y evaluando el riesgo inherente[32]. Si bien no deja de existir una cierta correlación entre autorregulación regulada o preventiva y la opción a favor de la responsabilidad

---

92 ss.; NIETO MARTÍN, (nota 1), pp. 59 ss.; PÉREZ MACHÍO, (nota 25), pp. 215 ss. Considera MAZA MARTÍN, *Delincuencia electoral y responsabilidad penal de los partidos políticos*, Madrid, 2018, p. 177, que "*la responsabilidad penal de las personas jurídicas puede considerarse como auténtica «cláusula de cierre» en relación con los sistemas de autorregulación administrativa*". En profundidad, ARROYO JIMÉNEZ/NIETO MARTÍN, *Autorregulación y sanciones*, 2ª ed., Navarra, 2015, con un amplio tratamiento a través de diversas contribuciones sobre el tema. De "autorregulación preventiva" habla NIETO MARTÍN, (nota 12), pp. 167 ss.

El art. 31 del Reglamento de la Ley Nª 30424, que regula la Responsabilidad Administrativa de las Personas Jurídicas en Perú (sobre esta ley CARO CORIA, "La responsabilidad de las personas jurídicas en el Perú y los criminal compliance programs como atenuantes y eximente de la responsabilidad de la persona jurídica", GÓMEZ COLOMER (Dir.), *Tratado sobre Compliance penal, Responsabilidad Penal de las Personas Jurídicas y Modelos de Organización y Gestión*, Valencia, 2019, pp. 1283 ss.; EL MISMO, "Imputación objetiva y compliance penal", DEMETRIO CRESPO (Dir.), *Derecho Penal económico y teoría del delito*, Valencia, 2020, pp. 381 ss.) define de esta manera la autorregulación de la persona jurídica:

"*Las personas jurídicas, en el ejercicio de su autorregulación, de acuerdo con su tamaño, naturaleza, características y complejidad de sus operaciones, tienen la facultad para definir el alcance de los elementos del modelo de prevención, así como los procedimientos o metodología para su diseño, implementación y monitoreo, que mejor se adapte a sus necesidades, riesgos y particularidades y que, en función de ellos, resulten más eficaces.*

Tratándose de personas jurídicas consideradas como sujetos obligados de acuerdo a las normas que regulan el Sistema de Prevención de Lavado de Activos y del Financiamiento al Terrorismo, la autorregulación es la facultad para definir el alcance de los elementos del modelo de prevención respecto a riesgos de la comisión de delitos distintos al lavado de activos y del financiamiento al terrorismo".

32 Art. 6 del Reglamento de la Ley Nª 30424, que regula la Responsabilidad Administrativa de las Personas Jurídicas en Perú y que desarrolla los denominados "modelos de prevención" del art. 17 de la Ley: "*El diseño e implementación de un modelo de prevención se elabora sobre la base del resultado de la evaluación de su perfil de riesgo*". El art. 13 del Reglamento añade como "*para la elaboración del perfil de riesgo, se debe determinar los riesgos inherentes al desarrollo de la actividad de la persona jurídica en cada uno de sus procesos, así como los riesgos residuales, vinculados a la comisión de delitos*", desarrollando en los siguientes artículos la identificación por un lado y la evaluación y el análisis de riesgos por otro ("*la evaluación debe ser entendida como un examen sistémico que permita determinar la probabilidad de que se materialicen los riesgos identificados, así como la consecuencia que estos tendrían en la persona jurídica, a fin de establecer los niveles de prioridad que debe asignarse a cada uno de ellos*"). Se establece en el art. 20 que "*la persona jurídica en el ejercicio de su autorregulación, de acuerdo con su tamaño, naturaleza, características y complejidad de sus operaciones, fija los parámetros para la determinación de probabilidad de los riesgos inherentes, de acuerdo a su naturaleza y necesidades, siempre que estos sean idóneos y eficaces*". A la hora de regular cómo debe ser la mitigación de riesgos, el art. 22 señala como "*la persona jurídica, sobre la base de la identificación y evaluación de los riesgos inherentes, asume e implementa controles y medidas de prevención, detección o corrección. Estos controles y medidas son proporcionales, razonables y adecuados a la probabilidad o consecuencias de los riesgos inherentes priorizados y de los riesgos residuales*".

penal de las personas jurídicas, la primera no es por sí misma un fundamento suficiente para la segunda.

La "lógica de la prevención del blanqueo" no es la lógica de la pena como institución jurídica cuyo fin es estabilizar normas penales. No impedir, obstaculizar o dificultar delitos ajenos no es un injusto penal a no ser que se detente una específica **posición de garantía**. Y no es admisible que se traten como equivalentes a una posición de garante ciertos deberes meramente administrativos, menos intensos o más suaves, débiles o blandos de prevención y control. Esta idea, que se ha desarrollado en profundidad, en relación al fundamento de la participación delictiva[33], no debería ser abandonada cuando se trata de la responsabilidad penal de personas jurídicas. **La persona jurídica debe responder de su propio hecho y no meramente por no haber prevenido un delito ajeno o por haber omitido un mayor esfuerzo económico para prevenir delitos.** Esta cuestión será objeto de desarrollo más adelante, pero no deberíamos olvidar que las posiciones de garante para evitar infracciones de sujetos libres y responsables han venido siendo absolutamente excepcionales en nuestros ordenamientos. No encuentro una razón normativamente válida para que las cosas sean distintas cuando los sujetos obligados son sociedades mercantiles.

Con independencia de que se trate de responsabilidad administrativa, no habría obstáculo para que se sustancie dentro del procedimiento penal por las mismas razones de economía procesal por las que el juez penal se pronuncia sobre la responsabilidad civil derivada de delito. Pero que una infracción tenga que ver con la prevención de delitos y sea parte de un procedimiento penal no permite todavía hablar propiamente de delito corporativo y pena corporativa.

En conclusión, no es posible hablar de responsabilidad penal si no se trata de poner en entredicho normas penales en sentido estricto, sino normas de flanqueo de dichas normas penales para asegurar su cumplimiento. Que una normativa tenga fines preventivos no significa que sea una norma penal. Para que una persona jurídica sea hecha penalmente responsable tiene que responder del quebrantamiento propio de una norma penal. De no ser así estaremos hablando de una responsabilidad de tipo administrativo o policial con independencia de su denominación formal.

IV. La responsabilización de la persona jurídica por un hecho propio como requisito imprescindible para la imposición de penas

Ciertos modelos como el español se caracterizan porque el castigo mediante la multa es proporcional a la gravedad del hecho –cuanto más grave el hecho más se castiga a la persona jurídica- y al grado de la responsabilidad propia de la persona jurídica (no del individuo que comete el delito como, por ejemplo, en la ley de contravenciones –OWiG– alemana o en los modelos basados en la identificación), pudiendo verse exonerada o atenuada tal responsabilidad en

33 Feijoo Sánchez, "Teoría de los actos neutrales y participación delictiva. Los límites de la participación criminal en los delitos económicos", Demetrio Crespo (Dir.), *Derecho Penal económico y teoría del delito*, Valencia, 2020, pp. 131 ss., 162 ss.

caso de implantación eficaz de políticas de cumplimiento de la legalidad. Las personas jurídicas en este modelo sufren sanciones penales porque se imputa a la organización de la que son titulares hechos con relevancia delictiva y la pena que se impone es proporcional a su responsabilidad por dichos hechos. Con estas características se abren unas perspectivas interesantes de legitimación más acordes a nuestra tradición o cultura jurídica.

IV.1. ¿El defecto de organización como fundamento de la culpabilidad de las sociedades?

Como es de sobra conocido, el concepto de "culpabilidad por defecto de organización" tiene su origen en Tiedemann[34]. La propuesta ha tenido tanto éxito que hoy en día resulta difícil saber exactamente a qué se refieren los autores que utilizan este concepto. Sobre todo si tenemos en cuenta que no existen organizaciones perfectas, por lo que todas tienen en mayor o menor medida defectos, al menos en alguno de sus procesos internos. La doctrina española que se basa en esta construcción de Tiedemann suele entender que la responsabilidad penal de la persona jurídica se basa en la constatación de un "hecho de conexión" entre persona física y jurídica y la responsabilidad tendría su fundamento dogmático en un defecto de organización si la persona jurídica no puede probar la adopción de ciertas medidas preventivas y de control[35].

---

34 (Nota 6), pp. 180 s. (nº marg. 448). En sentido crítico Feijoo Sánchez, (nota 1), Madrid, 2002, pp. 69 ss.; Gómez-Jara Díez, (nota 11), pp. 150 ss.; el mismo, (nota 19), pp. 159 ss.; Mittelsdorf, (nota 18), p. 98.

Limitándome a citar la relevancia de esta construcción en algunos trabajos recientes (en la línea de otros anteriores) en relación a la interpretación del Código Penal español: Aguilera Gordillo, *Compliance Penal en España*, Navarra, 2018, pp. 60 ss., 94 ss., 244 s; Ayala González, "Responsabilidad penal de las personas jurídicas: interpretaciones cruzadas en las altas esferas", *InDret* 1/2019, pp. 14 ss., con base en los autores posteriormente mencionados ("*la culpabilidad reside en la ausencia de una organización eficiente que de haber existido habría permitido evitar -o al menos dificultar o, en su caso, sancionar a nivel interno- la comisión del delito base*"); el mismo, "¡Houston, tenemos un problema! La indecisión del Tribunal Supremo ante la responsabilidad penal de las personas jurídicas", *Diario La Ley* nº 9417 de 17 de mayo de 2019 (versión online), definiendo el modelo del hecho de conexión como de autorresponsabilidad "*que, si bien diferente a la de la teoría de los sistemas sociales autopoiéticos, es respetuosa con los mismos postulados: principio de culpabilidad y responsabilidad por hecho propio*"; Bacigalupo Saggese, "La responsabilidad penal de los entes colectivos: el modelo de imputación del Código Penal", *Estudios de Derecho Penal. Homenaje al profesor Miguel Bajo,* Madrid, 2016, pp. 42 s.; Gómez Tomillo, "Programas de cumplimiento y política criminal", *Estudios de Derecho Penal. Homenaje al profesor Miguel Bajo,* Madrid, 2016, p. 108; el mismo, "Presunción de inocencia, carga de la prueba de la idoneidad de los "compliance programs" y cultura de cumplimiento", Frago Amada (Dir.), *Actualidad Compliance,* Navarra, 2018, pp. 202 s.; Zugaldía Espinar, "La responsabilidad criminal de las personas jurídicas en el Derecho Penal español (análisis de la cuestión tras la reforma operada por la LO 1/2015, de 30 de marzo)", *Estudios de Derecho Penal. Homenaje al profesor Miguel Bajo,* Madrid, 2016, pp. 698 s., 702.

35 Una breve exposición del modelo en Gómez-Jara Díez, "Tomarse la responsabilidad penal de las personas jurídicas en serio: la culpabilidad de las personas jurídicas", *Estudios de*

En realidad lo interesante de la propuesta del autor alemán no es que ofreciera un fundamento dogmático válido para legitimar la imposición de una pena (de hecho su objetivo era legitimar ciertas multas contravencionales), sino que puso un especial énfasis en la idea de que en este ámbito se debe partir como sustrato material de la responsabilidad de un defecto organizativo como alternativa al sistema vicarial tradicional en el ámbito anglosajón. Se abrió así una perspectiva para que la teoría tradicional de la acción quedara reemplazada para la responsabilidad corporativa por una "teoría del defecto organizativo". Esto significa que la responsabilidad de la persona jurídica, para ser legítima, no puede ser construida sobre una acción de una persona concreta o de una acción colectiva si ello no representa un defecto de la organización de la que la persona jurídica es titular. Siendo eso así, no son asumibles las posiciones -mixtas- que se quedan a medio camino y entienden que el delito individual representa una presunción *iuris et de iure* (esta era la posición original de Tiedemann) de un defecto organizativo; pero tampoco los matices introducidos posteriormente de que se trata de una presunción *iuris tantum*[36]. Si nos quedamos a medio camino el fundamento de la responsabilidad sigue estando en la acción individual, por lo que se mantiene una excesiva identificación entre individuo y organización. **La columna**

Derecho Penal. Homenaje al profesor Miguel Bajo, Madrid, 2016, pp. 130 s. y Gómez Colomer (Dir.), *Tratado sobre Compliance penal, Responsabilidad Penal de las Personas Jurídicas y Modelos de Organización y Gestión*, Valencia, 2019, pp. 309 s.

En un reciente trabajo Zugaldía Espinar, "La teoría jurídica del delito de las personas jurídicas en la jurisprudencia del Tribunal Supremo", *Diario La Ley* nº 9537 de 16 de Diciembre de 2019 (versión online) resume así la teoría del hecho de conexión:

"a´. La acción típica de la persona jurídica. La acción de la persona jurídica consiste en la realización por una persona física competente, de la vertiente objetiva y subjetiva de un tipo penal (hecho de conexión) en el que se admita la responsabilidad criminal de las personas jurídicas y que, en tanto realizada con los requisitos del art. 31 bis CP (en el giro de empresa, en nombre, por cuenta y en beneficio de la persona jurídica), sea al mismo tiempo, jurídica, sociológica y criminológicamente, una acción propia de la persona jurídica y expresión de su específico obrar corporativo. No se trata, por tanto, de «transferir» lo que ha hecho una persona (la persona física) a otra que no lo ha hecho (la persona jurídica). Ni siquiera se trata de poder afirmar que el hecho cometido por una persona (la persona física) equivalga jurídica o axiológicamente a su realización por otra persona (la persona jurídica). Se trata de determinar bajo qué condiciones normativas se puede atribuir directamente el hecho a la persona jurídica como propio, como su autora – del mismo modo que el hecho de un coautor puede ser atribuido normativamente, aunque no lo realizasen materialmente en persona, a los otros coautores –.

b¨. La culpabilidad de la persona jurídica. Dicha culpabilidad consistiría en una «culpabilidad por defecto de organización» (Tiedemann). Esta construcción considera que la persona jurídica será culpable siempre que haya omitido tomar las medidas de precaución necesarias para garantizar un desarrollo ordenado y no delictivo de la actividad de empresa (se trataría de la infracción del deber de evitar que la actividad de empresa se concrete en la realización de hechos delictivos). La exclusión de la culpabilidad de la persona jurídica puede lograrse a través de un adecuado Programa de Cumplimiento normativo (Compliance)".

36 En sentido crítico con este sector doctrinal Feijoo Sánchez, en Bajo Fernández/Feijoo Sánchez/Gómez-Jara Díez, *Tratado de responsabilidad penal de las personas jurídicas*, 1ª ed., Navarra, 2012, pp. 74 ss.; Wohlers, "Grundlagen der Verbandsverantwortlichkeit", *Neue Zeitschrift für Wirtschafts-, Steuer- und Unternehmensstrafrecht* 2018, p. 415., con amplias referencias a la literatura crítica en lengua alemana.

vertebral de este tipo de responsabilidad sigue siendo el delito individual y el fundamento de la responsabilidad de la persona jurídica es que desde la organización no se evitó o previno el delito individual. Expresado en una fórmula, la responsabilidad penal de las personas jurídicas equivale a delito individual+defecto o fallo organizativo o de control.

Lo más valioso de la aportación de este maestro alemán del Derecho Penal económico es que abrió la posibilidad de romper la identificación ente individuo y organización que inhabilita los sistemas vicariales tradicionales y su impronta civilista. Una perspectiva más organizativa exige que el delito individual pueda ser entendido y probado como un hecho propio de la organización; de no ser así falta el presupuesto sobre el que construir la responsabilidad de la persona jurídica. Por el contrario, un sector de la doctrina utiliza en realidad el concepto de "culpabilidad por defecto de organización" como un sistema vicarial o de transferencia encubierto y frente a ello no puedo más que mostrar mi rechazo.

Lo que podemos aprender de esta concepción que se puede remontar a Tiedemann es que los intentos de construir la responsabilidad penal de la persona jurídica sobre la idea de "acción defectuosa" –individual o colectiva[37]– están encaminados al fracaso[38]. No hay más vía dogmática que la de la

37 Ya me he manifestado en otros lugares en contra de la idea de "sujeto colectivo que realiza comportamientos colectivos" y de la "acción colectiva" en contextos organizativos como un fenómeno de ontología social sobre la que construir una responsabilidad que no es colectiva, sino corporativa (es decir, de un *corpus* independiente de los *singuli*). Si a efectos de imputación jurídico-penal hay que renunciar a una identidad absoluta entre individuo y organización, ello no cambia porque se tenga en cuenta a los individuos actuando como colectivo (dimensión colectiva de la acción). Me remito a Feijoo Sánchez, (nota 27), pp. 65 ss., con ulteriores referencias.

38 Feijoo Sánchez, (nota 1), pp. 125 ss.; Molina Fernández, "Societas peccare non potest... nec delinquere", *Estudios de Derecho Penal. Homenaje al profesor Miguel Bajo*, Madrid, 2016, pp. 373 ss.; Mulch, (nota 6), pp. 50 ss. Es evidente que "*una organización carece en cuanto tal de todo y el mínimo equipamiento biopsíquico*" (Gracia Martín, "Analogía y naturaleza de la cosa: la imposible e inconcebible responsabilidad penal y sancionatoria de la persona jurídica", *Persuadir y razonar: Estudios Jurídicos en Homenaje a José Manuel Maza Martín*, Tomo II, Navarra, 2018, p. 238), pero deducir de ello la imposibilidad de imputación jurídico-penal exige asumir la premisa de que cuando hablamos de sanciones -administrativas o penales- la responsabilidad sólo puede transcurrir a través de "equipamientos biopsíquicos" (¿Algoritmos bioeléctricos que funcionan mediante descargas eléctricas entre neuronas y neurotransmisores?) pero no de construcciones sociales. En el ámbito del Derecho Administrativo sancionador hace mucho tiempo que es evidente que eso no es así. El Derecho Penal no tiene que operar como el Derecho Administrativo sancionador si se entiende que se trata de una responsabilidad cualitativamente diferente (Gracia Martín, "Persona jurídica y Derecho sancionador administrativo", *Represión Penal y Estado de Derecho. Homenaje al Prof. Gonzalo Quintero Olivares*, Navarra, 2018, pp. 599 ss. y passim) pero en el ámbito sancionador no existe una correspondencia entre responsabilidad y "equipamiento biopsíquico".

La teoría de la acción es una teoría sobre el sustrato de la imputación jurídico-penal. Desde la etapa codificadora y hasta tiempos recientes no han existido como sustrato más que acciones humanas y ello ha sido el centro de atención de la dogmática. A partir de este presupuesto se ha desarrollado la teoría de la acción como una teoría que sistematiza los elementos comunes de todas las modalidades de conducta humana que contempla el

"organización defectuosa" como sustrato de la imputación. Por ello, cuando se apela como objeción contra cualquier posibilidad de responsabilidad penal para las personas jurídicas al argumento de la "falta de autoconciencia" -o de "conciencia de sí mismo" que utilizaban los penalistas españoles del siglo XIX-, ello podría ser relevante para un sistema que impusiera penas por acciones culpables[39]. Pero no para delitos propios de una organización -empresarial o de otro tipo- de la que tiene que responder la persona jurídica titular de dicha organización por no haber desarrollado una estructura adecuada de cumplimiento de la legalidad. Si bien ello no aporta mucho todavía sobre cuál es el fundamento de la responsabilidad de la persona jurídica, de partida deja en evidencia una primera conclusión: no tiene sentido actuar contra la persona jurídica si **el delito individual no se puede entender como un hecho de una**

Código Penal (acción y omisión, dolo e imprudencia). En este sentido, la doctrina ha ido desechando aquellas teorías de la acción que no eran satisfactorias para esta labor sistemática. Esto es lo que ha sucedido, por ejemplo, con la doctrina final de la acción. Se trata de una teoría que se ha mostrado incompatible con modalidades como la imprudencia o la comisión por omisión. Al final tuvo que reconfigurarse como una teoría cibernética de la acción (Welzel, "Zur Dogmatik im Strafrecht", *Festschrift für Reinhart Maurach*, Karlsruhe, 1972) en la que la finalidad queda sustituida por la capacidad de evitación para poder abarcar las denominadas modalidades delictivas más normativas (aunque todas son igual de normativas). Con respecto a la responsabilidad de la persona jurídica existen varias posibilidades: a) seguir trabajando con un concepto de acción humana que lleve a modelos vicariales, de transferencia o de identidad; b) ampliar el concepto de acción hacia "acciones no humanas" (por ejemplo, Busato, *Tres tesis sobre la responsabilidad penal de personas jurídicas*, Valencia, 2019, pp. 90 ss., con ulteriores referencias a otros partidarios de la concepción significativa de la acción como Carbonell Mateu o Martínez-Buján Pérez; Kohlhof, (nota 14) pp. 117 ss., con amplias referencias a las contribuciones de la doctrina alemana en este sentido) que aquí se rechaza o hacia "acciones colectivas" (críticas previas en Feijoo Sánchez, -nota 27-, pp. 65 ss.); c) entender que no sólo la acción humana puede ser sustrato de la imputación jurídico-penal (Günther, -nota 2-, pp. 18 ss.). En este último caso el delito pasaría a ser definido como una acción u organización antijurídicamente culpable. Con esto no se ha resuelto el tema de la responsabilidad de las personas jurídicas, sino que se trata de una hipótesis a contrastar. La cuestión es si realmente podemos -como sociedad- hacer responsable a una persona jurídica de un injusto organizativo. Personalmente hace tiempo que vengo señalando que "*el concepto de acción como sustrato del delito ha ido quedando relegado en la discusión dogmática en beneficio de un concepto de imputación que ya no tiene nada que ver con la teoría tradicional de imputación de la filosofía moral desde Aristóteles con su distinción para fundamentar la responsabilidad entre acciones voluntarias e involuntarias*" (-nota 3-, p. 25). El concepto de culpabilidad se ha desarrollado en relación con acciones humanas en nuestros códigos porque esta era la decisión legislativa. La cuestión es si pueden existir otros sustratos a los que se pueda imputar también responsabilidad por poner en entredicho normas penales (culpabilidad). La objeción de que no cabe hablar de capacidad natural de acción con respecto a constructos normativos no es más que una obviedad.

39 Dejo aquí de lado que, al margen de una concepción retributivo-subjetiva, la autoconciencia podrá ser a lo sumo un requisito necesario para la existencia de una acción, pero no suficiente para la culpabilidad (por tanto no es su fundamento). Por debajo de cierta edad (en España los 14 años) no hacemos responsables a los sujetos, con independencia de su auto-conciencia y de que efectivamente dispongan de ella. Ciertas especies animales tienen auto-conciencia, pero ello no sería suficiente para construir una responsabilidad penal porque no se trata de agentes morales o sociales.

organización. No sólo se trata de que hacer responder a una persona jurídica de una acción individual o colectiva no aporte nada político-criminalmente, es que jurídicamente es insostenible por tratarse de **responsabilidad penal por el hecho de otro**.

IV.1.A. PUNTUALIZACIONES SOBRE EL DEFECTO DE ORGANIZACIÓN COMO PRESUNCIÓN *IURIS ET DE IURE*

Es evidente que si se parte de un modelo del "hecho de referencia o de conexión" en el que todo delito cometido por un administrador o empleado genera responsabilidad penal para la persona jurídica porque se presume que, si se ha cometido el delito, es porque existía una organización defectuosa (identificación plena de la organización con sus integrantes), se incurre plenamente en los problemas ya expuestos de las teorías vicariales. Además del principio de presunción de inocencia, se vulnera el principio de culpabilidad al incurrirse en una modalidad de pura responsabilidad objetiva -la persona jurídica responde con independencia de su actuación o gestión correcta o incorrecta- y al responder por igual organizaciones "justas y pecadoras" se malogran los fines político-criminales que podrían justificar una intervención del Derecho Penal contra las personas jurídicas. Si todo crimen de empresa es definido automáticamente como un "fallo estructural" del que debe responder la entidad, las sociedades mercantiles llegarán a la conclusión de que no tiene sentido invertir en políticas de cumplimiento de la legalidad penal o preocuparse por el cumplimiento de las normas si al final va a dar lo mismo. La única forma de excluir la responsabilidad penal en este tipo de modelos radica en que no exista "hecho de conexión", pero ello ya no tiene nada que ver con la organización. Por ejemplo, cuando el delito se comete en perjuicio de la persona jurídica o se carecía de habilitación para actuar en nombre o por cuenta de la persona jurídica y se hizo de forma fraudulenta. Este modelo sigue utilizando el término responsabilidad en un sentido limitado referido al deber de soportar las consecuencias jurídicas (multa, prohibición de actividades, etc.) pero no en el sentido de que en realidad se considere que la sociedad mercantil sea responsable del hecho. Ello nos demuestra que no se puede hablar en puridad bajo estos presupuestos de "culpabilidad por organización", que no es más que un expediente para otorgarle una legitimación aparente como pena a una sanción que se basa en la transferencia de responsabilidad a la sociedad por la infracción de deberes de personas físicas.

IV.1.B. PUNTUALIZACIONES SOBRE EL DEFECTO DE ORGANIZACIÓN COMO PRESUNCIÓN *IURIS TANTUM*

En este modelo el "hecho de conexión o de referencia" fundamentaría que la persona jurídica se vea sancionada por un injusto ajeno, a no ser que pruebe que llevó a cabo las inversiones pertinentes de cara al cumplimiento de la legalidad penal. Como se puede apreciar, este modelo, que presume la responsabilidad salvo prueba en contrario, se corresponde con un fundamento de equidad basado en el enriquecimiento injusto por ahorro de costes. Para evitar la imposición de costes que compensen su ventaja indebida o justificada la persona jurídica se ve obligada a probar que no ha ahorrado esfuerzos e inversiones y que ha implantado programas de prevención razonables desde una perspectiva *ex ante*. Estas teorías, al presumir una identidad entre responsabilidad individual y de la organización, siguen sin tener suficientemente en cuenta ésta como realidad social emergente diferenciada de las dinámicas individuales. Se sortean algunos problemas de legitimidad, pero se queda a medio camino por la incorrección de sus puntos de partida (metodología individualista, identificación excesiva entre responsabilidad individual y de la corporación, etc.). Se trata de tesis mixtas o eclécticas que con la referencia a la "conexión entre individuo y organización" no acaban de abandonar una responsabilidad por acciones individuales (en solitario o como grupo o colectivo).

IV.2. La organización como un nuevo sustrato de la imputación jurídico-penal

La perspectiva para afrontar la legitimidad de la persona jurídica cambia completamente si se parte de que el desvalor propio de la imputación jurídico-penal se debe proyectar no sobre una acción individual o colectiva, sino sobre una organización. No cabe duda de que en este sentido supuso una contribución esencial al debate la tesis de Gómez-Jara Díez, que intentó aprovechar para la dogmática jurídico-penal la peculiar concepción de Luhmann y sus seguidores sobre las organizaciones. Desde esta perspectiva ciertas organizaciones podrían ser merecedoras de pena porque alcanzan tal nivel de complejidad interna -aunque sea ajena a la conciencia- que construyen una autonomía ajena a los individuos sobre la que fundamentar una culpabilidad propia. La culpabilidad estaría fundamentada en la auto-referencialidad, auto-conducción y auto-determinación de las organizaciones como sistemas auto-poiéticos derivadas de dicha complejidad[40]. Según este planteamiento, el delito empresarial (*Corporate Crime*), como delito estructural, tendría que ver en primer lugar con un defecto de organización, pero la sociedad mercantil sólo llegará a ser culpable si su "cultura corporativa o empresarial" defectuosa (infiel al Derecho) constituye un elemento explicativo de ese defecto de organización.

Desde una perspectiva estrictamente jurídica el problema de este punto de partida es que debería conducir a un modelo puro de auto-responsabilidad. Sin embargo, los ordenamientos entienden que la responsabilidad penal de las personas jurídicas, si bien es autónoma, es complementaria de la responsabilidad individual. No hay que olvidar que los ordenamientos

40 Gómez-Jara Díez, (nota 11), pp. 261 ss., por muchos lugares. Una exposición concreta de sus planteamientos teóricos de cara a la interpretación de la regulación de la responsabilidad de las personas jurídicas en el Código Penal español, (nota 19), pp. 89 ss. Recientemente *El Tribunal Supremo ante la Responsabilidad Penal de las Personas Jurídicas*, 2ª ed., Navarra, 2019, pp. 192 ss., con ulteriores referencias ("*determinadas organizaciones, cuando alcanzan un determinado nivel de complejidad interno, comienzan a desarrollar una capacidad de autorreflexión y autoconducción que, para un observador externo, son funcionalmente equivalente a las capacidades autorreflexivas del individuo*"). Una exposición crítica en Feijoo Sánchez, (nota 27), pp. 51 ss., con ulteriores referencias.

penales no están sustituyendo la responsabilidad individual por la de las personas jurídicas, sino estableciendo ésta como complemento de aquélla. No se trata de una responsabilidad exclusiva y excluyente, sino de una responsabilidad complementaria. En este contexto las regulaciones que han surgido en los últimos diez años en España y Latinoamérica no parten de que las personas físicas ("sistemas psicofísicos") no sean más que "entorno" o "ruido" para la persona jurídica. Son, al menos, la vía a través de la que llega la responsabilidad a la persona jurídica[41]. Los modelos que van surgiendo en Derecho comparado se caracterizan por ser un sistema de responsabilidad que se acumula al de las personas físicas (no son excluyentes una de la otra), si bien son **independientes o autónomas** (no es imprescindible una doble condena porque los fundamentos son diversos).

La idea de una cultura empresarial u organizativa -que no limita su relevancia a ser un factor criminógeno- que es fruto de una red de relaciones y decisiones interpersonales a lo largo del tiempo en un contexto institucional es una gran aportación que permite afrontar una cuestión dogmática tradicional con una nueva perspectiva[42]. Pero no deja de ser una obra humana[43]. Lo que

---

41 Las personas jurídicas son sujetos de Derecho creados, configurados y constituidos por otros sujetos y sometidos a los fines de éstos hasta su disolución o extinción. Si se quiere utilizar la terminología de la teoría de sistemas las organizaciones con personalidad jurídica son más bien sistemas alopoiéticos, que pueden ser enormemente complejos, pero no autopoiéticos (Cfr. KARGL, "¿Sociedad sin sujetos o sujetos sin sociedad?", en GÓMEZ-JARA (edit.), *Teoría de sistemas y Derecho Penal*, Granada, 2005, p. 56, traducción de FEIJOO SÁNCHEZ). Expone de forma clara y de una forma que asumo plenamente la diferencia de perspectivas entre mi interpretación del Derecho positivo y su modelo constructivista, GÓMEZ-JARA DÍEZ, "La incidencia de la autorregulación en el debate legislativo y doctrinal actual sobre la responsabilidad penal de las personas jurídicas", en *Autorregulación y sanciones*, 2ª ed., Navarra, 2015, pp. 284 ss.

STS 668/2017, de 11 de octubre: "*La Sala es consciente de que la opción jurisprudencial por un sistema de autorresponsabilidad no es ajena a las críticas dogmáticas de quienes entienden que la idea de empresa como una organización autopoiética que se administra y organiza a sí misma, conduce a una irreparable invasión del espacio que ha de reservarse a la psique del individuo como presupuesto de cualquier idea de culpabilidad*". Sobre esta sentencia GÓMEZ-JARA DÍEZ, (nota 40), pp. 177 ss., especialmente 185 ss.

Entiende AYALA GONZÁLEZ, (*InDret* 1/2019, nota 34), p. 6, que el Tribunal Supremo español "*acoge la tesis de la teoría de los sistemas autopoiéticos definiendo el defecto de organización como el delito corporativo -constitutivo del injusto propio de la persona jurídica- y encarnando el funcionamiento de la responsabilidad de la persona jurídica en una falta de cultura de fidelidad al Derecho*". La tesis del texto es que se puede defender un modelo de autorresponsabilidad de estas características sin tener que partir necesariamente de la empresa como organización autopoiética para la que los seres humanos no son más que -en terminología sistémica- "entorno".

42 En contra GÓMEZ TOMILLO, *Actualidad Compliance 2018*, pp. 208 ss.

43 AGUILERA GORDILLO, (nota 34), pp. 37 ss., en especial 46 ss. Sin embargo, no comparto la posición de este autor que con este punto de partida o si no se asume la perspectiva de los sistemas sociales autopoiéticos sólo se puede configurar un modelo de heterorresponsabilidad (pp. 48 ss.), si ésto se entiende como una responsabilidad penal que tiene su fundamento en la responsabilidad de otro(s). En este sentido afirma que "*gran parte de la crítica de la autorresponsabilidad se centra en la teoría sociológica que le da soporte, el funcionalismo, donde son los sistemas, y no los individuos que los componen, los que gozan de plena autonomía*

denominamos "actitud", "disposición", "personalidad", "cultura" o "ética" de la organización es un estado de cosas al que se ha llegado debido al *management* o la gestión de una serie de personas físicas a lo largo del tiempo. Si se quiere hablar de auténtica y genuina responsabilidad de entidades supraindividuales, ello tiene que ver con el hecho de que depende de "factores internos" a la entidad el que se haya generado una cultura bien incompatible con la legalidad o bien de vocación de cumplimiento de la legalidad. No se trata de algo causal o ajeno a la organización ni de algo transferido del individuo a la organización. En este sentido la dogmática debería estar atenta a las aportaciones de la sociología de la organización y de la empresa en particular.

Con esta perspectiva que puede generar mayores consensos se puede entender cómo, aunque la responsabilidad penal de la personas jurídicas se entienda como complementaria de la responsabilidad individual, ello no significa que se traslade o transfiera el injusto y la culpabilidad de la persona física (responsabilidad por una acción defectuosa) a la persona jurídica (responsabilidad por un defecto organizativo). El hecho de que la responsabilidad de un sujeto se encuentre relacionada con el hecho típico cometido materialmente por otro no significa que se esté respondiendo por un injusto y una culpabilidad ajenos.

La existencia de una relación de accesoriedad o dependencia entre el hecho individual y el empresarial no significa que el modelo sea vicarial, es decir, de hetero-responsabilidad. Sólo significa que la responsabilidad de la persona jurídica está construida en relación con el delito de una persona física. Un sistema de responsabilidad ***en relación con*** los delitos cometidos por otros no es lo mismo que un sistema de responsabilidad ***por*** los delitos de otros. A partir de un presupuesto común, que es el delito tipificado en el Código Penal, las responsabilidades y, por consiguiente, las penas son absolutamente autónomas e independientes (con sus propias causas de exclusión y de atenuación). No hay problema para que pueda existir responsabilidad de la persona jurídica sin que la persona física responda (porque no se ha identificado suficientemente a la persona física o concurren eximentes de la responsabilidad, causas de extinción de la responsabilidad u otras causas de exclusión de la pena individual). Por el contrario, en un sistema vicarial esto no es posible porque el fundamento de la responsabilidad de la persona jurídica reside exclusivamente en la acción antijurídica y culpable del individuo o los individuos que cometen el delito.

Podemos seguir hablando de responsabilidad propia, aunque se trate de un modelo de co-responsabilidad en el que cada uno de los responsables -individuo o persona jurídica- del mismo hecho, lo son por razones normativas distintas. Esa es la razón por la que tanto la exclusión como la atenuación de dicha responsabilidad corporativa se debe regir por parámetros diferentes que la responsabilidad individual. En este sentido yo he definido el modelo

---

en su proceder" (p. 57). En tal argumento existe un salto lógico. Mediante el rechazo de una teoría concreta (teoría de los sistemas sociales autopoiéticos) se pretende rechazar algo que tiene un alcance más amplio: un modelo de responsabilidad jurídico-penal basado en la propia responsabilidad del que sufre la sanción.

español como un modelo de co-responsabilidad por el hecho con una fundamentación propia, autónoma y diferenciada de la responsabilidad para personas físicas por un lado y personas jurídicas por otro que, en todo caso, responden del mismo hecho (descubrimiento de un secreto, manipulación de mercado, infracción contable, etc.). Esto significa que, si bien a las personas físicas y a las personas jurídicas se les imputa el mismo hecho (soborno, estafa, delito fiscal, insolvencia, vertido contaminante, etc.), las razones por las que responden son distintas. Son como dos caminos que tienen un origen común pero se bifurcan. A partir de ahí la responsabilidad de las personas jurídicas presenta características y criterios de imputación diferentes a los conocidos para las personas físicas. Siguiendo con el símil de los caminos, discurren por territorios distintos (el territorio de la responsabilidad por la infracción de la norma de conducta y el territorio de la responsabilidad por un defecto organizativo-estructural al que me referiré posteriormente). No se trata de la imputación recíproca de la autoría ni de la responsabilidad accesoria que caracteriza la participación[44] porque son responsabilidades cualitativamente diferentes, que dan lugar a respuestas diferentes: la pena individual y la pena corporativa. No se trata de un reparto de papeles en una organización común. En este sentido la definición de la responsabilidad penal de la persona jurídica como una especie de participación imprudente no me parece materialmente acertada. Que la fuente de la responsabilidad de la persona jurídica se encuentre en un injusto cometido por un individuo sólo significa que no estamos ante un modelo puro de autorresponsabilidad totalmente ajeno al "factor humano". El sistema de responsabilidad penal de personas jurídicas se puede definir como complementario de la responsabilidad individual, pero lo relevante es que no se trata de un modelo en el que se traslade o transfiera la responsabilidad de la persona física a la persona jurídica[45].

Si bien es cierto que los ordenamientos suelen exigir un delito de una persona física en provecho de la persona jurídica, ello no debe llevar a la errónea conclusión de identificar culpabilidad de ambas. Conceptualmente, que la responsabilidad de un sujeto se encuentre relacionada con el hecho típico de

---

44 Representativos sobre la responsabilidad penal de personas jurídicas como una forma de participación en el delito de la persona física: Galán Muñoz, (nota 30), p. 262; Rodríguez Ramos, "Sobre la culpabilidad de las personas jurídicas (Al hilo de las SSTS 514/2015, 154 y 221/2016)", *Diario La Ley* nº 8766 de 20 de mayo de 2016 (versión online). Si hubiera que buscar similitudes con instituciones dogmáticas tradicionales, quizás habría que referirse más bien a la mal denominada "autoría accesoria" (*Nebentäterschaft*), sólo que en cada caso la autoría tiene un fundamento normativo diferente. Sobre este debate, Gómez-Jara Díez, (nota 19), pp. 267 ss.

45 Nieto Martín/García Moreno, "La responsabilidad penal de las personas jurídicas: una visión desde el Derecho comparado y europeo", *Autorregulación y sanciones*, 2ª ed., Navarra, 2015, pp. 180 ss., al definir los sistemas de imputación en Derecho comparado los reconducen a tres grandes modelos: el modelo vicarial (dentro del que se encontraría la teoría de la identificación como un submodelo), el modelo mixto y el modelo de la culpabilidad de la empresa. Esta descripción puede servir a efectos clasificativos formales, pero un modelo mixto implica un modelo que pretende unificar una fundamentación en la responsabilidad individual (modelo vicarial) con una fundamentación en la responsabilidad propia de la entidad. Con la unificación de legitimaciones en la heterorresponsabilidad y la autorresponsabilidad sucede como en las teorías unificadoras o mixtas de la pena: sur-

otro no significa necesariamente que se tenga que responder por un injusto y una culpabilidad ajenos o se produzca una transferencia de responsabilidad. El Derecho Penal conoce multitud de supuestos de responsabilidad propia con relación a la acción de otros a través de instituciones dogmáticas como la comisión por omisión (por ejemplo, posición de garante del superior jerárquico con respecto a sus subordinados) o la participación delictiva (responsabilidad accesoria significa que se accede a través de otro a la responsabilidad). Pero no son modalidades de responsabilidad por el hecho de otro o donde el garante o el partícipe asuman la responsabilidad de otro, sino normativamente vinculadas al hecho de otro. Son ciertos requisitos propios adicionales sobre los que se construye dicha vinculación los que, en realidad, legitiman la intervención punitiva frente a la persona jurídica como titular de la empresa u organización. No se debe confundir[46] que un ordenamiento parta del hecho cometido por una persona física con que el fundamento de dicha responsabilidad no sea totalmente independiente del de dicha persona física y las causas de exclusión de la responsabilidad penal no deban obedecer a razones distintas. Todo delito supone un proceso de imputación e imputar hechos cometidos directa o materialmente por otros no se debe equiparar a transferir responsabilidades.

La consecuencia de todo esto es que si nos tomamos en serio la idea de autorresponsabilidad deberíamos castigar a la persona jurídica cuando el hecho delictivo individual no es casualidad para la entidad porque existen **razones organizativo-estructurales** que, junto a la infracción individual, explican el hecho delictivo. Las razones para la pena corporativa deben ser siempre distintas a las razones por las que se impone la pena individual.

IV.3. Perspectivas. El defecto de organización como hecho propio y no como fundamento de la responsabilidad penal o de la culpabilidad

La referencia a una "culpabilidad por defecto de la organización" como fundamento único y exclusivo para la imposición de penas a organizaciones empresariales es insuficiente -con independencia de que se pueda reconocer que representa un avance frente a los modelos puros de heterorresponsabilidad- para establecer la responsabilidad de la sociedad mercantil o de la persona jurídica titular de la organización empresarial.

Los juicios de valoración básicos para poder imponer una pena a una persona jurídica serían los dos siguientes:

---

gen contradicciones o antinomias. De esta manera se crea un *totum revolutum* incoherente en el que se declara lo compatible con lo incompatible y que posibilita cualquier tipo de decisión judicial sin control. Por ello creo que debe existir una decisión básica: heterorresponsabilidad (vicarial, identificación, transferencia, etc.) o autorresponsabilidad. A partir de esa decisión se puede graduar el modelo. Pueden existir modelos de heterorresponsabilidad puros o con elementos de autorresponsabilidad (por ejemplo, para atenuar la pena como en Estados Unidos) o modelos de autorresponsabilidad no absolutamente desligados de la responsabilidad individual y en los que exista una cierta relación de accesoriedad o dependencia (que no se debe identificar con la accesoriedad de la participación).

46 Un ejemplo de esta confusión en Aguilera Gordillo, (nota 34), pp. 60 ss.

a) que se pueda entender el delito individual como un hecho de la organización (imputación a la organización);
b) constatar los requisitos por los que la responsabilización de la persona jurídica por ese hecho organizativo es necesaria para estabilizar la norma.

Existen opciones para no estar abocados a un indeseable modelo vicarial o de hetero-responsabilidad sin tener que partir de una auto-referencialidad de las organizaciones equivalente a la auto-conciencia humana. La cuestión decisiva creo que es otra: o la responsabilidad de la persona jurídica se basa en un modelo de transferencia de los elementos de la responsabilidad individual (dolo o imprudencia, conocimiento de la antijuridicidad, etc.) o bien la pena corporativa debe tener como presupuesto la constatación de una responsabilidad propia, autónoma o ajena a la responsabilidad individual.

En el marco del Estado de Derecho el principio de culpabilidad por el hecho exige que toda imposición de pena presuponga que el que sufre la pena sea culpable de un hecho propio (con independencia de que pueda tratarse de una responsabilidad accesoria). Esto exige en el caso de las sociedades mercantiles **constatar una imputación del hecho y una fundamentación de la culpabilidad propios y autónomos, distintos al injusto y a la culpabilidad de las personas físicas**. La pena (corporativa) sólo es necesaria para estabilizar la norma si ésta se ha desestabilizado o puesto en entredicho a través de un hecho que se puede imputar al que sufre la pena (la persona jurídica). Dicho hecho no sólo debe ser imputable al miembro de la organización que cometió el hecho delictivo, sino también a la propia organización. No existe alternativa si nos queremos mover en el ámbito de la responsabilidad penal.

V. EL DELITO COMO HECHO DE LA ORGANIZACIÓN

En Derecho comparado se pueden encontrar una serie de criterios que permitirían enfrentarse a la cuestión de cuándo un delito puede ser entendido como un hecho defectuoso de la organización. Esta es una cuestión que puede ser objeto de amplio debate político-criminal, pero suelen ser los siguientes:

a) Una relación funcional o vinculación a la actividad propia de la organización de la que es titular la persona jurídica. Tiene razón RAGUÉS, cuando señala que este presupuesto obedece a *"la necesidad de que el sujeto obre, por decisión de la propia entidad jurídica, dentro del ámbito de organización de esta última"*[47]. Es decir, se debe tratar de la conducta de una persona que actúa para la organización con su autorización expresa o tácita o, al menos con su tolerancia. Ejemplos paradigmáticos serían actuar como representante válidamente nombrado o con un poder específico. De esta manera, ámbitos de actuación o actividades al margen de la organización o no consentidas por la organización (por ejemplo, aparentar que se es trabajador de una compañía de prestigio para cometer una estafa) no permiten hablar de un hecho de la organización.

---

47 RAGUÉS I VALLÈS, *La actuación en beneficio de la persona jurídica como presupuesto para su responsabilidad penal*, Madrid y otras, 2017, p. 75.

La persona debe actuar dentro del marco de facultades o competencias asignado, con independencia de que sean ejercidas de forma contraria a Derecho. Forma parte de esta decisión si cualquier persona puede generar responsabilidad penal para la persona jurídica o debe tratarse de una persona con cierto estatus dentro de la organización (con independencia de que, como es habitual, se exijan criterios diferentes para administradores o directivos y para subordinados). Rechazadas las teorías de la identificación, de la representación o similares, la primera opción es válida en la medida en la que lo decisivo es el defecto organizativo.

b) El delito debe cometerse en beneficio o provecho o en interés objetivo de la empresa o persona jurídica[48]. Este elemento indica una razón por la que desde la organización no existe interés en prevenir o controlar la actuación delictiva[49]. En caso contrario no existen necesidades preventivas. En todo caso, lo relevante es el sentido objetivo de la actuación en el momento de emprenderla más que el subjetivo. Tampoco debería tener relevancia cómo finalmente acaben las cosas para la persona jurídica (es indiferente que la detección del delito acabe acarreando más perjuicios que beneficios). Lo relevante es la imputación del delito, no de sus beneficios. En algunos ordenamientos bastaría con una actuación en interés de la persona jurídica, con independencia de la existencia o constatación de beneficio o provecho, lo cual es una opción político-criminal legítima.

c) Es esencial que exista un fallo de control o una defectuosa gestión de los riesgos propios de la organización. El fallo puede estar radicado en un órgano específico, en un superior jerárquico que no ha controlado, supervisado o vigilado adecuadamente o que simplemente sea constatado como un fallo del sistema de control. En Derecho comparado podemos encontrar diversas variantes. Si bien se trata de un elemento importante, representa, a mi entender, un error -bastante extendido- identificar automáticamente "fallo o defecto de control" con culpabilidad por defecto de organización de la persona jurídica. Teniendo en cuenta la diferenciación vertical que superpone niveles o planos dentro de las organizaciones, los requisitos para hablar de un defecto organizativo pueden ser distintos en función del nivel que se ocupe dentro de la

48 Sobre el requisito del beneficio en el Código penal español: Feijoo Sánchez, (nota 27), pp. 123 ss.; Fernández Teruelo, "Responsabilidad penal de las personas jurídicas: Requisitos comunes a los criterios de transferencia o conexión o doble vía de imputación [art. 31 bis 1. Apartados s) y b)]", Matallín Evangelio (Dir.), *Compliance y prevención de delitos de corrupción* (versión electrónica), Valencia, 2018, pp. 50 ss.; Maza Martín, (nota 31), pp. 212 ss.; Pérez Machío, (nota 25), pp. 92 s.; Ragués i Vallès, (nota 47), pp. 19 ss., 105 ss. y passim; SSTS 154/2016, de 29 de febrero; 455/2017, de 21 de junio.

49 Según Ragués i Vallès, (nota 47), pp. 95 s., se trataría de supuestos en los que "*las personas jurídicas tienen incentivos evidentes para no controlar*". Con una visión más preventivista o propia del análisis económico del Derecho, entiende que la pena para la persona jurídica otorgaría el incentivo que falta. Pero lo cierto es que hacen falta más elementos adicionales para que la pena pueda entrar en juego por lo que es difícil otorgar a este elemento un papel decisivo para legitimar la multa.

estructura. Los controles no pueden ser homogéneos para órganos de gobierno o dirección que adoptan ciertos acuerdos básicos que para los que ejecutan dichas decisiones, por lo que los controles, la vigilancia o la supervisión pueden ser distintos en función de que se trate de administradores, directivos o empleados.

Sin querer entrar en estos momentos en mayores concreciones, este tipo de requisitos se deben entender como criterios que convierten el hecho individual en un defecto organizativo; es decir, la infracción individual en un delito imputable también a la organización. En este sentido, por ejemplo, no basta una intención disparatada de beneficiar a la persona jurídica[50]. Creo que tener como referencia que se trata de criterios para convertir la acción antijurídica individual en un hecho organizativo aporta grandes beneficios interpretativos[51].

Por ejemplo, si una entidad financiera decide relajar su política de prevención de blanqueo de capitales con respecto a capitales provenientes del extranjero para ganar cuota de mercado frente a sus competidores y, debido a tal política, un empleado no detecta imprudentemente y, consiguientemente, no bloquea la entrada de grandes flujos de dinero provenientes de una organización dedicada al narcotráfico, el blanqueo imprudente se encontrará vinculado a un defecto organizativo de la propia entidad. No es sólo imputable al empleado. La conclusión sería la contraria si el favorecimiento del blanqueo fuera debido exclusivamente a que un empleado es sobornado por la organización criminal para que eluda fraudulentamente los mecanismos de prevención establecidos por la entidad, mecanismos que se corresponden con lo exigido legislativamente y con los estándares del sector. Incluso, aunque la actuación reportara beneficios inicialmente a la entidad, no ha existido un fallo preventivo u organizativo que vincule a la organización con la perpetración del delito si se puede constatar que ha existido un esfuerzo para sortear los controles existentes.

Sin embargo, los requisitos mencionados, ni por separado ni conjuntamente, se merecen ni de lejos la calificación de culpabilidad como presupuesto de una pena.

Se trata, a lo sumo, de presupuestos que pueden legitimar sanciones económicas para compensar el beneficio o decomisar ganancias. Incluso se podrían entender como presupuestos suficientes para habilitar la imposición de consecuencias orientadas a la prevención especial si concurren con

---

50 Desde una perspectiva vicarial lo decisivo debería ser la intención o propósito del sujeto que comete el delito, que debería actuar con una especie de "doble dolo". Sobre como en los Tribunales Federales de USA prima esta idea –en sentido contrario a la doctrina española dominante-, Ragués i Vallès, (nota 47), pp. 42 s.; Villegas García, *La Responsabilidad Criminal de las Personas Jurídicas. La Experiencia de Estados Unidos*, Navarra, 2016, pp. 190 ss., con amplias referencias jurisprudenciales.

51 Un inmejorable ejemplo en la monografía de Ragués i Vallès, (nota 47), p. 22, señalando acertadamente como la cuestión dogmática esencial a la hora de enfrentarse al art. 31 *bis*.1 es "*cuándo un hecho delictivo cometido por una persona física debe considerarse, a su vez, como perteneciente también a una persona jurídica*". Yo matizaría que a la organización de la que es titular la persona jurídica que puede sufrir la pena.

una peligrosidad objetiva, instrumental u organizativa. Pero son criterios insuficientes para legitimar la imposición a una persona jurídica de una pena o, en general, la obligación de soportar cualquier sanción que cumpla fines preventivo-generales complementarios de la pena a la persona física.

En conclusión, este conjunto de criterios sirve para definir el delito como un hecho que tiene una dimensión que excede lo puramente individual (que haya pluralidad de delincuentes no convierte automáticamente el hecho en hecho de la organización, sino, a lo sumo, en un hecho colectivo). La mera referencia a un defecto organizativo o de la organización es un requisito pobre para reaccionar con una pena, que dice bien poco si no se vincula al **cumplimiento de la legalidad como cometido institucional asignado a las personas jurídicas**.

VI. La falta de cultura de cumplimiento de la legalidad o el defecto del sistema de cumplimiento normativo como el auténtico fundamento de la responsabilidad penal de las personas jurídicas

Si al nivel valorativo expuesto en el apartado anterior se le quiere denominar de "injusto de la organización" o lo que en la doctrina alemana Lampe ha definido como "injusto del sistema" depende de la concepción del injusto que maneje cada autor. Profundizar si realmente se trata de algo que se pueda definir como un injusto penal, precisaría un desarrollo de una teoría del injusto que nos llevaría demasiado lejos a efectos del tema que es objeto del presente trabajo. Lo relevante aquí es que es imprescindible imputar un hecho desvalorado como injusto a la organización. Pero ese proceso de imputación no legitima por sí solo la pena (al igual que no basta para las personas físicas la imputación de la infracción de la norma de conducta). Queda la cuestión de por qué la persona jurídica titular de esa organización tiene que responder y no basta con la responsabilidad exclusiva de las personas físicas que se entienda que son competentes de la infracción de deberes organizativos desde sus puestos de responsabilidad.

La necesidad de un defecto de organización como presupuesto de la responsabilidad es una idea que se encuentra en la línea correcta para poder afirmar que la persona jurídica respondería por un injusto o un hecho propio, pero por sí sola resulta insuficiente para legitimar un sistema que reacciona con penas frente a personas jurídicas como medio de estabilización de normas. Quedaría todavía pendiente exponer la razón normativa última por la que no basta con la responsabilidad individual a efectos preventivo-generales, de tal manera que para estabilizar totalmente las normas penales haga falta también que responda adicionalmente una determinada sociedad mercantil (o ésta en exclusiva en aquellos casos en los que no es posible responsabilizar a una persona física concreta). Es decir, la razón por la que el individuo integrante de la organización y la organización a la que pertenece el individuo son co-responsables de poner en entredicho la norma correspondiente y su correspondiente erosión (prohibido corromper, se debe contribuir al sostenimiento de las cargas públicas, etc.) y, por ello, en estos casos exclusivamente el castigo de ambos permite estabilizar completamente la norma penal defraudada. Como ya he dicho anteriormente, la referencia a necesidades de prevención general positiva establece un contexto de legitimación, pero por sí misma no ofrece soluciones relevantes desde la perspectiva del merecimiento de pena o de la justicia del castigo. Hay que poder fundamentar o justificar la razón por la que es necesario castigar a la persona jurídica titular de la organización o entidad equivalente para estabilizar la norma cuando se afirma al mismo tiempo que los individuos que integran la organización son responsables de erosionar esas mismas normas por los mismos hechos.

Cuando hablamos del fundamento de la responsabilidad de los seres humanos una cuestión esencial de partida es delimitar la responsabilidad individual de la "naturaleza". Por esa razón los sucesivos avances científicos sobre el conocimiento de la naturaleza humana hacen resurgir con fuerza el debate sobre el fundamento del Derecho Penal de la culpabilidad con replanteamientos sobre si no sería más adecuado imputar los delitos a la "naturaleza" (lo cual da lugar a sistemas puramente instrumentales basados en la intimidación y la inocuización) tal y como se viene planteando en los últimos años a través de las críticas de ciertos neurocientíficos al Derecho Penal vigente. La decisión político-criminal de partida es que, en general, los que tienen derecho a participar en los asuntos públicos y son reconocidos como integrantes de la comunidad jurídica son culpables. Las sociedades mercantiles ya no son "naturaleza", sino una creación jurídica al servicio de los intereses de los seres humanos, por lo que la cuestión esencial de partida en el debate sobre la culpabilidad de dichas sociedades es si sus defectos o fallos organizativos deben imputarse a la persona jurídica o a las personas físicas que la integran. *Rectius*, si se deben imputar ciertos defectos organizativos a las personas jurídicas además de a las personas físicas en la medida en la que no existe ningún ordenamiento del mundo que haya sustituido la responsabilidad individual por la de personas jurídicas (como sí se ha venido haciendo con la responsabilidad de tipo administrativo). Los ordenamientos jurídicos de nuestro entorno cultural que optan por la responsabilidad penal de personas jurídicas no propugnan una "pena corporativa" como alternativa a la "pena individual", sino con un papel complementario a la "pena individual".

La decisión político-criminal a adoptar es la siguiente: o bien es suficiente para el cumplimiento generalizado de las normas en las organizaciones y la estabilización normativa la responsabilidad individual complementada con sanciones administrativas, comiso de ganancias y medidas de seguridad para entidades supraindividuales o bien la responsabilidad individual es insuficiente para la estabilización. En este sentido, la responsabilidad penal de las personas jurídicas avanza a lomos de la idea de que el ordenamiento ya no se puede conformar con la expectativa de que la organización no sea un factor criminógeno, sino que **es de su incumbencia velar por el cumplimiento de la legalidad**. No se trata de una incumbencia original de personas físicas (administradores, órganos de gobierno, etc.), sino de la persona jurídica como titular de la organización. Las personas jurídicas son incumbentes de su propia disposición jurídica interna para cumplir con las normas penales.

Si nos encontramos ante un hecho con una dimensión que excede lo meramente individual, tenemos que decidir si la persona jurídica sufrirá una pena y, para ello, hemos de atribuirle responsabilidad por ese hecho (vertido contaminante, fraude fiscal, abuso de mercado, blanqueo de capitales, etc.). Sigue pendiente abordar el problema relativo a en qué medida se puede hacer responsable a la propia corporación de su "cultura de cumplimiento de la legalidad"[52] y, correspondientemente, de los defectos que se puedan constatar en ese sentido.

Existe un problema dogmático específico que tiene que ver con la "responsabilidad de la persona jurídica" o "la imputación de responsabilidad penal a la persona jurídica" (y no estrictamente con "cómo se transfiere la responsabilidad del individuo a la persona jurídica"). Si en ordenamientos como el español se regula específicamente la exclusión de tal responsabilidad, es que se trata de un requisito jurídico específico adicional. La persona jurídica debe disponer de opciones para distanciarse de un concreto fallo de su organización.

Con este punto de partida, se puede entender que existe una responsabilidad válida como presupuesto de una pena cuando la organización se encuentre en una situación incompatible con el desarrollo de una política o cultura corporativa de cumplimiento de la legalidad penal y el hecho relevante para el Derecho Penal esté vinculado a tal defectuosa cultura de cumplimiento. No basta con que el hecho no se pueda entender en clave exclusivamente individual, sino que, además, si ha existido un defecto organizativo o de control, éste debe ser incompatible con una cultura de cumplimiento. Al igual que en el caso de las personas físicas su injusto debe ser incompatible con una disposición jurídica adecuada.

Podemos hablar en este caso de un defecto-organizativo estructural de segundo grado o de segundo orden (a largo plazo): **el injusto es un hecho de la organización que obedece, además, a una falta de cultura de cumplimiento de la legalidad**. Materialmente -y salvando las distancias de realidades muy distintas-, las cosas no son muy diferentes con las personas físicas. Si uno de nosotros cometemos un hecho delictivo, no se nos castigará si ello no se debe a una disposición jurídica inadecuada (decisión de segundo orden adicional a la decisión propia del dolo o de la imprudencia). Por ejemplo, porque ha habido un repentino y brusco cambio de la ley que no pudimos conocer o si el exceso en la defensa frente a una agresión se debe únicamente a la situación de pánico del que fuimos presa. En el ámbito del delito imprudente o de la comisión por omisión, aunque alguien haya infringido el deber de cuidado, precaución o diligencia o sus deberes como garante no es castigado si se entiende que no era exigible el cumplimiento del deber porque esa infracción no pone en entredicho la norma de cuidado o el mandato correspondiente. En este sentido un defecto organizativo o de control puede no ser sancionado si no se entiende incompatible con una cultura de cumplimiento. La pena sólo es necesaria para restablecer la vigencia fáctica de la norma si se entiende que **el delito corporativo es un defecto organizativo (fallo de control) motivado por un problema estructural en relación al cumplimiento de la legalidad**.

Dentro de esta comprensión un fallo organizativo de prevención, control, vigilancia o supervisión tiene un valor limitado como indicio de defectos estructurales en relación con el cumplimiento de la legalidad. No

52 Sobre este concepto Gómez-Jara Díez, (*Tratado*, nota 35), pp. 299 ss.

todo fallo de prevención, control, vigilancia o supervisión de hechos de la organización tiene que suponer automáticamente responsabilidad penal para la persona jurídica, sino que sólo se debe entender como un indicio de su responsabilidad por poner en entredicho la norma. Puede existir un fallo preventivo, pero que por sí mismo no ponga en entredicho la norma penal. El control no es más que un elemento del cumplimiento. Ello significa que, a pesar del fallo de control o preventivo, no habrá responsabilidad de la persona jurídica si en el caso concreto queda reflejado que dispone de una adecuada cultura de cumplimiento que convierte a la pena en innecesaria. Por ejemplo, un Alto Directivo dedica dinero no debidamente contabilizado a conseguir contratos públicos mediante sobornos gracias a la falta de control de los administradores, pero el hecho es denunciado a través de un Canal de denuncias o incumplimientos o Buzón ético interno por otro integrante de la empresa, el encargado o responsable de cumplimiento lo investiga y, tras la correspondiente investigación, el hecho es denunciado a las autoridades a las que se aporta el resultado de la investigación interna.

Una cultura de cumplimiento de la legalidad no surge de la nada o de forma espontánea, sino que es el resultado de políticas continuadas o de un sistema específico de gestión en ese sentido[53]. La prueba de la existencia de un sistema de gestión eficaz no representa más que un indicio de una cultura de cumplimiento que puede convertir la pena para la persona jurídica en innecesaria (no así para la persona física). Sobre ese sistema de gestión (*Compliance-Management-System*) se está organizando toda una disciplina propia basada en estándares internacionales (certificables o no) que ya no es exclusiva de juristas[54]. Esto ya nos permite hablar de un concepto como el de cultura que no es "evanescente" o "etéreo"[55], sino que está determinado en cuanto a su objeto u orientación (exclusivamente leyes penales) y en cómo alcanzar la cultura de cumplimiento. Y, lo que puede que sea más importante, puede ser objeto de prueba (por parte de defensas, acusaciones, jueces, etc.) en el procedimiento penal y formar parte de la *ratio decidendi* de una resolución

53 GÓMEZ-JARA DÍEZ, (*Tratado*, nota 35), pp. 299 ss.; ORTIZ DE URBINA GIMENO, "Observaciones críticas y reconstrucción del concepto de "cultura de cumplimiento"", *Persuadir y razonar: Estudios Jurídicos en Homenaje a José Manuel Maza Martín*, Tomo II, Navarra, 2018, p. 381.

54 CASANOVAS, ""Compliance": de la gestión a la gobernanza", FRAGO AMADA (Dir.), *Actualidad Compliance*, Navarra, pp. 77 ss. (*"De los programas de "compliance" a los sistemas de gestión"*). Sobre textos similares en México (NMX-CC-19600-IMNX-2017) vid. ONTIVEROS ALONSO, (nota 13), pp. 1493 ss.

55 Vid. Voto particular STS 154/2016, de 29 de febrero. Sobre las críticas en este sentido, como las de DEL ROSAL o ZUGALDÍA, GÓMEZ-JARA DÍEZ, (*Tratado*, nota 35), p. 300.

MAYNTZ, *Sociología de la organización*, Madrid, 1996, p. 85, se refiere como cultura a una *"constelación de valores de una organización" como "actitudes valorativas que predominan entre los miembros, las cuales no constituyen por sí mismas una parte fundamental del objetivo de la organización, pero que en ciertas circunstancias pueden influir sobre ese objetivo y sobre el comportamiento en la organización"*. La cuestión es cómo gestionar ese factor para orientarlo en el sentido deseado: el respeto de la legalidad. Sobre la importancia de la cultura para las organizaciones y de la importancia de este elemento para la teoría de la sociología de las organizaciones, AGUIRRE BAZTÁN, *La cultura de las organizaciones*, Barcelona, 2004, pp. 153 ss.; BRUNET/BELZUNEGUI/PASTOR, *Sociología de las Organizaciones*, Madrid, 2011, pp. 187 ss.; LUCAS MARÍN, *Sociología de las organizaciones*, Madrid, 2013, pp. 300 ss.

judicial. Baste citar el conocido caso en España de la responsabilidad de la auditora Deloitte SL en relación con las cuentas de Bankia[56].

La responsabilidad de las personas jurídicas equivale, por tanto, a un hecho de la organización (de la empresa) que obedece a una falta de cultura de cumplimiento de la legalidad o a una deficiente gestión del sistema de cumplimiento de las leyes penales. Sólo en ese caso la pena corporativa es necesaria para estabilizar la norma que se ha puesto en entredicho.

VII. El fundamento de la responsabilidad

La denominada responsabilidad penal de las personas jurídicas adquiere sentido si las personas jurídicas ven reconocida cierta capacidad de poner en entredicho, poner en cuestión o desestabilizar la norma, aunque no sea idéntica a la de las personas físicas. Si no se puede fundamentar una necesidad político-criminal jurídicamente fundada de estabilizar la norma a costa de las personas jurídicas, tendrá razón el sector de la doctrina que entiende que sólo caben medidas que persigan fines preventivo-especiales (distintas, evidentemente, a las contempladas en nuestros Códigos penales para personas físicas como los inimputables). Y aquí entramos ya en un nivel muy elevado de discurso y fundamentación dogmática.

La cuestión jurídica esencial para el fundamento de la responsabilidad es, en mi opinión, la siguiente: por qué la persona jurídica es incumbente de esa cultura de cumplimiento de la legalidad. Sobre todo si se tiene en cuenta que estamos ante una construcción jurídica. Los críticos con la responsabilidad

56 Auto del Juzgado Central de Instrucción nº 4 de 11 de mayo de 2017 (Fundamento de Derecho Quinto), que acuerda el sobreseimiento porque la compañía *"ha aportado a la presente causa la documentación que acredita sobradamente que la misma cuenta con un "Manual de Compliance" que cumple con los requisitos expuestos, así como que para su gestión se cuenta con las suficientes herramientas, políticas y protocolos, que componen el llamado "Sistema de Control de Calidad" adecuado para exigir al personal de la misma el cumplimiento de las normas profesionales, estableciendo medidas de vigilancia y control idóneas para evitar la comisión de ilícitos"*. El sobreseimiento fue revocado posteriormente por la Sala de lo Penal y en la actualidad el asunto está pendiente de sentencia tras la celebración del juicio oral. No interesa aquí la corrección o incorrección del fondo del asunto, sino simplemente poner un ejemplo representativo de una cuestión que puede ser objeto de prueba y de debate en el procedimiento. Lo que debe dejar claro la dogmática es lo que debe ser objeto de prueba y debate.

penal para personas jurídicas suelen utilizar la expresión "ficción jurídica"[57], pero quizás la mejor expresión sea la de constructo del Derecho. Es cierto que una persona jurídica puede ser una ficción o una simulación (por ejemplo, sociedades testaferros en un fraude fiscal), pero las empresas son tan ficción como puede serlo el propio Estado y tal ficción, entre otras cosas, tiene a miles de personas encerradas en centros penitenciarios. En ambos casos se trata de realidades institucionales que hemos construido para conseguir objetivos que, como meros individuos, serían imposibles. Se trata, pues, de una convención[58]. El debate sobre si toda convención es una ficción nos llevaría demasiado lejos y seguramente sería poco útil para llegar a una conclusión definitiva. La dignidad y la libertad humanas también son convenciones básicas por las que merece la pena luchar y se equivocarán quienes entiendan que no pueden dejar de ser una realidad para convertirse materialmente en ficciones. La cuestión es si la convención que denominamos responsabilidad penal de personas jurídicas es normativamente incoherente e inconsistente.

La cuestión, por lo tanto, es si se puede construir una responsabilidad paralela a la individual en el ámbito del Derecho Penal y creo que la idea de la cultura de cumplimiento de la legalidad y de la institucionalización e implantación de sistemas de gestión de *Compliance* nos ha dado una posible respuesta. Como afirma la Circular de la Fiscalía General del Estado española 1/2016[59], la responsabilidad de las personas jurídicas puede tener su fundamento, de acuerdo con el Derecho vigente, en relación con "*una cultura corporativa de respeto a la Ley, donde la comisión de un delito constituya un acontecimiento accidental*". En todo caso, la cuestión dogmática decisiva es por qué la persona jurídica -y no, por ejemplo, los administradores- deben responder de ese déficit en la cultura de cumplimiento de la legalidad o en la disposición general de la organización a cumplir con las leyes penales. Si se trata de un sujeto construido y constituido por otros sujetos al amparo del Derecho, por qué no basta la responsabilidad de éstos y también debe responder la *corporatio* o la *universitas*.

No se puede dejar de mencionar, como ha señalado recientemente el gran impulsor de esta idea GÓMEZ-JARA –y no puedo estar más de acuerdo-, que el modelo español -lo que se puede extender a otros- queda mejor definido con la referencia a una "falta de cultura de cumplimiento de la legalidad" que a una "culpabilidad de la persona jurídica por establecer una cultura de incumplimiento de la legalidad" que caracterizaba sus propuestas iniciales

57 Desde VON SAVIGNY, *System des heutigen Römischen Rechts*, Tomo II, 1840, p. 312, con la perspectiva de la ficción se ha mantenido la crítica u objeción de que con la condena a la persona jurídica se vulneraba un principio esencial del Derecho Penal: la identidad entre delincuente (el que comete el delito) y el condenado (el que sufre la pena). Según este autor el Derecho Penal tiene que ver con el ser humano como esencia que piensa, quiere y desea. Esto no es predicable de una persona jurídica como entidad que tiene adscrita un patrimonio.

58 DEL MORAL GARCÍA, "Compliance en la doctrina de la Sala Segunda del Tribunal Supremo: Presente y perspectivas", GÓMEZ COLOMER (Dir.), *Tratado sobre Compliance penal, Responsabilidad Penal de las Personas Jurídicas y Modelos de Organización y Gestión*, Valencia, 2019, p. 684.

59 P. 39.

y que estaba fronteriza a la "actitud criminógena de grupo"[60] o a la idea de una cultura corporativa criminógena (combate de cara al futuro de factores criminógenos internos o estructuras deficitarias criminógenas). El matiz es importante. En mi opinión, reducir la intervención del Derecho Penal a aquellos supuestos donde exista una cultura corporativa criminógena o de incumplimiento[61] genera una infrainclusión que queda muy lejos de las tendencias más actuales en materia de responsabilidad penal de personas jurídicas. Para un viaje de este tipo no se necesitaban tantas alforjas en nuestro ámbito jurídico. Una modernización de los planteamientos preventivo-especiales (*supra* II.1) en combinación con consecuencias económicas de comiso, confiscatorias o distributivas contra el enriquecimiento injusto (al estilo de la institución civil de la participación a título lucrativo) hubiera sido suficiente. En esta lógica empresas y personas jurídicas no dejan de ser objetos en vez de sujetos de imputación jurídico-penal. Pero lo cierto es que la tendencia actual en esta materia representa un cambio radical con respecto a los tradicionales planteamientos preventivo-especiales y de medidas confiscatorias[62].

Para afrontar la cuestión entiendo que, a grandes rasgos, podemos partir de que existen tres grandes opciones político-criminales:

a) Extender la responsabilidad individual. Así, por ejemplo, se podría entender que los administradores detentan una posición de garante basada en el "cumplimiento de la legalidad", especialmente cuando se cometen delitos dolosos en beneficio de la empresa. Sin embargo, creo que esta extensión de la responsabilidad personal -más allá de los deberes de control de una organización que han estado en la base de las

60 GÓMEZ-JARA DÍEZ, (*L-H Bajo*, nota 35), p. 145 ("*autores como Feijoo Sánchez y De la Cuesta coinciden con el planteamiento aquí expuesto en que el concepto clave a la hora de analizar la culpabilidad de la persona jurídica es la cultura empresarial; en lo que difieren sería en la formulación –sc. en lugar de una cultura empresarial de incumplimiento de la legalidad son partidarios de una falta de cultura empresarial de cumplimiento de la legalidad*"). Todavía se refiere a una cultura empresarial de incumplimiento PÉREZ MACHÍO, (nota 25), pp. 209 ss.

La propuesta de GÓMEZ-JARA se encontraba en la línea del Código Penal federal australiano que estableció en los años noventa con respecto a organizaciones "*que ese requisito de culpabilidad deberá ser imputado a una entidad corporativa que expresa, tácita o implícitamente autorizó o permitió la comisión del delito*" y que "*los medios a través de los cuales puede establecer dicha autorización o permisión incluyen: "la prueba de que existía una cultura corporativa en la entidad corporativa que dirigía, incitaba, toleraba o guiaba hacia el no-cumplimiento de la disposición normativa correspondiente*" (GÓMEZ-JARA DÍEZ, -*Tratado*, nota 35-, p. 311).

Sobre una concepción de la cultura corporativa en la línea de la actitud criminógena de SCHÜNEMANN GÜNTHER, (nota 2), p. 48, con ulteriores referencias. Vid. referencias nota 10.

61 Sobre la relevancia de estas ideas en la reforma australiana BEALE, "Una respuesta a las críticas a la responsabilidad penal corporativa", *Compliance y responsabilidad penal de las personas jurídicas*, México, 2017, p. 113.

62 En concreto, con respecto al Código Penal español FEIJOO SÁNCHEZ, (nota 27), pp. 33 ss., frente a los que intentan negar tal cambio. Defiende recientemente esta solución clásica de *lege ferenda* para el Derecho Penal alemán MULCH, (nota 6), pp. 184 ss. (comiso de ganancias y defensa frente a peligros como fines legítimos de las medidas estatales contra personas jurídicas).

tradicionales posiciones de garante- por no estimular suficientemente el cumplimiento de la legalidad resulta excesiva para los seres humanos y resultaría poco eficiente, lo cual es más evidente a medida que la estructura empresarial va encerrando una mayor complejidad. Plantea serios problemas de legitimidad hacer responsable a un individuo de algo que tiene carácter estructural. Por ello la teoría jurídica del delito tradicional queda inerme frente una responsabilidad basada en la implantación de una cultura de la legalidad ya que traspasaríamos el ámbito de lo que puede resultar personalmente exigible.

b) Una segunda opción sería afirmar que este no es un asunto que deba preocupar al Derecho Penal mientras no se trate de prevenir una concreta dinámica criminógena con medidas preventivo-especiales contra la peligrosidad objetiva u organizativa de la empresa u organización. Es decir, no hay que intervenir mientras no exista un "peligro de reincidencia" o un defecto estructural que permanece en el tiempo (necesidad de reestructuración: por ejemplo, implantar un plan de crisis medioambientales inexistente). Esta solución clásica genera un gran consenso doctrinal y a mí personalmente siempre me ha gustado. Sin embargo, mi impresión, y esto tiene que ver con la situación actual, es que la sociedad ya no está dispuesta a afirmar que en determinados casos un delito de empresa o en beneficio de una persona jurídica es pura casualidad para la persona jurídica salvo casos muy extremos o que se trata de "cosas que pasan" y el ordenamiento penal no puede ni debe hacer nada al respecto. Parece que un delito motivado por una cultura de incumplimiento de la legalidad o por una deficiente vocación de cumplimiento de la legalidad ya no es tolerable como causalidad o infortunio Existe una idea extendida de que en determinados casos existe cierta responsabilidad corporativa adicional a la individual que excede la mera responsabilidad civil subsidiaria. Y en esos casos los ordenamientos jurídico-penales presentaban déficits desde el punto de vista de la estabilización de la norma cuando el hecho no sólo se podía entender como responsabilidad de un individuo o de ciertos individuos.

c) Si las dos opciones anteriores se muestran como insatisfactorias, surge la opción de entender que el "cumplimiento de la legalidad" es incumbencia de la persona jurídica como titular de la organización (responsabilidad por defecto de otros posibles responsables: administradores, órganos de gobierno, etc.). Los administradores deben preocuparse de su propia disposición jurídica y de los riesgos de la organización, pero el cumplimiento general de la legalidad penal como cometido sería una incumbencia suprapersonal que ya no puede ser exigida a individuos concretos. Es cierto que tienen un papel decisiones humanas, como ya se ha expuesto previamente, pero se trata de una responsabilidad a la que ya no se puede hacer frente imputando responsabilidad individual; tampoco a un colectivo difuso (que en los casos más extremos serían sucesivos equipos de gobierno a lo largo de los años). Sólo cuando la responsabilidad no puede alcanzar a los *singuli* en ningún caso, es cuando aparece como opción que pueda responder la *universitas*[63]. En ese caso se cortaría de raíz la objeción de que no pueden ser al mismo tiempo los individuos y las personas jurídicas responsables por el mismo hecho[64]. Esta objeción debe ser tomada muy en serio: si la persona jurídica necesita que una persona física actúe en su nombre y representación, la misma acción no puede generar responsabilidad penal para el órgano o persona física que actúa y para la persona jurídica ya que lo que se imputa a la persona jurídica debe des-imputarse al órgano o individuo y lo que se entienda como culpabilidad del órgano o individuo no puede imputarse culpabilidad de la persona jurídica. Esta potente objeción puede ser salvada si se entiende que la responsabilidad de la persona jurídica empieza donde termina la individual (responsabilidad corporativa por defecto de responsabilidad individual). De esta manera la persona jurídica responde penalmente de algo de lo que no pueden ser hechos penalmente responsables las personas físicas, ni de forma individualizada ni como colectivo (responsabilidad des-individualizada como alternativa a la irresponsabilidad colectiva[65]). Siendo esto así,

---

63 El principio *societas delinquere non potest* formulado por v. Liszt no es una constatación ontológica, sino una decisión normativa propia de la modernidad: la responsabilidad es de los *singuli* y no de la *universitas* o *societas*. En fases previas a la modernidad y la ilustración esto no era tan evidente. Vid. recientemente Martínez Patón, *La doctrina societas delinquere non potest*, Madrid, 2019.

64 En mi opinión, la crítica más sagaz contra la responsabilidad penal de personas jurídicas sigue siendo la de Jakobs, (nota 15), pp. 565 s., 570 y passim (especialmente los últimos cuatro apartados y el apartado 3 de "Resumen c"). Jakobs expone cómo no se ha podido encontrar una responsabilidad de la persona jurídica con una fundamentación de su culpabilidad independiente de la individual siempre que no se quiera renunciar a ésta. Este autor entiende que se trata de personas, pero no personas en sentido jurídico-penal (*Strafpersonen*) y que al Derecho Penal sólo le interesan como masa patrimonial a la que se puede hacer co-responsable de la multa (*Mit-Haftung*). Hay que entender que en alemán existe una diferencia entre *Mit-Haftung* y *Mit-Verantwortung*. La primera acepción es tener que responder por algo aunque no sea un hecho propio, mientras la segunda acepción tiene que ver ya con la responsabilidad originaria por el hecho acaecido. Jakobs hace referencia a asumir un efecto, gravamen o carga jurídica sin ser responsable del hecho o de la infracción, en la línea de la ley de contravenciones (OWiG) alemana. Expone estas críticas en tiempos recientes Wagner, "Sinn und Unsinn der Unternehmensstrafe", *Zeitschrift für Unternehmens- und Gesellschaftsrechts* 1/2016, pp. 127 ss., criticando la solución de la "Mit-Haftung". Se trata de un argumento muy potente contra los modelos de transferencia de la responsabilidad de los individuos (actuando en solitario o como órganos societarios) a las corporaciones. Pero pierde su fuerza si se puede construir una responsabilidad que ya no se puede dilucidar frente a individuos, por lo que no se transfiere.

65 En mi opinión, la responsabilidad de la persona jurídica no tiene su origen en la responsabilidad colectiva. Una cosa es la responsabilidad cooperativa como co-responsabilidad por un actuar colectivo (por ejemplo, en la coautoría) y otra la responsabilidad corporativa (por muchos, Krämer, *Individuelle und kollektive Zurechnung im Strafrecht*, Tubinga, 2015, pp. 78 ss., 329), entendiendo la corporación en su significado amplio original como *corporatio*. Por ello no es la plantilla o una parte de la plantilla el sujeto de imputación jurídico-penal, sino la persona jurídica. La pena no se impone a un colectivo, sino a una corporación y la multa afecta al patrimonio social de ésta. El problema político-criminal que se intenta resolver no es la responsabilidad colectiva, sino lo contrario: la irresponsabilidad colectiva o la "irresponsabilidad estructural" (Feijoo Sánchez, -nota 27-, pp. 71

no cabe una transferencia de culpabilidad y decae la objeción de la responsabilidad por hechos ajenos. La responsabilidad penal de las personas jurídicas puede ser aceptada si aborda un problema estructural del que sólo pueden responder personas jurídicas pero nunca personas individuales.

Estas tres opciones están al alcance del legislador penal y todas ellas encierran inconvenientes. La responsabilidad penal de las personas jurídicas no es la única opción ni una opción obligada (puede haber responsabilidad de otro tipo, puede no haber intervención del Derecho Penal, etc.), pero en estos momentos es una decisión político-criminal que se está expandiendo como el aceite y que no se puede tachar de "disparate jurídico" bajo determinadas circunstancias y condiciones específicas. No se puede admitir, sin embargo, como una solución general para delitos vinculados a sociedades mercantiles. No siempre estarán presentes las razones que pueden justificar una reacción frente a la persona jurídica diferenciada de la pena o las penas individuales.

No se debe olvidar que la introducción por el legislador -democrático- de la responsabilidad penal de personas jurídicas obedece en gran medida a la idea de que estas entidades, como titulares de organizaciones, han de ser "garantes del cumplimiento de la legalidad". Esta forma de responsabilidad avanza a lomos de la idea de que el ordenamiento ya no se puede conformar con la mera expectativa de que la organización no sea un factor criminógeno, sino que su implicación debe ser mayor y debe velar por el cumplimiento de la legalidad. **Se ha impuesto una visión institucional de ciertas entidades con personalidad jurídica[66] (especialmente de las sociedades mercantiles) que genera nuevas expectativas jurídicas**[67]. En este sentido las empresas no

---

ss.). Vid mis críticas al delito corporativo como "acción colectiva" en (nota 27), pp. 65 ss.: en Derecho Penal el "nosotros" se zanja con una pena individualizada a cada uno de los integrantes del colectivo criminal, se trate de coautores o bien de personas pertenecientes a grupos u organizaciones criminales. La responsabilidad corporativa es algo distinto con un fundamento distinto a la responsabilidad colectiva. Es decir, la responsabilidad colectiva implica una suma de penas individuales que se imponen a cada individuo integrante del colectivo responsable, mientras la responsabilidad corporativa tiene como consecuencia una pena a una corporación diferenciada de los individuos que la integran o la gestionan.

66 MAÑALICH resalta la dimensión de la persona jurídica como "hecho institucional" en relación a la conocida formulación de SEARLE, lo cual da lugar a una fundamentación ajena a acciones o intenciones colectivas: "*Las personas jurídicas son, esencialmente, personas institucionales, esto es, personas cuya existencia está enteramente construida -sin que esto la haga menos "real"- sobre un complejo artefacto de prácticas, reglas y convenciones que generan, distintivamente, determinadas posibilidades y contextos de acción previamente inexistentes*" (apartado 6.3). Sin embargo, ello le lleva a una fundamentación de la culpabilidad de las personas jurídicas -al menos en el ordenamiento chileno- por el carácter en línea de la propuesta de HEINE, que es radicalmente distinta a la que se formula en el texto (Vid. supra apartado II.1).

67 MEGÍAS LÓPEZ, "La creación de valor tolerante: un modelo de compatibilidad jurídica entre interés social y responsabilidad social corporativa", *Diario La Ley*, Nº 9019, 12 de Julio de 2017 (versión electrónica): "*La teoría institucional, como planteamiento jurídico, identifica el interés social con una noción abstracta y abierta de estabilidad, conservación y rentabilidad de la empresa, desvinculado en sentido estricto del interés de los socios, con tendencia a la despersona-*

se limitan a ser un medio de generar beneficios a sus accionistas, sino que se deben responsabilizar de sus "costes externos" para la sociedad y contra intereses públicos. No vale hoy en día lo que dijo Milton Friedman en 1970 con una visión estrictamente contractualista: "*sólo existe una responsabilidad social de las empresas: incrementar sus beneficios*"[68]. Como consecuencia de ello la sociedad ya no está dispuesta a definir como "desgracia", "casualidad" o "mala suerte" hechos que obedecen bien a determinada cultura corporativa que es consecuencia de la adopción -u omisión- de ciertas políticas y dinámicas corporativas o bien a una determinada gestión. Esta idea se ha ido extendiendo a otras entidades como partidos políticos, fundaciones, etc.

Todo esto tiene que ver indudablemente con las transformaciones del Derecho y de ese constructo que es la personalidad jurídica, si bien, como siempre he señalado, la institución de la personalidad jurídica abarca realidades muy diferentes que es muy complicado reconducir a un mínimo común denominador. Centrándonos en las grandes sociedades mercantiles, esta es una cuestión en la que ya pusieron el énfasis Gómez-Jara Díez con el aprovechamiento de la construcción estadounidense del "buen ciudadano corporativo" (*good citizen corporation*)[69] y Nieto Martín vinculando la responsabilidad penal de las personas jurídicas a la idea de responsabilidad social corporativa[70]. Lo que sucede en el ámbito penal es que ya no se trata de realizar una contribución positiva a la sociedad, que sería un fin que ni se puede ni se debe conseguir con penas, sino meramente de no perjudicar o erosionar el orden normativo (la empresa que consigue contratos mediante sobornos o que ahorra costes mediante fraudes tributarios sistemáticos genera importantes distorsiones para la vigencia social de la norma).

Esta dimensión ha sido poco trabajada por parte de la doctrina penalista, salvo excepciones como las mencionadas[71]. En este punto se ha pecado de solipsismo y se precisan estudios multidisciplinares más intensos en los que se analicen todas estas tendencias y su influencia en la evolución de la responsabilidad penal de las personas jurídicas. No puedo entrar en

---

lización de la sociedad y a dotar de relevancia al empresario social como sujeto titular del interés. Sintéticamente, la consecuencia última de esta postura es la conducción de la actividad empresarial en promoción de la expectativa material de los socios y también de los demás sujetos afectados por la misma existencia de la empresa. Como veremos más adelante, se acerca al planteamiento de la stakeholder theory o de la RSC, si bien éstas beben de la construcción económica o de la ética empresarial, mientras que la teoría institucional sobre el interés social se construye sobre una noción puramente jurídica".

68 Sobre el cambio de perspectiva de las teorías de la responsabilidad social corporativa que se han desarrollado a lo largo de la segunda mitad del Siglo XX desde los años noventa vid. Frago Amada, "La importancia de adoptar un enfoque ético en el desarrollo de programas de "compliance"", *Actualidad Compliance*, Navarra, 2018, pp. 34 s.

69 Pionero en (nota 11), pp. 248 ss., 284 s. Vid. Tiedemann, (nota 6), p. 180 (nº marg. 447).

70 *Revista de Derecho y Proceso Penal 2004*, pp. 259 ss.; (nota 1), pp. 59 ss., 74 ss., 218. Sobre ciertas ideas de origen anglosajón (ética de empresa, responsabilidad social, *good citizens corporations*) pp. 60 ss., 127 ss., 218 ss.

71 Una amplia exposición sobre el debate en la doctrina penal alemana en relación con las sociedades mercantiles como ciudadanos o agentes sociales destinatarios de la pena en Kohlhof, (nota 14), pp. 161 ss., 186 ss.

profundidad en esta cuestión sobre la que es difícil generalizar[72], pero valga una referencia a la superación de una visión estrictamente contractualista o iusprivatista de ciertas entidades con personalidad jurídica para darse cuenta de que hay que repensar todo lo relativo a la responsabilidad penal de las personas jurídicas desde una nueva perspectiva. En el momento en que grandes empresas y determinados grupos se ven obligados en la Unión Europa a divulgar información no financiera en términos similares a las obligaciones de información financiera (en España Real Decreto-Ley 18/2017, de 24 de noviembre y art. 49.6 del Código de Comercio, según redacción introducida por la Ley 11/2018, de 28 de diciembre[73]), es evidente que forma parte de sus cometidos la gestión de intereses públicos. Sería ingenuo pensar que el Derecho Penal se puede quedar como la única rama del ordenamiento jurídico inmune a toda esta evolución. Por consiguiente, se puede seguir creyendo que el concepto de persona jurídica no es más que una ficción o que las personas jurídicas no son más que unidades patrimoniales afectas a un fin determinado, pero sólo se puede llegar a esta conclusión en serio a partir de una interpretación sistemática en la que se tengan en cuenta los elementos esenciales y evolución de lo que implica –al menos en ciertos casos– la personalidad jurídica como supuesto institucional. Quizás se ha debatido más sobre otros aspectos que no tienen un papel tan central para entender las transformaciones que ha sufrido esta materia en los últimos años.

Con esto no se pretende defender una identidad material de las personas jurídicas equivalente a la de las personas físicas, ni siquiera en el caso de grandes sociedades cotizadas. Por consiguiente, tampoco una identidad en la responsabilidad. Pero los ordenamientos están llegando a la conclusión de que la visión de las personas jurídicas como mero factor criminógeno o estado de cosas criminógeno, peligroso u objetivamente antijurídico[74] se queda corta.

---

72 Ya la he tratado previamente en (nota 27), pp. 20 ss., con ulteriores referencias.

73 Previamente Principio nº 24 y recomendación nº 54 del *Código de Buen Gobierno Corporativo de las Sociedades Cotizadas* (febrero 2015). El RD tiene su origen en la Directiva 2014/95/ UE del Parlamento Europeo y del Consejo, de 22 de octubre de 2014. La Ley 11/2018, de 28 de diciembre, modifica el Código de Comercio, el texto refundido de la Ley de Sociedades de Capital aprobado por el Real Decreto Legislativo 1/2010, de 2 de julio, y la Ley 22/2015, de 20 de julio, de Auditoría de Cuentas, en materia de información no financiera y diversidad.

74 Entre muchos destaca en este sentido la construcción de Silva Sánchez, "La eximente de "modelos de prevención de delitos. Fundamento y bases para una dogmática", *Estudios de Derecho Penal. Homenaje al profesor Miguel Bajo*, Madrid, 2016, pp. 676 ss., en la línea de trabajos anteriores (*Fundamentos del Derecho penal de la Empresa*, Madrid y otras, 2013, pp. 283 ss.), que en el marco del Derecho Penal español intenta seguir una línea de continuidad dogmática entre las anteriores consecuencias accesorias y el actual modelo de responsabilidad penal de las personas jurídicas. Como resume con acierto Coca Vila, (nota 31) pp. 126 s., Silva y su escuela entienden que *"el Código Penal español no contempla un auténtico sistema de responsabilidad penal para la persona jurídica. Más bien, estaríamos ante un sistema de responsabilidad de naturaleza híbrida, que combina rasgos propios de los sistemas administrativos-sancionador y jurídico-civil. En resumidas cuentas, lo que intentaría el legislador español a través de este mal llamado sistema de responsabilidad "penal" es prevenir estados defectuosos objetivamente favorecedores de la comisión de delitos en el marco de estructuras empresariales, al mismo tiempo que, a imagen y semejanza de lo que disponen las normas civiles del enriquecimiento*

Una gran empresa no queda bien definida como una mera cosa peligrosa o un patrimonio peligroso por lo que el ordenamiento jurídico-penal no se puede seguir conformando con medidas accesorias de orientación preventivo-especial basadas en la peligrosidad objetiva, instrumental, organizativa o estructural de ciertas entidades. En ciertos casos se entiende que también es necesaria una estabilización normativa que no puede ser sólo a costa de los individuos porque el hecho no es de exclusiva responsabilidad individual.

Los deberes de control de la organización pueden generar responsabilidad individual (posición de garante de control de una fuente de peligro como la organización o posición de garante del empresario). Por ejemplo, el administrador de una empresa de fabricación de alimentos tiene deberes para evitar que lo que se produce genere riesgos para la salud de los consumidores. El cumplimiento de la legalidad en organizaciones complejas tiene, por el contrario, un componente estructural que es muy difícil zanjar a través de la responsabilidad individual. Este dato fáctico debe vincularse con la personalidad jurídica como un "hecho institucional" que se encuentra en transformación. Otra cosa es que ese cometido institucional sea delegado y desarrollado por integrantes de la organización (Responsable de Cumplimiento o *Chief Compliance Officer*, Órgano de Cumplimento Penal o como quiera que se vayan denominando los puestos y cargos dentro de la estructura de cumplimiento). Estos son los factores -y no los argumentos tradicionales vinculados a la teoría de la acción, que creo que están desenfocados- que se deben analizar a la hora de adoptar decisiones normativas, tanto a nivel legislativo como de aplicación del Derecho. **El delito de la persona jurídica no es sólo un defecto organizativo, sino también un fallo institucional de carácter estructural (cultura de cumplimiento de la legalidad insuficiente)**[75].

Expresiones como "cultura de cumplimiento" o "disposición corporativa" defectuosa pueden ser adecuadas para describir fenómenos que tiene que ver con decisiones de carácter difuso o dinámicas a largo plazo que trascienden la dimensión individual. Con ello se hace referencia a una **responsabilidad desindividualizada** adicional a la individual de las personas físicas por su propia disposición jurídica defectuosa que denominamos responsabilidad penal de la persona jurídica o de la sociedad mercantil. El método del equivalente funcional no se debe utilizar para buscar una equivalencia funcional entre responsabilidad individual y responsabilidad de la persona jurídica o de la propia organización (auto-referencialidad equivalente), sino en primer lugar para analizar cuáles son las alternativas funcionalmente equivalentes que el sistema jurídico puede emplear para resolver el siguiente conflicto social: la existencia de **delitos empresariales que obedecen a razones estructurales en organizaciones empresariales complejas**. Normativamente la decisión debe ser coherente con la configuración de cada sistema jurídico-penal (por ejemplo, el peso que se le quiera otorgar al principio de culpabilidad cuando el Estado

---

injusto y la participación lucrativa, trataría de garantizar que el delito de la persona física no fuera en ningún caso provechoso para la persona jurídica. Se trata, en definitiva, de incentivar a los titulares de la persona jurídica a que se aseguren que sus dirigentes la organizan de un modo inocuo para los intereses jurídicos de terceros". Mis críticas previamente en (nota 27), pp. 33 ss.

75 Sobre el defecto estructural en relación con el cumplimiento de la legalidad Feijoo Sánchez, (nota 27), pp. 70 ss.

opta por imponer penas). Las personas jurídicas están siendo convertidas por decisión del legislador en el centro de imputación de una "personalidad corporativa" que no se puede sub-dividir en responsabilidades individuales o cuyo pasado (¿Quién es responsable de haber llegado a tal situación?) ya no importa al sistema jurídico.

Por el contrario, cuanto más pequeña sea y menor complejidad tenga una organización, más evidente será que el hecho no tiene más que una explicación individual en la medida en la que las estructuras tradicionales de responsabilidad individual son suficientes[76]. Pero en los casos de organizaciones grandes y complejas existe un problema real relativo a la "exigibilidad" de determinadas políticas corporativas de cumplimiento de la legalidad penal y de la reacción corporativa frente a tales delitos una vez detectados. Si alguno de estos aspectos no ha quedado bien resuelto entra en juego la responsabilidad penal de la entidad. Se puede hacer responsable a uno o varios individuos de la infracción concreta de deberes de gestión de riesgos empresariales, pero no de las "decisiones morales" a largo plazo que han dado lugar a que la entidad tenga una determinada identidad, cultura o ética corporativa más o menos compatible con el Derecho. **En este sentido debe interpretarse la relevancia de los programas de cumplimiento de la legalidad penal**. No como meros requisitos formales, sino como estrategias de los órganos de gobierno y administración (en quienes delega el titular de la organización la responsabilidad por la legalidad o la posición de garante de la legalidad) para que la organización desarrolle su actividad de acuerdo con lo prescrito por el Derecho y disponga de un sistema que asegure a largo plazo un cumplimiento generalizado de las normas (penales). El contenido de tales programas depende del fundamento de la responsabilidad penal y el que se ha ofrecido anteriormente ofrece una orientación clara para el desarrollo e implantación de este tipo de programas de cumplimiento normativo.

En consecuencia, si en el ámbito de las estructuras tradicionales de responsabilidad individual la disposición a cumplir con las normas es un asunto particular que es responsabilidad de cada ciudadano, que acabará sufriendo una pena si -teniendo reconocida la capacidad para ello- no desarrolla estrategias personales para no infringir lo dispuesto por las normas penales, en las personas jurídicas la disposición de la que depende que la organización se comporte conforme a Derecho depende de un devenir

76 Clásico MAYNTZ, (nota 55), p. 50:*"determinadas características importantes de la organización solamente aparecen a partir de cierta magnitud. Cuanto mayor sea el número de personas que cooperan en el cumplimiento de un fin específico, tanto más ocasión habrá para una diferenciación por razón de la división del trabajo. Sólo cuando un grupo ha llegado a un tamaño grande se encuentra que los miembros no están ya ligados por un contacto permanente cara a cara. Desde este momento ya nadie es capaz ya de observar personal y simultáneamente todas las actividades y dirigirlas mediante continuas órdenes adecuadas. Por ello se hacen indispensables una reglamentación firmemente establecida, una delimitación de competencias, una definición de papeles y una delegación de autoridad. Sólo en la medida en que surja una ordenación semejante la organización se hará independiente de sus miembros concretos, cuyo comportamiento se acomodará cada vez más a las expectativas formalizadas por la constitución de la organización. Al mismo tiempo, las relaciones se hacen más objetivas y más impersonales"*. Una de estas características es la formalización para resolver el problema de la coordinación cuando el nivel dirigente ya no puede supervisar de una manera inmediata y constante las actividades de todos los miembros (pp. 138 s.).

que ya no puede ser tratado adecuadamente a través de la responsabilidad individual. No se puede imputar objetiva ni subjetivamente (sobre todo en caso de delitos dolosos) la comisión de un delito concreto a un individuo basándose exclusivamente en una gestión ineficiente del cumplimiento de la legalidad en una organización. Por ejemplo, no sería legítimo imputar a todo un Consejo de Administración la autoría o participación en un delito de corrupción por no haber implantado un eficaz sistema de prevención del pago de sobornos y no haber formado adecuadamente a sus directivos.

VIII. Perspectivas de futuro

Si, en realidad, estamos denominando responsabilidad de la persona jurídica a fenómenos y dinámicas (que se dan sobre todo en empresas de gran complejidad), susceptibles de descripción, pero que son muy difíciles de reconducir a decisiones individuales y, por ello, de imputar individualmente, por lo que la imputación de la defectuosa cultura corporativa se detiene en la persona jurídica y no retrocede hacia los individuos, las decisiones que están adoptando los legisladores a favor de la responsabilidad penal de las personas jurídicas no zanjan el debate jurídico y abren las compuertas a nuevos problemas. Entre ellos se encuentra, sin duda, un importante disenso doctrinal que acaba afectando a la previsibilidad de la pena y la seguridad jurídica. Este es uno de los temas más delicados cuando un ordenamiento decide regular la responsabilidad penal de las personas jurídicas. Y para una persona jurídica no sólo es temible la condena, sino el mero hecho de ser investigada en un procedimiento penal.

En todo caso, una vez que el legislador decide imponer penas a empresas y personas jurídicas, lo importante desde el punto de vista dogmático es llegar a la conclusión de que **una sociedad mercantil u organización no deberá ser castigada no sólo cuando no se constate un defecto organizativo o fallo estructural, sino tampoco cuando tal defecto de organización no deriva de una cultura de cumplimiento de la legalidad defectuosa, sino de otras razones ajenas a la responsabilidad de la empresa u organización** (por ejemplo, codicia individual). Por ello la organización debe tener la posibilidad de alegar tales razones para desvincularse del delito individual al amparo del principio de presunción de inocencia. En España la opción del Tribunal Supremo a favor de un modelo de autorresponsabilidad ha tenido claramente su origen en la necesidad de preservar ciertas garantías básicas del proceso penal y del Derecho Penal.

Ante un cambio estructural del sistema penal hace falta una nueva dogmática que impida soluciones disfuncionales, por lo que una **nueva teoría jurídica del delito para entidades supraindividuales (delito corporativo)** debe tener como objetivo impedir que se declare la responsabilidad de una sociedad si la organización de los riesgos no era inadecuada teniendo en cuenta las características de la organización (**exclusión de un defecto de organización**); tampoco será posible la pena para la persona jurídica si el defecto organizativo tiene responsables individuales claramente delimitados y no obedece a una cultura de cumplimiento de la legalidad insuficiente o defectuosa (**exclusión de la culpabilidad, entendida ésta como cultura insuficiente de cumplimiento de la legalidad en la organización**).

Aunque no se hayan prevenido adecuadamente los riesgos organizativos antes de la comisión del delito, si la persona jurídica disponía de sistemas eficaces para velar adecuadamente por la legalidad (por ejemplo, un canal de denuncias para empleados, proveedores y clientes) y reacciona adecuadamente denunciando el delito detectado y colaborando con las autoridades la pena no es necesaria para estabilizar la norma. El hecho deberá ser entendido sólo como un hecho individual y, desde el punto de vista preventivo general, no será necesario el castigo de la sociedad mercantil, tanto si no existe defecto de la organización como si la persona jurídica puede distanciarse de la infracción individual (en este sentido se debe entender la conveniencia de poner en marcha investigaciones corporativas internas ante sospechas, indicios o denuncias de actividades ilegales o contrarias a la normativa de la entidad). Las reacciones corporativas posteriores a la detección de un hecho delictivo no tienen que ver con una culpabilidad reactiva ni con una causa de levantamiento de la pena, sino con el hecho de que demuestran que la organización disponía de una cultura de cumplimiento de la legalidad que le permite desvincularse del hecho, que queda exclusivamente como manifestación de decisiones y responsabilidades individuales[77]. Falta en casos como el mencionado la dimensión estructural del hecho y sin ese defecto estructural en relación al cumplimiento de la legalidad pierde su sentido la pena corporativa adicional a la individual. Por lo tanto, no existe responsabilidad penal cuando la organización se comporta de acuerdo a las expectativas en función de lo que exige cada situación: prevenir *ex ante* o detectar y reaccionar adecuadamente con posterioridad a la infracción individual. Se debería imponer exclusivamente una pena a la persona jurídica cuando la responsabilidad individual es insuficiente como explicación jurídica del hecho delictivo y, por ello, hace falta una pena adicional para resolver adecuadamente el conflicto. Para ello hace falta constatar que el hecho típico obedece a un **defecto o fallo estructural de la propia organización** (que se puede presumir cuando el fallo se produce en diversos niveles) y a una **cultura de cumplimiento de la legalidad o disposición jurídica insuficientes por parte de la corporación que fundamentan su co-responsabilidad en la erosión de la norma**. Esto es obvio en una teoría preventivo-general orientada a la estabilización de la norma como la que yo defiendo en general.

La posición sostenida aquí supone desde luego un modelo muy exigente de responsabilidad penal de las personas jurídicas[78] (desde luego mucho más exigente que cualquier modelo vicarial o de transferencia donde se identifica responsabilidad individual con responsabilidad de la persona jurídica o

---

77 García Albero, "La medición del riesgo penal corporativo: principales problemas", *Represión Penal y Estado de Derecho. Homenaje al Prof. Gonzalo Quintero Olivares*, Navarra, 2018, p. 551 ("*un sistema que no ha impedido el delito no tiene por qué considerarse un sistema fallido*").

78 Crítico en este sentido Nieto Martín, "Problemas fundamentales del cumplimiento normativo en el Derecho penal", en Kuhlen/Montiel/Ortiz de Urbina (eds.), *Compliance y teoría del Derecho penal*, Madrid y otras, 2013, p. 31. Más matizado en el brillante trabajo "La autorregulación preventiva de la empresa como objeto de la política criminal", (nota 12), pp. 169 ss., denunciando ciertos peligros de modelos menos exigentes.

individuo con organización). Ello es una consecuencia lógica cuando un ordenamiento opta por recurrir a la pena. Las exigencias de responsabilidad y los niveles de exigencia no son iguales en todos los sistemas, sino que dependen de sus fines y funciones. Por ello es un error trasladar sin más a este ámbito las reglas de imputación del Derecho Privado o del Derecho Civil de daños (que está en el origen de otros ordenamientos). En el ámbito penal lo que se castiga no es no disponer de la mejor organización posible, no colaborar con las autoridades o el incumplimiento de la legislación administrativa. La pena de multa tiene que obedecer realmente a que es preciso responsabilizar a la persona jurídica del delito en su ámbito de organización para estabilizar una norma que esa persona jurídica ha colaborado a desestabilizar.

El modelo aquí diseñado es, desde luego, muy exigente con ese *plus* necesario para la responsabilidad penal de las personas jurídicas. No es suficiente con constatar que la organización tenía posibilidades de control, prevención o supervisión del delito cometido o que se han omitido estrategias o políticas que resultarían funcionales para la prevención, detección y persecución de delitos individuales[79]. La falta de control de un delito cometido en el ámbito de la actividad de la persona jurídica en su beneficio tiene que obedecer al defectuoso desarrollo e implantación de una política o cultura de cumplimiento de la legalidad penal y tal defecto es el que tiene que haber jugado un papel en la comisión de ese delito. Eso es a lo que deberíamos referirnos como **el defecto organizativo-estructural que fundamenta la responsabilidad penal de la personas jurídicas**. Fuera de estos casos no tiene sentido una intervención orientada a la prevención general.

El aprovechamiento de un término como el de **delito corporativo** no se debe entender como la defensa de un tipo penal específico para personas jurídicas con prohibiciones, mandatos o deberes de cuidado que tengan a las personas jurídicas como destinatarias[80]. Se trata más bien de insistir en que una

---

79 En el mismo sentido Frisch, (nota 2), pp. 365 ss., uno de los grandes críticos de la responsabilidad penal de las personas jurídicas. En todo caso, al igual que se ha dicho con respecto a Jakobs, las críticas de estos autores están centradas en la importación en el ordenamiento alemán de modelos vicariales o de transferencia a la persona jurídica de acciones individuales o colectivas. Lo que es cierto es que cualquier modelo tiene que tomarse muy en serio las objeciones planteadas por estos dos maestros.

80 Díaz y García Conlledo, "La responsabilidad penal de las personas jurídicas: Un análisis dogmático", Gómez Colomer (Dir.), *Tratado sobre Compliance Penal, Responsabilidad Penal de las Personas Jurídicas y Modelos de Organización y Gestión*, Valencia, 2019, pp. 115 s. Con la posición que se rechaza en el texto volveríamos a los irresolubles problemas de siempre: ¿Podría un sujeto infringir sus deberes propios al mismo tiempo que se entiende esa misma acción infractora como una acción de la persona jurídica? En trabajos anteriores ya he rechazado esta posición frente a autores como González Sierra (*La imputación penal de las personas jurídicas. Análisis del art. 31 bis CP*, Valencia, 2014, pp. 218 ss.) o Maza Martín (-nota 31-, pp. 232, 243 ss., 477 s.) o la STS 154/2016, de 29 de febrero, de la que fue ponente el propio Maza, que interpretan en art. 31 bis CP como un tipo penal autónomo: (Nota 27), pp. 100 ss.; "Bases para un modelo de responsabilidad penal de las personas jurídicas a la española", *La responsabilidad penal de las personas jurídicas. Homenaje al Excmo. Sr. D. José Manuel Maza Martín*, Madrid, 2018, pp. 154 ss.Tal entendimiento ha sido excluida en el ordenamiento español por la STS 123/2019, de 8 de marzo: "*Es evidente que la mera inexistencia de formas concretas de vigilancia y control del comportamiento de representantes, directivos*

responsabilidad penal de personas jurídicas no se puede construir sobre un hecho que tenga una mera dimensión individual. Si se impone la pena a una corporación (pena corporativa), debe ser en respuesta a un delito corporativo, no a un delito individual o a un delito colectivo (con independencia de que se haya cometido en beneficio o interés de una persona jurídica o tenga cualquier otro tipo de vinculación similar). La responsabilidad debe ir referida a un hecho que adquiera otro tipo de dimensión como hecho de la organización (estafa a gran escala en diversas sucursales auspiciada desde la central de una entidad a través de sus mecanismos oficiales de comunicación; política de negocio basada en el pago de sobornos, etc.). Cuando hablamos de penas la responsabilidad que importa es la de poner en entredicho las normas penales (no otro tipo de normas). Si esto es así, se debe encontrar una responsabilidad distinta a la individual que haga necesaria una pena adicional a la individual al ser ésta insuficiente. Creo que con una responsabilidad estructural vinculada al cumplimiento de la legalidad a largo plazo en la organización hemos encontrado un concepto que nos puede ayudar a desarrollar esta dimensión. La persona jurídica también puede responder cuando el defecto en el sistema de cumplimento normativo forma parte de la explicación de la vulneración de la norma. Estas ideas deberían orientar las decisiones legislativas, pero también la aplicación de las normas relativas a la responsabilidad de las personas jurídicas, ya que no tendría sentido que en abstracto seamos muy exigentes, pero que en los casos concretos nos olvidemos de los fundamentos de las normas que estamos aplicando.

Por último, mencionar como el modelo desarrollado es también exigente en la medida en la que no tiene sentido intervenir con penas frente a cualquier delito vinculado a una persona jurídica. Sólo existe una necesidad político-criminal en el caso de estructuras con cierta complejidad (diferenciación funcional, diferenciación vertical, etc.). La responsabilidad penal de las personas jurídicas necesita como ingredientes el "hecho institucional"[81],

---

y subordinados, tendentes a la evitación de la comisión de delitos imputables a la persona jurídica, no constituye, por sí misma, un comportamiento delictivo. La persona jurídica no es condenada por un (hoy inexistente) delito de omisión de programas de cumplimiento normativo o por la inexistencia de una cultura de respeto al Derecho. Para que sea condenada, es precisa la comisión de uno de los delitos que, previstos en la parte especial del Código Penal, operan como delito antecedente, tal como aparece contemplado en el artículo 31 bis; y que haya sido cometido por una de las personas en dicho precepto mencionadas. La condena recaerá precisamente por ese delito. Y, además, será necesario establecer que esas hipotéticas medidas podrían haber evitado su comisión.

Por lo tanto, a la persona jurídica no se le imputa un delito especial integrado por un comportamiento de tipo omisivo, sino el mismo delito que se imputa a la persona física, en el cual, generalmente, participará a través de una omisión de las cautelas obligadas por su posición de garante legalmente establecida, tendentes a evitar la comisión de determinados delitos. No se trata, pues, de una imputación independiente de la realizada contra la persona física, sino que tiene a ésta como base necesaria de las consecuencias penales que resultarían para la persona jurídica". De acuerdo con lo señalado en el texto, el Tribunal Supremo español estaría definiendo correctamente el objeto de la responsabilidad, pero no el fundamento de la responsabilidad penal de la persona jurídica, que tendría que ver con una cultura de cumplimiento defectuosa, insuficiente o inadecuada.

81 Lampe, *La dogmática jurídico-penal entre la ontología social y el funcionalismo*, Lima, 2013, p. 177 ("*Si el sistema de injusto no tiene forma institucional o su forma institucional no encuen-*

pero también la complejidad organizativa. No se trata tanto de una cuestión equivalente a la imputabilidad o capacidad de culpabilidad de los seres humanos, sino de que sin esa mínima complejidad desaparecen las razones que justifican una pena corporativa adicional a la individual. Bastaría con la pena a los individuos de toda la vida. Aquí no se puede profundizar en esta cuestión, pero donde el legislador no establezca diferencias entre personas jurídicas susceptibles de ser responsables, doctrina y jurisprudencia tendrán que hacer un esfuerzo para desarrollar criterios que permitan excluir aquellos supuestos donde es suficiente la responsabilidad individual[82].

En todo caso, se abren diversas posibilidades de desarrollar modelos legislativos. Pueden, por ejemplo, coexistir modelos de responsabilidad penal (delito corporativo) con sistemas que sancionen el incumplimiento en relación a la implantación de sistemas de prevención o por no haber desarrollado un modelo eficaz para prevenir delitos. También es posible que, junto a penas como mecanismo de estabilización de normas (como la de multa), se puedan contemplar medidas con una orientación preventivo-especial como hace, por ejemplo, el Código Penal español.

---

tra una forma jurídica válida, entonces su responsabilidad jurídico-penal está excluida. Sólo son jurídico-penalmente responsables aquellas estructuras sociales «personificadas» que por su configuración se diferencian del sinnúmero de relaciones sociales carentes de vinculación sistémica y que, tanto fáctica como jurídicamente, son tan duraderas que la responsabilidad jurídica se puede «adherir» a ellas").

82 En relación con el Derecho Penal español, Feijoo Sánchez, (nota 80), pp. 176 ss. Con respecto a Estados Unidos vid. reglas 8C3.4 y 8C.1. de las *Federal Sentencing Guidelines* dedicadas a organizaciones, la primera para sociedades con pocos socios o de propiedad concentrada y la segunda de cara a sociedades creadas para cometer delitos.

Responsabilidad y prevención en el Derecho Penal de menores*

Sumario: I. El debate doctrinal sobre el fundamento penal de la responsabilidad de los menores tras la LRPM como un debate desenfocado. II. Posición personal. III. El debate sobre la naturaleza de las sanciones como contra-argumento.

La teoría clásica del Derecho Penal auspiciada por *v. Liszt* nació bajo el presupuesto de una separación tajante entre la teoría del delito como teoría jurídica y la teoría de la pena orientada a las necesidades sociales (de ahí la denominación de escuela sociológica). Esta antinomia entre ambos mundos, bajo la denominación de dogmática y política criminal, se mantuvo a lo largo del siglo XX, evolucionado ambas teorías de forma independiente.

Aproximadamente un siglo después la dogmática se dio cuenta de que no tenía sentido este tránsito por caminos separados. Es de sobra conocida la aportación de *Roxin* pretendiendo superar tal visión[1], lo que fue llevado al extremo por la teoría de *Jakobs*, donde la teoría del delito corre el peligro de ser fagocitada por la teoría de la pena: la culpabilidad no es más que un "*derivado de la prevención general*"[2]. Lo que se discute hoy en día es si el punto de unión entre ambas teorías es la definición de la función esencial del Derecho Penal como protección -subsidiaria- de bienes jurídicos o como estabilización -subsidiaria- de normas esenciales. La primera suele conducir a una visión más instrumental o empirista (protección de bienes jurídicos a través de la disuasión o prevención intimidatoria y la prevención especial) y la segunda más comunicativa[3]. Si bien soy partidario de esta segunda opción, creo que es un error apreciar ambas funciones como conceptos antagónicos. Es a través de la estabilización de normas cómo el Derecho Penal protege bienes jurídicos. La estabilización de la prohibición de agredir sexualmente protege la libertad sexual o la de utilizar información privilegiada la integridad de los mercados. Bajo esta perspectiva será abordado el tratamiento del tema.

---

* Versión ampliada de mi contribución al Libro Homenaje al Prof. Diego-Manuel Luzón Peña.

1 Paradigmático Política criminal y sistema del Derecho Penal, 1972, 19. Desarrolla el modelo de *Roxin* en el ámbito de menores *Jäger*, GA 2003, 469 ss.

2 Schuld und Prävention, 1976, p. 32. Entiende como la imputación jurídico-penal "*tiene la función de determinar el caso en el que la norma precisa ser confirmada y asegurada cognitivamente debido a la conducta de una persona*" (System der strafrechtlichen Zurechung, 2012, 15). Desarrolla las ideas de *Jakobs* con respecto a menores *Pérez del Valle*, CPC 2009, 119.

3 *Frisch*, InDret 3/2014, 21 ss., incluyendo una referencia al distinto significado del requisito de la capacidad de culpabilidad en una concepción comunicativa del delito.

Esta empresa de unificar teorías del delito y de la pena bajo un sistema global e integral todavía no ha sido finalizada con éxito, aunque desde el último cuarto del siglo pasado haya intentos muy serios en este sentido. En cambio, esta idea no ha calado con respecto al Derecho Penal de menores, donde también ha de existir una interdependencia entre responsabilidad y prevención, que es la única que puede justificar -y defender- que el Derecho Penal de menores, sin dejar de ser una rama del ordenamiento jurídico-penal, es cualitativamente diferente al Derecho Penal de adultos.

La tesis esencial que se pretende defender en el presente trabajo es la siguiente: los menores entre 14 y 18 años pueden ser hechos responsables de las infracciones que han cometido, pero no tienen la capacidad de poner en entredicho, poner en cuestión o desestabilizar la norma como los adultos (personas que disfrutan plenamente de sus derechos civiles y políticos). Al tratarse de sujetos no cualificados para erosionar las normas no son preventivamente necesarias las penas contempladas en el Código Penal. No surge la necesidad político-criminal de estabilizar la norma a su costa y, por ello, los fines preventivo-especiales pasan a ocupar el lugar preferente del que carecen cuando se trata de adultos con plena capacidad para desestabilizar la norma como miembros de pleno derecho de la comunidad jurídica. Mientras en el caso de los adultos la prevención especial tiene que respetar las necesidades de estabilización de la norma, en el caso de los menores no es así. Esta es la razón por la que el art. 19 CP manifiesta en su párrafo primero que "*los menores de dieciocho años no serán responsables criminalmente con arreglo a este Código*" y después que -a partir de cierta edad- pueden ser hechos responsables del hecho delictivo que perpetren con arreglo a lo dispuesto en la LRPM. Aunque los menores no tienen la misma capacidad de poner en entredicho la norma que los adultos, a partir de cierta edad pueden ser responsabilizados de sus actos, incluyendo los de relevancia penal. Por ello son penalmente responsables, aunque no puedan ser hechos criminalmente responsables para sufrir la imposición de una pena.

Una teoría normativa y comunicativa orientada a la prevención estabilizadora no sólo permite explicar mejor ciertas instituciones de la teoría jurídica del delito como las denominadas causas de exculpación o de exclusión de la punibilidad (desistimiento), sino también la diferencia cualitativa entre Derecho Penal de menores y de adultos.

I. El debate doctrinal sobre el fundamento penal de la responsabilidad de los menores tras la LRPM como un debate desenfocado

La doctrina dominante viene entendiendo que los menores son sujetos imputables, si bien su capacidad se encuentra disminuida o limitada (semiimputables, imputabilidad *sui generis*, etc.)[4]. Existe, desde esta perspectiva, un sistema de sanciones propio distinto al recogido en el Código Penal porque se trata de una mejor estrategia político-criminal o de protección de bienes jurídicos. La educación presenta una mayor eficacia en la

4 Díaz Maroto y Villarejo/*Feijoo Sánchez*/Pozuelo Pérez, Comentarios a la ley reguladora de la responsabilidad penal de los menores, 2ª ed., 2019, 122 ss.

prevención de delitos. No existen, sin embargo, diferencias cualitativas, sólo cuantitativas, en cuanto a los presupuestos de la punibilidad y las razones de un sistema específico son más bien de tipo prudencial, pragmático o derivadas lógicamente de ciertas evidencias empíricas por las peculiaridades de sus destinatarios. En términos jurídicos, el "si" de la pena coincide en su fundamento con el Derecho Penal de adultos, siendo el "cómo" determinado por necesidades político-criminales.

La doctrina dominante es asistida por poderosas razones a la hora de rechazar posiciones de tintes correccionalistas que no se alejan de los presupuestos existentes durante la vigencia del anterior sistema tutelar: todos los menores, sin diferencia de edad, son inimputables en el sentido de que no tendrían la misma capacidad de comprender la ilicitud del hecho y actuar conforme a esa comprensión que los adultos. Esta tesis minoritaria tiene por objetivo político-criminal defender que el denominado formalmente Derecho Penal de menores sería algo distinto o alternativo al Derecho Penal. La denominación formal sólo estaría encaminada a adoptar ciertas garantías o reforzar derechos.

La opción minoritaria no es compatible con una ley que, huyendo de los modelos tutelares o los denominados puramente educativos o del bienestar -en el que la intervención del Estado es entendida en exclusiva como política social- por sus inconvenientes desde el punto de vista de las garantías, ha optado claramente por un modelo de responsabilidad[5]. La tesis de la inimputabilidad es incompatible con el ADN de la LO 5/2000 donde el menor es hecho responsable de su infracción. El art.1.1 LRPM no puede ser más elocuente de partida: la ley se aplica para exigir responsabilidad. En la línea de los textos internacionales, el menor ya no es un incapaz sometido a tratamiento o tutela, sino un sujeto que disfruta de derechos, pero frente al que el Estado tiene que actuar por razones político-criminales. El sistema instaurado por la LO 5/2000 no parte de una intervención meramente tuitiva o asistencial del menor, sino de una intervención de naturaleza penal[6] orientada a la prevención de hechos delictivos. No se trata de algo distinto al Derecho Penal, sino de una parte diferenciada del ordenamiento jurídico-penal. Se trata de imputar delitos y las causas de exclusión o exención de responsabilidad del Código Penal también operan en este ámbito (por ejemplo, un error de prohibición invencible o una situación de miedo insuperable). El Código Penal actúa como Derecho supletorio.

La LRPM no parte de que los menores carezcan en general de la capacidad de comprender la ilicitud del hecho o actuar de acuerdo a esa comprensión, no sean accesibles a la norma o motivables por ella. Se trataría de una afirmación que chocaría con la terquedad de la realidad -con independencia de las indudables mayores dificultades inhibitorias o de planificación durante la adolescencia-. ¿Un joven de 17 años no sabe que está prohibido matar o no puede adaptarse a ese conocimiento? Sería extraño que el legislador hubiera afirmado que, si bien hasta la entrada en vigor de la ley los adolescentes de 16 años tenían ciertas capacidades, a partir de ese momento pasaban a

5 *Feijoo Sánchez* (n. 4), 48 ss.

6 *Feijoo Sánchez* (n. 4), 54 ss.

tenerlas a partir de los 14. La ley parte de la presencia de dicha capacidad en general (al menos para normas nucleares). No tendría sentido que se refiera a supuestos específicos en los que falta dicha capacidad (art. 5.2 LRPM) si todos los destinatarios de la ley estuvieran en esa situación en la que sólo es posible aplicar medidas terapéuticas.

La LRPM es coherente con que la minoría de edad ya no está contemplada expresamente como una causa de inimputabilidad en el Código Penal (art. 8 CP anterior). Ni siquiera en el caso de los menores de 14 años se niega su capacidad de culpabilidad por parte de la ley (arts. 1 y 3), sino que la Exposición de Motivos hace referencia expresa a necesidades preventivas. La ley se limita a excluir a los menores de 14 años como destinatarios de las normas penales dejándolos fuera de su ámbito de aplicación[7].

La tesis de la imputabilidad disminuida también presenta, sin embargo, inconvenientes. Si la mayoría de edad sólo implica -a lo sumo- una diferencia cuantitativa o de grado parece que lo lógico sería un sistema que acarreara básicamente penas disminuidas, pero no un sistema de sanciones diferentes con criterios y principios de determinación completamente distintos al Derecho Penal de adultos. O, al menos, un sistema equivalente al de adultos que sólo se diferenciara en ofrecer posibilidades más amplias de sustitución de las penas por razones preventivo-especiales. Sin embargo, no estamos hablando sólo de sanciones que se cumplan en establecimientos distintos ni la LRPM es sólo una norma procesal. La LRPM es una respuesta al fenómeno de la delincuencia basado en la responsabilidad individual de los menores que no puede ser entendida como un sucedáneo basado en la simple atenuación, sino una intervención cualitativamente distinta porque los delitos cometidos por menores tienen una relevancia distinta.

Si la LRPM partiera efectivamente de la semiimputabilidad del menor, la referencia de proporcionalidad de las medidas no debería ser la "*que se le hubiera impuesto por el mismo hecho, si el sujeto, de haber sido mayor de edad, hubiera sido declarado responsable, de acuerdo con el Código Penal*" (art. 8 LRPM), sino siempre una pena inferior en uno o dos grados (art. 68 CP). En caso de tentativa, complicidad, eximentes incompletas o atenuantes muy cualificadas la atenuación podría llegar a cuatro grados, convirtiendo la intervención penal en ilegítima en caso de delitos no excesivamente graves. Esto demuestra que las bases de la responsabilidad penal de los menores no se corresponden con una situación equivalente a la semiimputabilidad. Si fuera así, el ordenamiento penal español sería enormemente incoherente y tendría un serio problema de legitimidad por estar imponiendo sanciones desproporcionadas a la culpabilidad del sujeto[8].

Si bien las razones alegadas por la doctrina dominante para no asumir que los adolescentes tengan un tratamiento normativo equivalente a los adultos inimputables son acertadas, ello no significa necesariamente que la culpabilidad sea como la de los adultos imputables (aunque disminuida). Existe un salto lógico. Al margen de una teoría estrictamente retributiva, la posibilidad de actuar de otro modo o de acceder a la norma no implica

7 *Feijoo Sánchez* (n. 4), 81 ss.

8 *Feijoo Sánchez* (n. 4), 127 ss.

necesariamente declaración de culpabilidad y pena. La incompatibilidad de la tesis de la inimputabilidad propia del sistema correccionalista-tutelar con el Derecho positivo, no significa que sea correcta la tesis de la culpabilidad más o menos equivalente. Tal perspectiva resulta poco compatible con el tenor literal del art. 19 CP, que está dentro de un Capítulo que recoge las causas que eximen de responsabilidad criminal. La minoría de edad no atenúa o gradúa la responsabilidad criminal, sino que excluye una responsabilidad de especial intensidad que justifica sufrir una pena.

Tanto la tesis de la inimputabilidad como de la semiimputabilidad están sometidas a la objeción de que el desarrollo personal es un todo continuo. Ni la psicología ni los nuevos conocimientos neurocientíficos permiten partir de un cambio sustancial a una determinada edad[9]. La referencia a una *fictio iuris* basada en presunciones adolece de bases normativas muy endebles, sobre todo si se entiende que puede ser una presunción en contra del reo. Las razones para establecer diferencias han de ser, pues, estrictamente normativas (lo cual queda evidenciado por las profundas diferencias entre diversas tradiciones jurídicas) que tengan que ver con estructuras sociales de responsabilidad y reconocimiento. Un modelo biológico o cronológico puro que no atiende a las peculiaridades psicológicas del menor no deja otra alternativa.

Una perspectiva puramente retributiva tiene difícil superar este tipo de paradojas. Por ello un sector de la doctrina ha combinado la referencia a la imputabilidad disminuida con argumentos de tipo preventivo. El Derecho Penal de menores tendría así justificación como rama independiente no sólo por la situación de semiimputabilidad de los adolescentes, sino también porque es mejor dar preferencia a la prevención especial en estas edades como estrategia preventiva. Las posibilidades de éxito son mayores porque los menores son más receptivos y permeables a la intervención educativa y es mejor optar por la educación para evitar efectos desocializadores, estigmatizantes y criminógenos contraproducentes.

Luzón Peña, por ejemplo, entiende en este sentido que el art. 19 CP se ha de entender como una causa personal de exclusión de la punibilidad, argumentando como "*si en la segunda infancia y adolescencia sólo hay imputabilidad disminuida pero se aprecia una eximente, habrá que reconocer que son razones políticocriminales de no conveniencia y necesidad de pena, de aplicar la pena normal a los menores y de mayor adecuación de tratamiento con medidas especiales, las que dan lugar a la exención*"[10]. De nuevo vemos como aquello que con criterios tradicionales no adquiere una explicación satisfactoria en el marco del injusto o de la culpabilidad, es enviado al limbo de las causas de exclusión de pena.

Sin embargo, las diferencias en las estrategias preventivas (prevención especial *versus* prevención general/estabilizadora) deben ser coherentes con las diferencias cualitativas existentes entre menores y adultos.

---

9 *Feijoo Sánchez*, (n. 4) 80 s.; *Hallmann*, Gebundene Freiheit und strafrechtliche Schuld, 2017, 127 s.; *Pinker*, Los ángeles que llevamos dentro, 2012, 782 s.

10 Lecciones de Derecho Penal, 3ª ed., 2016, 515 nm 27/34 y 562 nm 29/26. Sobre otros autores en sentido similar *Feijoo Sánchez* (n. 4), 134 ss.

II. POSICIÓN PERSONAL

Las referencias preventivas son insuficientes. Hay que abordar también la razón por la que la edad da lugar a que la misma infracción tenga un efecto desestabilizador distinto. En mi opinión, esto es así porque la necesaria coherencia con decisiones normativas previas al Derecho Penal en relación con la edad modifica la dimensión comunicativa del hecho. Por debajo de los 14 años el ordenamiento reconoce capacidades jurídicas limitadas y hasta traspasar los 18 años no son plenas (art. 12 CE y arts. 315 y 322 Cc). Entremedias el menor es especialmente protegido por el ordenamiento jurídico, disponiendo -como dice la Exposición de Motivos de la LO 1/1996- de una capacidad progresiva para ejercer derechos[11]. Hasta los 18 años se trata de una libertad tutelada en exclusivo interés del menor y la autonomía no es plena. No se puede olvidar que la culpabilidad está plenamente vinculada a la idea de autonomía. En una concepción normativa de la culpabilidad importa más la autonomía en términos normativos que psicológicos. En este sentido, si la libertad es tutelada en interés del menor no es casualidad que la columna vertebral del Derecho Penal del menor deba ser siempre ese interés. Lo que cambia el día que se cumplen 18 años es algo ajeno a la psique o los procesos mentales del individuo: su estatus como miembro de pleno derecho de la comunidad jurídica, con independencia de su madurez y de sus capacidades mentales.

Hasta la mayoría de edad el sistema jurídico, si quiere ser racionalmente coherente, no puede hacer responsable en exclusiva al menor:

a) En muchos casos el delito puede ser procesado por el sistema social como un "fallo de juventud" que nos obliga a ser tolerantes[12] por el período vital en el que se ha producido. La edad forma así parte de la explicación del conflicto. En estos casos lo relevante es que el menor aprenda de lo sucedido para la vida adulta. Pero para prevenir la desestabilización de la norma de conducta (prevención dirigida a la generalidad), la respuesta puede ser distinta porque la fase de desarrollo personal forma parte de la explicación.

b) En otros casos el delito es síntoma de un déficit estructural en el desarrollo del menor -educativo o de socialización-. Se trata de casos en los que los sistemas primarios de socialización (familia, escuela, sistemas tutelares de menores, etc.) han fallado y la sociedad no tiene más remedio que imputarse también a sí misma cierta responsabilidad por el hecho. Un delito cometido por un menor de edad no es en muchos casos sólo un fracaso personal, sino también un fracaso social.

En ambos casos aparecen factores que exceden la responsabilidad personal (azar moral) –disfuncionalidad del proceso de socialización o bien riesgos inherentes al mismo- que impiden hablar de una responsabilidad exclusiva

---

11 Con mayor profundidad *Feijoo Sánchez* (n. 4), 139 ss.

12 Sobre la necesidad de tolerancia por parte de la sociedad en la fase de formación de la personalidad, caracterizada entre otros aspectos por la experimentación, el aprendizaje de la vida en sociedad y la búsqueda de la identidad, *v. Hirsch*, Roxin-FS, 201, 1092 ss.

del menor por lo sucedido o, al menos, que obligan a ser más tolerantes con el fallo o los errores del menor.

Encontrarse en proceso de formación no significa ser irresponsable o incapaz, sino que todavía no se tiene la cualificación para poner en entredicho la vigencia de la norma infringida al igual que los adultos en condiciones de normalidad. La culpabilidad implica que la sociedad no se imputa nada sí misma, a otros factores suprapersonales o al azar en la medida en la que no hay desde una perspectiva normativa explicaciones alternativas válidas a la responsabilidad personal. Eso no es algo evidente durante la adolescencia. La lógica y coherencia jurídicas obligan a que sólo sean definidos como sujetos culpables con plena capacidad para poner en entredicho el ordenamiento jurídico aquellos que tienen plena competencia en asuntos públicos -participando en la elaboración y configuración del orden- o, en todo caso, sean tratados normativamente como tales. Debe existir una coherencia interna para que los que no ven intersubjetivamente reconocida la capacidad para crear la normatividad tampoco vean reconocida la capacidad comunicativa equivalente de lesionar la vigencia de la norma o desestabilizar el ordenamiento jurídico. Si bien un adolescente puede disponer ya de un amplio equipamiento psicológico o mental, todavía no es reconocido como un ciudadano con plenitud de derechos. Los que no son reconocidos como iguales no comunican igual ni lesionan igual las relaciones de reconocimiento. No tendría fundamento alguno que si el menor es tratado por el Derecho como sujeto protegido por su mayor vulnerabilidad, al mismo tiempo se le reconozca como igual para lo negativo (castigo) y no para lo positivo (participación en condiciones de igualdad en deliberaciones y asuntos públicos).

Esto es lo que entiendo por una responsabilidad cualitativamente distinta. Es altamente discutible que conceptos relativos a la imputabilidad sean los más apropiados para ofrecer una solución dogmática cundo el Derecho positivo abandonó hace tiempo el criterio retributivo del discernimiento. En mi opinión, y aquí radican parte de las diferencias con la doctrina dominante, la definición del menor como semi-imputable no hace justicia a estas consideraciones de índole normativa que forman parte de ciertas decisiones jurídicas esenciales que van más allá de las características psicológicas de los adolescentes. Si los menores no tienen reconocido un nivel de libertad y de responsabilidad social equivalente a los adultos, su responsabilidad penal no puede ser idéntica; la referencia a una capacidad disminuida (por falta de madurez, inexperiencia, mayores dificultades de controlar impulsos y emociones, etc.) no acierta a explicar satisfactoriamente -al menos por sí sola- las diferencias establecidas por el ordenamiento jurídico-penal.

No se debe castigar con una pena a sujetos a los que la propia sociedad no reconoce plena autonomía y capacidad organizativa y de participación social y política y que, por el contrario, están sometidos a una libertad tutelada o limitada o cierto paternalismo en su beneficio o interés (que va de más a menos a medida que se van cumpliendo años hacia la vida adulta). Creo que el Código Penal y la LRPM han adoptado una decisión político-criminal coherente con el contexto normativo global sin necesidad de recurrir a endebles ficciones o presunciones.

Lo sostenido hasta aquí evidencia que no se trata de afirmar que los menores entre 14 y 18 años (ni siquiera por debajo de esa edad) sean incapaces irracionales que no pueden gobernar sus actos o asumir sus consecuencias, sino que su responsabilidad penal es cualitativamente distinta a lo que denominamos culpabilidad en el Derecho Penal de adultos. La doctrina dominante tiene razón al rechazar la tesis de la inimputabilidad, pero, en mi opinión, se ha quedado a mitad de camino. La referencia a la semi-imputabilidad no está permitiendo abordar correctamente el trasfondo normativo de esta cuestión dogmática que tiene que ver con el reconocimiento interpersonal. Sobre todo porque, como nos indica la experiencia, muchos de los menores infractores tienen una capacidad de comprender la antijuridicidad de su comportamiento y actuar de acuerdo a dicha comprensión o de ser motivados de alguna manera por la norma equivalente (o incluso superior) a la de muchos mayores que son declarados culpables de la comisión de hechos delictivos. No olvidemos que lo que la neurología evolutiva enseña sobre el proceso evolutivo del cerebro es una descripción en términos estadísticos, pero nada dice sobre la capacidad del individuo concreto con su propio proceso de maduración y desarrollo de la personalidad en un momento histórico concreto.

Cuando se analiza en profundidad cuál es la razón de fondo por la que los menores responden de forma distinta habría que hablar más bien de co-responsabilidad en sentido amplio: en algunos casos la sociedad tiene que asumir su culpa y sus deficiencias, mientras en otros hay factores que permiten explicar la infracción de la norma de conducta que no son de responsabilidad exclusiva del menor porque no se puede apartar voluntariamente y forman parte del proceso de desarrollo personal. Entre los 14 y los 18 años los ciudadanos van desarrollando una capacidad progresiva para ejercer derechos y responsabilidades y ello hace que sean parcialmente responsables de sus actos y, por tanto, de sus infracciones, salvo que concurran las mismas razones por las que un adulto no puede ser hecho responsable de su infracción. Estamos ante un sujeto de derechos peculiar con un estatus cualitativamente distinto a los mayores de edad.

Las razones normativas esgrimidas hasta aquí son las que hacen -sin renunciar a otras de tipo pragmático como las mejores opciones preventivo-especiales cuando se trabaja con menores- que no existan razones preventivo-generales que justifiquen un tratamiento idéntico al que se dispensa a los adultos, basándose el sistema de justicia penal juvenil exclusivamente –o, al menos, preferentemente- en razones preventivo-especiales para legitimar la intervención del Derecho Penal. No se trata de una prevención especial que se mueva dentro de los márgenes de la culpabilidad por el hecho, sino al margen de los parámetros de una reacción proporcional a tal culpabilidad. Cuando se trata de adultos también hay situaciones que excluyen la culpabilidad, aunque el sujeto pudiera haber actuado conforme a Derecho. En el caso de los adolescentes no se trata de situaciones puntuales excepcionales, sino de algo inherente a la fase de desarrollo que están atravesando. Por ello entra en juego la prevención-especial a la que corresponde el protagonismo (incluso aunque las posibilidades de fracaso sean superiores a las de éxito). Pero ese protagonismo tiene su origen en que no existen especiales necesidades estabilizadoras. En el ámbito de adultos la prevención especial sólo se puede mover (en las fases de individualización y ejecución de la pena) dentro del margen de lo necesario desde el punto de vista de la prevención general. En el ámbito de los menores la relación es inversa: la prevención general -o la retribución- ya no marcan el campo de juego de la prevención especial, que viene determinada exclusivamente por las necesidades educativas del menor en función de los factores de riesgo que le han llevado a la comisión del delito. Ello provoca que el criterio clave no sea la proporcionalidad con el hecho, sino las necesidades educativas, con el límite de que el menor no puede sufrir nunca consecuencias derivadas de sus acciones superiores a las que pueda sufrir un adulto (art. 8 LRPM).

III. El debate sobre la naturaleza de las sanciones como contra-argumento[13]

De acuerdo con el punto de partida sobre la interdependencia entre teorías del delito y de la pena, las consideraciones anteriores podrían no ser válidas si las sanciones contempladas en nuestro ordenamiento para menores hubieran de ser consideradas como penas, similares, equivalentes o iguales a las de adultos. Es decir, como auténticas penas criminales aunque el art. 19 CP excluya la responsabilidad criminal. Si esto fuera así, los presupuestos para imponer la sanción deberían ser también similares, equivalentes o iguales. La conclusión sobre si las diferencias son sólo cuantitativas o de grado o también cualitativas vincula la cuestión relativa al fundamento de la responsabilidad con la naturaleza de la sanción que deriva de dicha responsabilidad. Bases y consecuencias de la responsabilidad son dos caras de la misma moneda. También aquí la teoría de la sanción debe servir para comprobar la adecuación del sistema de responsabilidad penal y viceversa.

Si las sanciones de la ley tienen una finalidad preventivo-especial positiva de carácter pedagógico o educativo (si bien en ciertos casos las reformas han potenciado una dimensión de aseguramiento que se encuentra en los art. 9, 10 y 14 LRPM[14])[15] porque ya no se trata de estabilizar normas, se hace difícil hablar de penas si no queremos que este concepto pierda su sentido y se convierta en sinónimo de restricción de derechos. En mi visión comunicativa de la pena la privación o limitación de derechos sólo es una pena en la medida en que se busque prevenir la erosión de la norma imponiendo un mal proporcional a la gravedad de lo que ha realizado el que sufre la sanción. El sujeto es hecho responsable de su infracción en el pasado (merecimiento) y, además, de haber contribuido con su acción a la erosión de la norma penal (necesidad de estabilización). Por ello, si ya no se trata de estabilizar normas,

13 En profundidad *Feijoo Sánchez* (n. 4), 155 ss.

14 Estos preceptos centran la atención de la doctrina por protagonizar el endurecimiento del modelo original. Pero estos tres árboles no nos deben impedir ver el bosque aunque no podamos dejar de verlos. Lo que han buscado es limitar la enorme "*flexibilidad en la adopción y ejecución de las medidas aconsejadas por las circunstancias del caso concreto*" que la ley presentaba en su redacción original y que quedaba consagrada en la Exposición de Motivos. Bastaría suprimir la rigidez que imponen a los jueces estos tres preceptos para tener una ley mucho mejor.

15 *Feijoo Sánchez* (n. 4), 57 ss., con ulteriores referencias.

sino básicamente de evitar la estabilidad o consolidación de incipientes carreras criminales, no se trata de penas.

Sólo mediante medidas educativas los fines preventivo-especiales determinan en exclusiva el si y el cómo de la sanción. Lo sucedido en el pasado no tiene más relevancia que darnos a conocer el estado y, si los hubiere, los conflictos del menor que le han conducido al hecho delictivo y sus necesidades de intervención. Si se tratara de penas o de algo en esencia idéntico a las penas para adultos el pensamiento educativo sería un elemento más a tener en cuenta para la determinación y ejecución de la sanción, pero respetando siempre los fines preventivo-generales o estabilizadores. En este caso no se podría renunciar a la culpabilidad por desestabilizar la norma como presupuesto legitimante. Las medidas, por el contrario, sólo permiten imponer una sanción cuando sea necesario por razones de prevención especial y en la medida que ello sea necesario. Por ello si se trata de sanciones que tienen en exclusiva un fin preventivo-especial y un carácter prospectivo (sólo interesa lo que puede pasar en el futuro con el menor con base a que ha cometido una infracción penal) materialmente se trata de medidas. Si se definen como penas es que no se quiere olvidar cierto carácter retrospectivo de la sanción y, en virtud de ello, que debe existir una cierta proporción o adecuación con el hecho cometido. Expuesto con una fórmula: pena = sanción grave por hecho grave y sanción leve por hecho leve.

Siendo los menores imputables estamos ante medidas educativas orientadas a la prevención-especial para sujetos a los que se hace responsables de la infracción distintas de las que se aplicaban en el marco del sistema tutelar del siglo pasado y de las de seguridad y corrección contempladas en el Código Penal (salvo, evidentemente, los casos de inimputabilidad del art. 5.2 LRPM). Basta con trabajar con una categoría conceptual más amplia de medidas siendo las medidas para inimputables sólo una modalidad del macro-concepto (art. 20.1ª, 2ª y 3ª CP y 5.2 LRPM). Aunque tradicionalmente las medidas de seguridad en nuestro ordenamiento han tenido como destinatarios sujetos inimputables, ello no tiene que ser necesariamente así. Esto es más evidente cuando tras la LO 5/2010 se ha roto ya la vinculación de las medidas de seguridad con la inimputabilidad o semiimputabilidad al contemplar la posibilidad de imponer la medida de libertad vigilada a sujetos plenamente imputables (art. 106 CP). Ello es también evidente si tenemos en cuenta la opción de otros ordenamientos por la custodia de seguridad como medida de seguridad para sujetos imputables tras el cumplimiento de la pena de prisión.

Considera *Luzón*[16] que la LRPM prevé "*unas sanciones criminales que, aunque se acercan más a las medidas*" *presentan* "*características intermedias entre las medidas de seguridad y las penas: (...) la LORPM, igual que el art. 19 CP, habla de "responsabilidad penal" del menor, son unas medidas que, como se desprende de esos preceptos, se aplican en todo caso al menor delincuente, pudiendo elegir el juez cuál o cuáles, y no sólo cuando haya peligrosidad criminal como exigen en cambio los arts. 6.1 y 95.1, 2ª CP para las medidas de seguridad, la elección de la clase y duración de las medidas depende no sólo de circunstancias personales sino en primer lugar de la*

16 (N. 10), 516 s. nm 27/37.

clase y gravedad de delitos cometidos, y además la ley impone el requisito de que con la sanción "se exprese suficientemente a éste [scil. el menor] el reproche merecido por su conducta" (así art. 13.1 y de modo similar los arts. 23.1, 27.4, 50.3 y 51.2 LORPM), características estas más propias de penas para conductas culpables; todo ello unido a que algunas de las medidas del art. 7 (...) son más coincidentes, a veces hasta en el nombre, con penas que con medidas de seguridad".

Me limitaré a señalar como los argumentos hermenéuticos señalados por el Prof. *Luzón* no resultan concluyentes[17]:

1) Con respecto al argumento de la peligrosidad, si las medidas tienen fines educativos allí donde se detectan déficits educativos o de socialización o ciertas necesidades pedagógicas no es porque el Derecho Penal de menores actúe como complemento del sistema educativo ni porque sea un mero sistema tutelar, sino que las medidas son medidas preventivo-especiales que no tienen otra finalidad que evitar que el menor vuelva a cometer hechos delictivos o cronifique su carrera delictiva combatiendo aquellos déficits de formación, de socialización o de experiencia vital que han condicionado el hecho delictivo. No se trata de mejorar el sistema educativo, sino de prevenir la reincidencia. Sólo se imponen sanciones para menores cuando se constatan necesidades educativas y formativas que si no se abordan pueden conducir a una nueva comisión de infracciones penales (lo cual, evidentemente, no se da en todos los casos, y de ahí los amplios márgenes de diversificación y paralización del procedimiento). Lo único que importa en el Derecho Penal de menores es cómo el menor ha llegado a cometer el hecho delictivo y si la sociedad debe defenderse con consecuencias preventivas frente a esos factores. El objetivo esencial del Derecho Penal de menores es evitar que el infractor se acabe convirtiendo en un adulto delincuente. Para ello combate los factores de peligrosidad que en el futuro pueden conducir a una vida contraria a las reglas esenciales de convivencia. Es evidente que se trata de algo distinto al estado peligroso de inimputables adultos. Pero en ambos casos se trata de una finalidad preventiva equivalente, que no busca una respuesta al hecho realizado, sino prevenir lo que la persona que sufre la sanción puede llegar a hacer o ser en el futuro. Cuando el menor ha realizado puntualmente una infracción se puede renunciar a la sanción si no es necesaria la intervención jurídico-penal para prevenir la reincidencia. Las sanciones orientadas a la prevención especial siempre tienen como presupuesto un pronóstico.

   Por el contrario, no hay ningún elemento en toda la ley que vincule la aplicación de las medidas a la culpabilidad del menor, no valiendo en este ámbito las reglas generales de determinación de la pena del Código Penal. Éstas sólo tienen relevancia para fijar el máximo de duración de la sanción privativa de libertad, en la medida en la que el art. 8 no se remite a la pena abstractamente aplicable como hace el art. 6 CP. Si bien es cierto que en el articulado no hay referencias a la peligrosidad del menor (aunque sí en la Exposición de Motivos), también es cierto que tampoco hay referencias a su culpabilidad como presupuesto de la medida. En

17 Más argumentos en *Feijoo Sánchez* (n. 4), 163 ss.

cambio, los elementos que menciona la ley para determinar las sanciones son propias -o más propias- de un pronóstico de peligrosidad.

2) En cuanto a la importancia de la gravedad de los delitos, la flexibilidad es grande tanto en la fase de determinación como de ejecución y el principio de proporcionalidad al hecho (art. 8) es contemplado como un límite y no como un fundamento. La limitación para que la medida no pueda ser superior a la pena que correspondería por la gravedad del hecho es equivalente a la que contempla el Código Penal para las medidas, garantizando intervenciones estatales no excesivas. Sólo excepcionalmente la gravedad del delito exige un período mínimo de internamiento en régimen cerrado (arts. 10.1.b) y 10.2 LRPM). Pero incluso en esos casos habría que explicar cómo un asesinato que puede tener asociada una pena de prisión permanente se puede zanjar con un internamiento de un año desde una perspectiva retributiva o preventivo-general. Parece que hay que atender más bien a lo que manifiesta la Exposición de Motivos: las medidas de internamiento "*responden a una mayor peligrosidad, manifestada en la naturaleza peculiarmente grave de los hechos cometidos*". Por ello, si buscamos comparaciones con el Derecho Penal de adultos, habría que pensar más en la introducción de un "período de seguridad" que en una búsqueda de proporcionalidad entre sanción y hecho.

3) La LRPM deja claro que no es el menor el que merece un reproche, sino sólo el hecho que comete. Por tanto, sólo está haciendo referencia a que uno de los fines educativos esenciales de las sanciones para menores es que el menor comprenda el reproche general que se merece el tipo de hecho que ha cometido. La respuesta no queda determinada por lo proporcional a lo merecido o justo, sino a lo necesario para aprender. No se trata de que la sociedad exprese el reproche o la censura a través de una pena, sino de que el menor entienda que la conducta realizada es socialmente lesiva y, por tanto, reprochable o merecedora de desvalor. Con el objeto de que el menor entienda el mensaje y comprenda la dinámica social de la responsabilidad puede hacer falta o puede ser recomendable cargarle con algún "coste", pero ello depende de la "sensibilidad" del menor a la actuación del aparato penal. Una prueba de que el reproche del que habla la ley no tiene nada que ver con la idea de reproche propio de las penas es que quienes tienen que informar sobre estas cuestiones son los miembros del equipo técnico. El sistema debe hacer uso de las intervenciones necesarias para que el menor aprenda (ya que por otros mecanismos de socialización no ha sido posible) que su hecho es un acto reprochable o censurable que no debe volver a cometer; o, al menos, que puede acarrear consecuencias negativas si lo comete como adulto. Se trata de que el menor entienda lo reprochable o censurable de determinados tipos, pautas o modelos de conducta y que sus esquemas de relaciones con los demás deben modificarse.

4) Por último, los internamientos, las privaciones del permiso de conducir o de la licencia de armas o las inhabilitaciones están igualmente contempladas en el Código Penal como penas y como medidas de seguridad. Por el contrario, hay sanciones de la LRPM como la libertad

vigilada o la convivencia que comparten denominación y elementos con medidas contempladas en el Código Penal sin que existan penas similares. Creo también que es relevante la ausencia de la multa.

La estabilización normativa como función del Derecho Penal. Una teoría del delito, de la pena, de la responsabilidad penal de personas jurídicas y de la responsabilidad penal de menores de Bernardo José Feijoo Sánchez se imprimió en la República Argentina en marzo de 2021.

Made in the USA
Monee, IL
21 October 2026

66405502R00113